Peter Konopka

RADSPORT

blv

70

Peter Konopka

RADSPORT

Der Ratgeber für Ausrüstung, Technik, Training, Ernährung, Wettkampf und Medizin

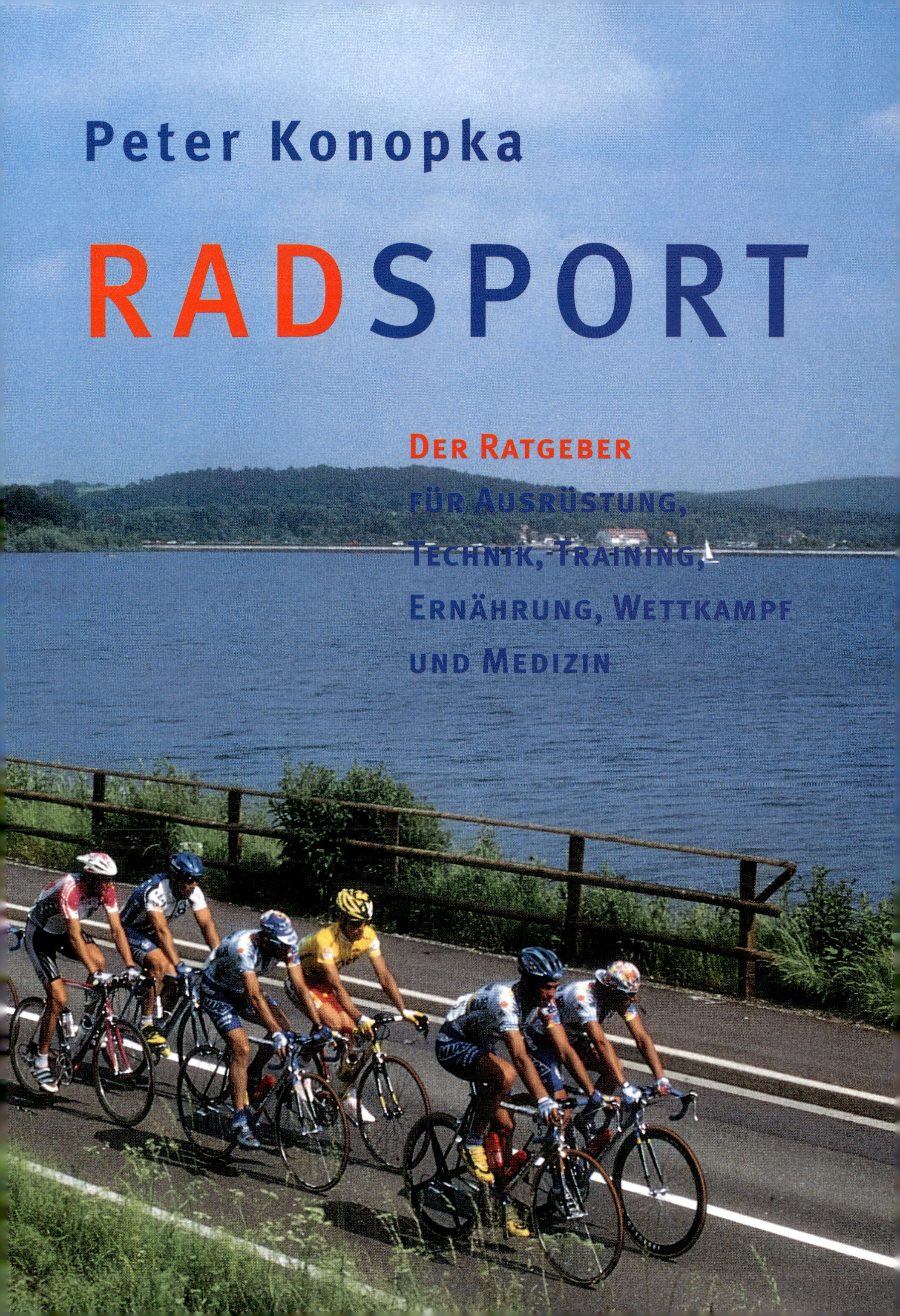

Dr. med.
Peter Konopka

Dr. Peter Konopka studierte Medizin an den Universitäten in Erlangen, Tübingen und München. In München sammelte er als Assistent des damaligen Vereinsarztes des FC Bayern München wertvolle sportärztliche Erfahrungen. In den folgenden Jahren widmete er sich einer umfassenden internistischen Ausbildung. Seit 1977 ist er als Oberarzt in der II. Medizinischen Klinik am Zentralklinikum in Augsburg tätig.
Schon seit Beginn seines Studiums galt seine besondere Aufmerksamkeit der Erhaltung der Gesundheit durch richtige Lebensweise, Bewegung und Ernährung.
Eine logische Folge seiner ärztlichen, sportlichen und vor allem radsportlichen Interessen war seine über zehnjährige Tätigkeit als Verbandsarzt im Bund Deutscher Radfahrer (BDR), unter anderem mit dem früheren Radweltmeister Rudi Altig als Bundestrainer.
Beim Bund Deutscher Radfahrer betreute Dr. Konopka als Arzt von 1972 bis 1982 die Nationalmannschaft der Straßen- und Querfeldeinfahrer bei Trainingslagern, Weltmeisterschaften und Olympiaden.
Außerdem war er im Präsidium des Bayerischen Sportärzteverbandes tätig, wo er zahlreiche sportärztliche Kongresse und Seminare organisierte und leitete und sich als Initiator von Selbsthilfegruppen (Herzgruppen) engagierte.
Schließlich hat er auch eine Ausbildung als Yogalehrer absolviert und leitet seit 1991 die renommierte Yoga-Schule Augsburg.
Um seine Erfahrungen weiterzugeben, hat er eine Vielzahl von Büchern, Broschüren und Artikeln veröffentlicht, die sich mit der richtigen Ernährung und Regeneration, dem Radsport, der Gesundheit und Prävention sowie dem Ausdauertraining beschäftigen. Außerdem ist er Mitarbeiter von großen Radsport-Fachzeitschriften.
Dr. Konopka war selbst aktiver Radsportler und wurde 1979 Schwäbischer Meister seiner Altersklasse. Auch heute noch ist er regelmäßig mit dem Rennrad unterwegs; denn, wie er schreibt, »wer einmal vom Radsport fasziniert ist, kommt nicht mehr von ihm los«.

Die Deutsche Bibliothek –
CIP-Einheitsaufnahme

Ein Titeldatensatz für diese Publikation ist bei Der Deutschen Bibliothek erhältlich

Siebte, neu bearbeitete
Auflage (Neuausgabe)

BLV Verlagsgesellschaft mbH
München Wien Zürich
80797 München

Gesamtherstellung: Neue Stalling, Oldenburg

Gedruckt auf chlorfrei gebleichtem Papier

Printed in Germany
ISBN 3-405-15695-5

Bildnachweis

Alle Fotos von Peter Witek außer

Archiv Fa. Campagnolo S. 35 u., 36, 38, 39, 51 o. Mitte
Archiv Fa. Ciclosport S. 51 o. li.
Archiv Fa. Polar S. 51 o. re.
Foto Behrbohm S. 4
Fotostudio Petersen S. 51 u.
D. M. Deckbar S. 165 (2), 166, 167
E. Kahlich S. 10, 11, 13, 17, 18 o., 53 u., 54, 55 u., 56 o. re., 81 o. li., 99, 111 (2), 119, 163 u., 172, 194
P. Konopka S. 31 Mitte, 50 o., 52 o., 55 o. und Mitte, 145 (12), 146
R. Kühnen S. 58 o. (6), 59 u. (2)
S. Penazzo S. 96
C. Reinhard S. 18 u., 62, 64, 83, 109
H. Roth S. 162 (2), 163 o.
T. Streubel S. 50 u.

Die Abbildungen auf S. 14, 15 und 16 wurden von W. Gronen zur Verfügung gestellt.

Grafiken: Barbara von Damnitz und Typodata, München

Umschlagfotos: Peter Witek
Umschlaggestaltung: Werbeagentur Joko Sander, München

Layout und Herstellung:
Manfred Sinicki

Grußwort

Manfred E. Böhmer
Präsident des
Bundes Deutscher Radfahrer e.V.

Radsport ist »in«. Jan Ullrich und dem Team Telekom sei gedankt. Denn der Sieg des ersten Deutschen bei der Tour de France im Jahre 1997 hat sich wie die Zündung der nächsten Stufe einer Rakete beim Steigflug ausgewirkt.

Radfahren war und ist eine der beliebtesten Sportarten. Der Hochleistungssport, dem Jan Ullrich zu noch mehr Popularität verholfen hat, ist dabei nur die Spitze des Berges; denn fast ein Drittel unserer Bevölkerung fährt Rad: als Rennfahrer auf Straße, Bahn oder im Gelände, in weit größerem Umfang aber zur Körperertüchtigung und zur Gesundheitsvorsorge. Und für Kinder ist das Fahrrad ohnehin das beliebteste Spielgerät.

Radfahren erlaubt Höchstleistungen und Ausdauertraining, bedeutet aber auch Freude an der Fortbewegung durch eigene Kraft und die Überwindung von kurzen oder langen Strecken in einem der persönlichen Leistungsfähigkeit angepassten Tempo.

Übung macht den Meister – wie auf jedem anderen Gebiet und bei jeder anderen Tätigkeit. Je besser man sich vorbereitet und je sicherer man das Fahrrad beherrscht, umso größer ist der erzielte Effekt. Ein Ratgeber von einem anerkannten Fachmann ist dabei eine große Hilfe.

Solche Bücher gibt es inzwischen in großer Zahl. Eines der besten ist das Buch von Dr. Peter Konopka, das jetzt bereits in der 7. Auflage erscheint. Der Autor hat den Radsport von der Pike auf gelernt, ist ein bekannter Sportarzt mit großen praktischen Erfahrungen und weiß ganz einfach, wovon er spricht! Selbst »alte Hasen« werden dieses Buch gerne lesen, um ihren Wissensstand zu überprüfen und zu aktualisieren.

Für den Anfänger ist die Lektüre geradezu ein »Muss«.

Viel Spaß beim Studium der verschiedenen Sachgebiete wünscht Ihnen

Manfred E. Böhmer
Präsident des
Bundes Deutscher Radfahrer e.V.

INHALT

INHALT

Vorwort

Wie dieses Buch entstand

Als ich Anfang der 70er Jahre zur ärztlichen Betreuung der deutschen Nationalmannschaft der Straßenradrennfahrer herangezogen wurde, ahnte ich noch nicht, wie sehr der Radsport mein Leben bereichern würden. In meiner Jugend war ich zwar schon einige Radrennen gefahren – aber diese Zeit war zu kurz, um ohne Anleitung tiefer in die Geheimnisse des Radsports eindringen zu können.

Eingeweiht in diese Geheimnisse hat mich in den langen Jahren unserer Zusammenarbeit mein Freund Karl Ziegler, damals Bundestrainer der Straßen- und Querfeldeinfahrer. Daneben hat mir Rudi Altig, das Radsportidol meiner Jugendzeit, wertvolle Erfahrungen aus seiner Zeit als Radprofi mitgeteilt. Solche praktischen Erfahrungen sind Gold wert – man kann sie in keinem Buch nachlesen.

Die Berufung zum Mannschaftsarzt der Nationalmannschaft war für mich damals Anreiz zu neuen Aktivitäten: Ich nahm das Radsporttraining wieder auf, fuhr Seniorenrennen und nahm alles in mich auf, was mein zunehmendes Radsportbewusstsein interessierte. In meinen zahlreichen Einsätzen bei Weltmeisterschaften, Olympiaden, Etappenrennen und Trainingslagern in Europa, Afrika und Südamerika konnte ich als Arzt und Radsportler Erfahrungen sammeln, für die ich dem Bund Deutscher Radfahrer nicht genug dankbar sein kann.

Mich faszinierte nicht nur die sportmedizinische Seite des Radsports, sondern alles, was mit dieser Sportart zusammenhing: Das Geheimnis der Tretgeschwindigkeit und des »runden Tritts«, Fragen des Trainingsaufbaus und der Regeneration, der richtigen Lebensweise und Ernährung – aber auch die der Ausrüstung und das Fahrrad als Sportgerät selbst.

Beim Niederschreiben meiner Erfahrungen bemerkte ich – vor allem bei technischen Details, wie schwierig es sein kann, Dinge, die zunächst klar erscheinen, in die richtigen Worte zu kleiden. Dabei haben mir meine Freunde Peter Krauss und der frühere Augsburger Radprofi Willi Singer sehr geholfen.

Im richtigen Augenblick, nämlich als ich mich mit der Geschichte des Rads und des Radsports befasste, vermittelte mir Karl Ziegler die Bekanntschaft eines Mannes, der als »Computergehirn des Radsports« in Radsportkreisen weltweit bekannt war: Wolfgang Gronen. Auch er hat mir damals wichtige Tipps gegeben.

Radsport und Natur – ein manchmal fast unbeschreibliches, wohltuendes und aufbauendes Erlebnis mit wertvollen gesundheitlichen Wirkungen auf Körper, Seele und Geist

Schließlich lernte ich aus Mitteilungen und Korrespondenzen mit Radsportlern aus aller Welt, wie stark der Radsport gerade in der heutigen Zeit die Lebensqualität der Menschen verbessern kann. Oftmals konnte ich erleben, wie Menschen ihr Schicksal selbst in die Hand nahmen und durch körperliche Aktivität ihre Krankheit besiegten – mit dem Fahrrad.

Das beste Beispiel ist wohl Lance Armstrong, der souverän die Tour de France 1999 gewann, nachdem er nur zwei Jahre vorher mit einer fortgeschrittenen Krebserkrankung gekämpft hatte.

Das macht einem Arzt mehr Freude, als nur Medikamente zu verschreiben. Das Instrument Fahrrad – ob als Zweck-, Erlebnis- oder Sportgerät eingesetzt – kann jedem etwas bieten, gleichgültig ob er eine Möglichkeit zum Breiten- und Gesundheitssport, zum Leistungs- oder Hochleistungssport oder zum therapeutischen Sport als eine Form der aktiven Langzeittherapie sucht.

Als ich nun daranging, diese Neuauflage zu bearbeiten, bemerkte ich, wie sehr sich das Rennrad mit seinem Material (alle Pedalhaken waren verschwunden zugunsten der Klickpedale, 9-fache-Zahnkränze sind so gut wie Standard usw.) und der Radsport in wenigen Jahren weiterentwickelt hatte.

Ich brauchte wieder Hilfe, um den Anschluss an die Radsportrealität der heutigen Zeit zu finden. Dabei hat mir wieder Willi Singer geholfen, vor allem was das Material betrifft.

Obwohl er Radprofi war und einst in der Bianchi-Mannschaft von Felice Gimondi fuhr, riet er mir, doch noch einen aktiven Radprofi zu fragen, um wirklich »auf dem neuesten Stand« zu sein.

Gerade im richtigen Augenblick hat sich »zufällig« – durch Vermittlung meines Freundes Karl Ziegler – ein neuer Freund gefunden: Christian Henn, Radprofi im Team Telekom. Er hat mir so manchen Tipp aus der Profiszene gegeben und mir geholfen, dieses Buch an die aktuelle Radsportwirklichkeit anzupassen.

Und schließlich möchte ich mich bei dem bekannten Radsporttrainer Wolfram Lindner bedanken, der mir in seiner bescheidenen Art so manchen Hinweis gab und mir erlaubte, auf seine von Radsportwissen erfüllten Bücher zurückzugreifen, vor allem was die Trainingssteuerung betrifft.

So ist dieses Buch gewachsen aus Erfahrungen, die mir andere Erfahrene vermittelt und die sich in meiner eigenen Radsportpraxis als richtig erwiesen haben.

Möge dieses Buch ewig jung bleiben und den Leser in die faszinierende Welt des Radfahrens und des Radsports einführen – auf dass er durch diese Sportart den gleichen Nutzen erfahre wie ich.

Dr. med. Peter Konopka

Radsport formt Athleten mit Kraft, Ausdauer und starker Persönlichkeit.

Einführung

Der Nutzen des Radfahrens

Radfahren als Freizeit- und Gesundheitssport

Die fortschreitende Motorisierung, Technisierung und Automatisierung unserer Zivilisation führt zu einem zunehmenden Bewegungsmangel, der einen Schlüssel-Risikofaktor für eine große Zahl von Zivilisationskrankheiten darstellt, weil Bewegungsmangel die gesamte Lebens- und Ernährungsweise des Menschen direkt und indirekt beeinflusst.

Auch wenn der Mensch in der Zivilisation lebt, unterliegt er immer noch, wie alle anderen Lebewesen, dem Naturgesetz: »Struktur und Leistungsfähigkeit der Organe und Organsysteme werden bestimmt vom Erbgut sowie von der Qualität und Quantität ihrer Beanspruchung«.

Mit anderen Worten – und gleichzeitig als frohe Botschaft: Jeder Mensch kann durch geeignete sportliche Betätigung die Qualität und Leistungsfähigkeit seiner Organe und seines gesamten Organismus verbessern, und das in jedem Lebensalter.

Und umgekehrt: Wenn man seinem Körper diese biologisch begründete Qualität und Quantität der Beanspruchung nicht gibt, darf man sich nicht wundern, wenn man durch Anpassungsverluste frühzeitig abbaut und für die typischen Zivilisationskrankheiten – z. B. Übergewicht, Fettstoffwechselstörungen, Zuckerkrankheit, Bluthochdruck usw. – anfällig wird. Auch so manche »Alterserscheinung« ist nichts anderes als Ausdruck von Anpassungsverlusten durch Bewegungsmangel.

Und es braucht nicht viel: Denn um die Folgen des Bewegungsmangels zu beseitigen, muss man keinen Leistungssport betreiben. Dabei hat man den größten Nutzen von Sportarten, die vor allem die Qualität »Ausdauer« entwickeln. Unter ihnen nimmt das Radfahren eine Sonderstellung ein, weil zum Beispiel das Körpergewicht durch den Sattel getragen wird. Dadurch spürt man sein (Über-)Gewicht nicht so sehr und kann auch über mehrere Stunden körperlich aktiv sein, ohne Gelenke, Sehnen und Bänder zu überlasten. Und wer bereits unter Gelenkbeschwerden und Arthrosen der Hüft-, Knie- oder Sprunggelenke leidet, kann noch lange Zeit auf dem Fahrrad aktiv sein, auch wenn ein Waldlauf oder sogar Spazierengehen nicht mehr möglich sind.

In frischer Luft sportlich aktiv zu sein bedeutet zudem eine allgemeine Abhärtung und Kräftigung des Immunsystems.

Radfahren als Freizeit- und Gesundheitssport dient der Gesundheit, der Vorbeugung gegen Zivilisationskrankheiten und der Geselligkeit der ganzen Familie.

Aber es gibt auch ästhetische Gesichtspunkte, die vor allem bei den erfreulicherweise immer zahlreicher Rad fahrenden Frauen als Argumente zählen: So entfaltet der Fahrtwind eine natürliche kosmetische Wirkung auf die Haut. Schließlich lässt Radfahren Fettpölsterchen an unerwünschten Stellen – vor allem an den Hüften und Beinen – hinwegschmelzen wie Butter an der Sonne. Man bekommt schlanke und schöne Beine.
Um die gewünschten Wirkungen zu erzielen, sollte man ganzjährig körperlich aktiv sein. Das ist auch mit dem Fahrrad möglich. Wenn die Straßen aber verschneit oder vereist sind, sollte man auf eine andere Sportart, z. B. Skilanglauf oder Waldlauf, ausweichen. Radfahren ist besonders geeignet, körperlich inaktiven Menschen wieder Freude an körperlicher Aktivität zu vermitteln und sie für andere Sportarten vorzubereiten.
Der Radsport als Freizeit- und Gesundheitssport kann aber auch zu einem richtigen Erlebnissport werden: Ganze Familien können in Gruppen Rad wandern und Gebiete erschließen, die man mit dem Auto niemals erreichen würde. Nach den Erfahrungen tausender fahrradbegeisterter Menschen lohnen sich Anschaffung und Pflege eines qualitativ hochwertigen Fahrrads, sogar die Anschaffung eines Zweitfahrrads als Instrument für die körperliche und geistige Ertüchtigung.
Bei Schulkindern vermag Radfahren die körperliche und geistige Entwicklung zu fördern sowie Aggressionen abzubauen, so dass Konzentrationsfähigkeit und psychophysische Belastbarkeit wesentlich verbessert werden.
In ganz besonderem Maße wirkt sich regelmäßig betriebener Ausdauersport mit zunehmendem Alter günstig aus. Stabile Gesundheit und erhöhte Widerstandskraft gegen Infekte und so manche Alltagsbeschwerden vermitteln ein neues Lebensgefühl – in jedem Lebensalter.

Radsport als Leistungs- und Hochleistungssport

Unter den Ausdauersportlern nehmen die Straßenradrennfahrer eine Sonderstellung ein. Sie sind die »Kaiser der Athleten«, leistungsfähiger als alle anderen Sportler. Bei Etappenrennen wie der Tour de France, dem härtesten Radrennen der Welt, müssen sie z. B. drei Wochen lang täglich Höchstleistungen über viele Stunden vollbringen. Sportmedizinische Untersuchungen belegen, dass Straßenradrennfahrer allen anderen Sportlern in der Ausdauerleistungsfähigkeit überlegen sind. Sie müssen ausdauernd sein wie Marathonläufer, schnell wie Sprinter und kräftig wie Ruderer. Straßenradrennfahrer haben die größte maximale Sauerstoffauf-

Moderates Ausdauertraining in geringem bis mäßigem Tempo ist das Geheimrezept für Gesundheit, Langlebigkeit und Stärkung des Immunsystems.

Hochleistungssport dient dem Streben des Menschen zur Überwindung von Raum und Zeit sowie zur vollkommenen Entfaltung der Persönlichkeit.

nahmefähigkeit, das größte Herzvolumen und die größte Lungenkapazität von allen Sportlern in einem einzigen Organismus vereint. Jedes Jahr legen die »Giganten der Landstraße« bis zu 40 000 km auf dem Rennrad zurück. An die sechs Millionen Pedalumdrehungen sind dazu notwendig – ohne dass es zu Gelenkschäden kommt. Der Radsport ist ein Beispiel dafür, zu welchen Anpassungen der menschliche Organismus fähig ist – ein interessantes Phänomen gerade in der heutigen Zeit der Degenerationserscheinungen durch Bewegungsmangel.
Daneben bietet der Straßenradsport auch spezifische Besonderheiten, die es in anderen Sportarten nicht gibt, die aber Erkenntnisse vermitteln, welche auf andere Sportarten übertragbar sind. Dazu zählt z. B. die Ernährung eines höchstbelasteten Menschen, die Verpflegung während höchster Belastungen, die Folgen einer akuten Entlastung in einem maximalen Trainingszustand, die Unterschiede in der Anpassungsfähigkeit des Organismus von Männern und Frauen sowie Probleme und Engpässe bei Belastungsserien wie Etappenrennen.
Obwohl Radfahren so einfach aussieht, gibt es auch heute noch einige Geheimnisse der Leistungsentfaltung. Schon die miteinander konkurrierenden Eigenschaften »Ausdauer« und »Kraft« stellen Radsportler immer wieder vor Probleme in Training und Wettkampf, zumal wenn es um die Frage geht, welche Übersetzungen man mit welcher Tretgeschwindigkeit benützen soll. Neuere Untersuchungen über Muskelfaserstruktur und Energiestoffwechsel helfen heute dem Radsportler, alte Erfahrungen großer Radrennfahrer aus früherer Zeit wissenschaftlich zu untermauern. Ein Ziel dieses Buches ist es u. a., diese alten Erfahrungen im Radsport mit modernen wissenschaftlichen Erkenntnissen in Einklang zu bringen, um den Trainingsprozess zu optimieren.
Optimales Training bedeutet, mit möglichst geringem Zeitaufwand das bestmögliche Ergebnis zu erzielen. Dabei ist es notwendig, den Trainingsprozess bewusst zu erleben und viel zu wissen, um intuitiv das Richtige zu tun.

Radsport zur Stabilisierung und Wiederherstellung der Gesundheit

In jedem Lebensalter kommt einmal der Zeitpunkt, an dem man sich bewusst wird, wie wertvoll Gesundheit und Leistungsfähigkeit sind – nämlich dann, wenn man sie verloren hat. Sowohl Erschöpfung als auch Krankheiten erfordern ein systematisches Aufbautraining zur allgemeinen Regeneration und Wiederherstellung, am besten auf

ein höheres Leistungsniveau als vorher. Das ist durch richtiges, klug aufgebautes Radsporttraining bequem und ohne Verletzungsrisiko immer wieder möglich, in jeder Lebenssituation.
Aber auch Sportler anderer Disziplinen können nach Verletzungen und Operationen schon bald mit dem Fahrrad trainieren, noch bevor sie ein Lauftraining absolvieren können. Durch das Radfahren ist eine Frühmobilisation nach Operationen, z. B. nach Meniskusoperationen, möglich, so dass man den Trainingsverlust gering halten und die Gelenkfunktion frühzeitig wieder beanspruchen kann.

Radsport als Ausgleichssport für Sportler anderer Sportarten

Auch viele Sportler anderer Disziplinen haben den Radsport als wertvollen und nützlichen Ausgleichssport entdeckt, z. B. Skilangläufer und alpine Skifahrer, Eishockeyspieler und Eisschnellläufer, Tennisspieler, Autorennfahrer, auch Fußballspieler u. a. Sie betreiben mit Vorteil den Radsport als Ausgleichs- oder Sommertraining, um ihre Ausdauerleistungsfähigkeit ohne Verletzungsrisiko zu erhalten oder zu verbessern.

Radsport – Faszination und Leidenschaft

Die besondere Faszination des Radsports, gleichgültig ob als Freizeit- oder Leistungssport betrieben, liegt in der Harmonie zwischen Sportgerät und menschlichem Organismus, zwischen der technischen Maschine, dem Fahrrad, und der biologischen Maschine, dem menschlichen Organismus.

Wer das Gefühl für diese Harmonie einmal entwickelt und erlebt hat, wird den Radsport mit Leidenschaft betreiben und von ihm nicht mehr loskommen.
Um den Radsport jedoch ganz auskosten zu können, muss man zwei Dinge kennen: das Fahrrad und sich selbst. So wird man bemerken, dass der Radsport nicht nur körperliche, sondern auch geistige Anforderungen stellt und entwickelt, die zunächst für den Laien nicht ohne weiteres erkennbar sind.
Dieses Buch soll helfen, die Liebe zum Radsport zu wecken. Dabei befindet man sich in bester Gesellschaft; denn berühmte Erfinder und Denker, oft die schlauesten Köpfe ihrer Zeit, Künstler, Akademiker, Barone und Könige waren von der Entwicklung des Fahrrads fasziniert und an ihr beteiligt. Durch dieses Buch soll der Leser alles erfahren, was er vom Radsport wissen muss, wenn er auf Dauer Freude daran haben will. Mit dem Fahrrad hat man ein zuverlässiges Sportgerät, das einen viele Jahre durch dick und dünn begleitet und mit dessen Hilfe man ein Leben lang gesund und leistungsfähig bleiben kann!

Radsport ist ein idealer Ausgleichssport für viele Sportarten anderer Disziplinen. (Mitte: Der Autorallyefahrer Walter Röhrl, rechts: der ehemalige Querteldein-Radweltmeister Klaus-Peter Thaler)

Kurze Geschichte des Rads und des Radsports

Die Erfindung des Rads

Das Rad an sich ist eine der größten Erfindungen der Menschheit, vor allem auch weil es dafür kein Vorbild in der Natur gibt. Das kommt daher, dass es unmöglich ist, ein Rad aus lebenden Zellen, das sich ständig um eine Achse dreht, zu ernähren. Aus der Technik ist das Rad überhaupt nicht wegzudenken. Man könnte sogar sagen: Ohne die Erfindung des Rads wäre die Weltgeschichte anders verlaufen.
Zunächst bestand das Rad aus einer vollen, zwei- bis dreiteiligen Scheibe, die mit der Achse fest verbunden war und ausschließlich als Wagenrad verwendet wurde. Die älteste erhaltene Wagendarstellung lässt sich etwa 5000 Jahre zurückverfolgen. Von Wagenrädern mit Speichen wurde vor etwa 4000 Jahren in Mesopotamien berichtet. In China jedoch soll es schon vor 6000 Jahren Räder mit schräg eingesetzten Speichen gegeben haben. Niemand kam auf den Gedanken, statt zwei Räder nebeneinander diese hintereinander zu montieren und ein solches Gefährt zur Fortbewegung zu benutzen. Der heute so einleuchtende Gedanke war auch nicht leicht zu finden; denn von der stabilisierenden Kreiselwirkung sich drehender Räder hatte man noch keine Vorstellung.
Einfachste Formen von Rädern, die mit Stangen verbunden waren, finden sich schon in alten ägyptischen und chinesischen Zeichnungen um 1300 v. Chr. Mit der Möglichkeit, sich durch ein technisches Gerät aus eigener Kraft fortzubewegen, beschäftigt sich der Mensch seit über 3000 Jahren.

Draisine:
Zeichnung aus dem Patentantrag des Barons von Sauerbronn an das Badische Ministerium (1818)

Die Erfindung des Fahrrads

Im Allgemeinen beginnt die Geschichte des Fahrrads im Jahre 1818, als Carl Friedrich Christian Ludwig Freiherr Drais von Sauerbronn sein lenkbares Laufrad, das man ihm zu Ehren später »Draisine« nannte, zum Patent anmeldete. Niemand konnte damals ahnen, dass das Fahrrad, bei seiner Geburt zunächst belächelt, heute im technischen Zeitalter als »Auto des kleinen Mannes« und umweltfreundlichstes Fahrzeug bezeichnet, einen derartigen Aufschwung erleben würde. Rund 170 Jahre ist es her, seit sich der badische Forstmeister mit seinem konstruierten zweirädrigen Gespann in Karlsruhe auf die Straße wagte. Die Mitmenschen lächelten, und die Karikaturisten spotteten, als der Erfinder mit seiner Laufmaschine durch die Gegend rollte. Das Gerät bestand aus einem hölzernen Gestell mit zwei hölzernen Rädern, die er »laufend« in Bewegung setzte. Immerhin legte er, wie die Karlsruher Zeitung damals berichtete, auf diese Weise eine Strecke, für die eine Postkutsche vier Stunden gebraucht hätte, in einem Viertel der Zeit zurück.

Um 1845 konstruierte der Mechaniker Mylius ein Fahrrad, das am Vorderrad durch Tretkurbeln angetrieben wurde. Der Instrumentenmacher Philipp Moritz Fischer aus Schweinfurt konstruierte um 1853 ein ähnliches Tretkurbelrad. Seinen ersten Durchbruch erreichte das Zweirad, als der französische Mechaniker Pierre Michaux sein Tretkurbelrad, »Velociped« genannt, 1897 auf der Weltausstellung vorführte. Es wurde seinem Erfinder zu Ehren »Michauline« genannt. Da man sich zunächst auf das Vorderrad als Antriebsrad konzentrierte, musste man es ständig größer gestalten, wenn man mit einer Pedalumdrehung eine größere Wegstrecke zurücklegen wollte. Dadurch erklärt sich die Entwicklung des Hochrads.

Mit der Zeit nahm das Vorderrad immer größere Dimensionen an, während das Hinterrad immer kleiner wurde. Der Mechaniker Victor Renard aus Paris konstruierte z. B. ein Hochrad mit einem Vorderraddurchmesser von 3 Metern und einem Gewicht von 65 kg! Man kann sich vorstellen, dass es bei Hochrädern dieser Größe gefährliche Stürze gab. Damit verlor das Hochrad allmählich seinen anfänglichen Reiz, und sein Erfinder starb 1893 im Armenhaus.

Erfinder aus verschiedenen Ländern waren an der weiteren Entwicklung des Fahrrads beteiligt. Das erste mit Tretkurbeln versehene, am Hinterrad angetriebene Niederrad baute André Guilmet um 1868. Das Fahrrad wurde vom hölzernen zum eisernen Gefährt durch die Verwendung eiserner Tangentialspeichen, von W. A. Cowper um 1870 konstruiert, und der Felge, von J. Truffauts 1879 erfunden. Der wesentlichste Fortschritt jedoch war die Verwendung des Kettenantriebs zum Hinterrad durch H. J. Lawson um 1879.

Die seit 1869 benutzten Vollgummireifen wurden 1888 durch Luftreifen abgelöst, die von dem schottischen Tierarzt John Boyd Dunlop erfunden worden waren. Der Deutsche Ernst Sachs erfand

B. Zierfuß, Berlin, Deutscher Meister 1893 mit seinem Hochrad

um die Jahrhundertwende die Freilaufnabe und kurz darauf die Rücktrittbremse. Nun war der Siegeszug des Fahrrads nicht mehr aufzuhalten.

Die ersten Radrennen

Eine charakteristische Eigenschaft der menschlichen Natur ist das Verlangen, die eigenen Kräfte im Wettkampf mit anderen zu messen. Schon zwei Jahre nach Erfindung des Laufrads fanden 1819 in Paris die ersten Wettkämpfe auf Draisinen statt. 1865 veranstaltete man in Amiens ein erstes Straßenrennen, allerdings nur über eine Strecke von 500 m. Das erste internationale Straßenrennen der Welt war 1869 die Fernfahrt von Paris nach Rouen über 130 km. Sogar Frauen nahmen schon damals an diesem Rennen teil. 1880 wird von einem Rennen über die Alpen von Paris nach Mailand und zurück berichtet. Auch bei den ersten Olympischen Spielen 1896 wurde ein Straßenrennen ausgetragen, und zwar über 87 km.

Radrennen auf der Bahn gibt es seit 1868 in England, seit 1882 in Deutschland. Das erste Sechstagerennen der Welt wurde 1891 in New York, das erste europäische 1909 in Berlin ausgetragen. Schon damals war Radfahren durchaus hoffähig: Nicht nur Mechaniker, Techniker, Ingenieure und Uhrmacher waren von diesem Fortbewegungsgerät fasziniert, sondern es sind auch Kaiser, Könige und Adelige mit der Geschichte des Radsports eng verbunden. So stiftete Kaiser Napoleon III. 1868 eine Goldmedaille für ein Radrennen und Kaiser Wilhelm I. einen Wanderpokal für Hochradfahrer. Seitdem fuhr man jedes Jahr um den »Kaiserpreis«. Die fünf Gebrüder von Opel machten auf sich aufmerksam, als sie nacheinander die Radsportmeisterschaft von Hessen gewannen. Ludwig von Opel war sogar Vizeweltmeister im Sprint 1898 in Wien! Auch Künstler wie Graf Henri de Toulouse-Lautrec, Claude Monet, Pablo Picasso, Max Ernst und viele andere beschäftigten sich mit dem Radsport, indem sie durch gemalte Radsportmotive das Fahrrad in der Kunstgeschichte verewigten.

Viele intelligente Köpfe befassten sich mit dem Radsport: Der Franzose Albert Champion, der 1899 das erste klassische Straßenradrennen Paris–Roubaix hinter Automobilführung gewann, ist der Erfinder der Zündkerze, die heute noch seinen Namen trägt. Die Gebrüder Orville und Wilbur Wright, denen die ersten gesteuerten Menschenflüge gelangen, waren Straßen-

G. P. Mills, erster Sieger des Radrennens Bordeaux–Paris (1891)

und Bahnradfahrer, besaßen ein Fahrradgeschäft und stellten Fahrräder her.
Die Geschichte des Radsports wurde vor allem durch die großen Etappenrennen in fast allen Ländern Europas geprägt. Am berühmtesten ist die Tour de France, die 1903 von dem Journalisten Henri Desgranges gegründet wurde. Er wollte den Franzosen ein Drama von simpler Grandiosität im heißesten Monat des Jahres anbieten, »wenn die Kühe auf der Weide vor Durst brüllen und das Gras am Wegesrand verdorrt«.
In seinem Leitartikel der Sportzeitung »L'auto« vom 1. Juli 1903 heißt es: »Mit dem mächtigen Elan, den Emile Zola in seinem Roman »La Terre« seinen Bauern gibt, lanciert »L'auto« als Zeitung mit avantgardistischem Mut heute das größte Rennen der Welt mit den prächtigsten und unerschrockensten aller Athleten. Während der 2400 km werden sie auf staunende Faulpelze treffen, die sich ihrer Bequemlichkeit schämen und aufgeweckt werden von der Kraft und der unbezähmbaren Energie dieser außergewöhnlichen Männer.«
Das Faible für die großen Radrundfahrten wurzelt im Volkscharakter der radsportbegeisterten Nationen, vor allem in Frankreich, Italien, Spanien, der Schweiz, Belgien und Holland – und in letzter Zeit auch in Deutschland.
Auch wenn die Tour de France die bedeutendste Radrundfahrt ist, verdienen auch die anderen Rundfahrten wie der Giro d'Italia, die Tour de Suisse, die Vuelta de Espana und auch wieder die Deutschlandrundfahrt Bewunderung und Beachtung.
Die Faszination dieser »außergewöhnlichen Männer« wird erhalten bleiben – trotz widriger Umstände, die es manchmal gibt. Denn diese Männer bringen etwas zum Ausdruck, nach dem sich die ganze Menschheit sehnt: den Sieg des Geistes über die Materie – und das Leuchten eines »heiligen Feuers«, das die Franzosen ehrfürchtig »sacre feu« nennen und ohne das es nicht möglich ist, im Radsport ein »ganz Großer« zu werden.

Die berühmtesten und populärsten Radrennfahrer aller Zeiten

Es ist nicht leicht, die größten Radrennfahrer aller Zeiten aufzuzählen. Eine solche Auswahl muss immer etwas subjektiv bleiben, obwohl sie sich an den objektiven Leistungen und Erfolgen der Champions zu orientieren hat.
Einige von ihnen hatten es schwerer, andere leichter, je nachdem, ob sie zu ihrer Zeit auf eine große Zahl gleichwertiger Gegner trafen oder

Bernard Hinault: Straßenweltmeister 1980, fünfmal Sieger der Tour de France (1978, 1879, 1981, 1982, 1985), dreimal Sieger des Giro d'Italia (1980, 1982, 1985), zweimal Sieger der Spanien-Rundfahrt (1978, 1983) und Sieger zahlreicher »Klassiker«

Greg LeMond (im grünen Trikot): Junioren-Weltmeister 1979, zweimal Straßenweltmeister (1983, 1989), dreimal Sieger der Tour de France (1986, 1989, 1990)

Miguel Indurain: Fünfmal hintereinander Sieger der Tour de France 1991–1995, zweimal Sieger des Giro d'Italia (1992, 1993), Stundenweltrekord in Bordeaux 1994

allein einsame Spitzenklasse waren. Neben der Tour de France mussten sie sich in anderen klassischen Etappenrennen bewähren, wie dem Giro d'Italia und der Tour de Suisse, bei der Spanienrundfahrt und den Straßenweltmeisterschaften, aber auch bei den großen klassischen Radrennen – den »Klassikern« wie z. B. Paris–Roubaix, Paris–Nizza, Mailand–San Remo, Amstel Gold Race, Fléche Wallonne, Lüttich–Bastogne–Lüttich u. a. So wurde Radsportgeschichte geschrieben von großen Namen wie Gino Bartali, Fausto Coppi, Felice Gimondi, Francesco Moser und Giuseppe Saronni aus Italien, Louison Bobet, Jacques Anquetil, Raymond Poulidor, Laurent Fignon und Bernard Hinault aus Frankreich, Rik van Steenbergen, Rik von Looy, Lucient van Impe und Eddy Merckx aus Belgien, Jan Janssen und Joop Zoetemelk aus Holland, Ferdi Kübler, Hugo Koblet und Tony Rominger aus der Schweiz, Frederico Bahamontes, Louis Ocana, Pedro Delgado und Miguel Indurain aus Spanien – aber auch von Charly Gaul aus Luxemburg.

Die besten deutschen Radrennfahrer nach dem 2. Weltkrieg waren ohne Zweifel Rudi Altig, Hennes Junkermann und Rolf Wolfshohl. Sehr erfolgreich waren auch Klaus-Peter Thaler, Dietrich Thurau und Gregor Braun. Danach machten Radrennfahrer wie Rolf Gölz, Raimund Dietzen, Andreas Kappes und Olaf Ludwig von sich reden.

Europa ist nach wie vor das Eldorado der Straßenradrennfahrer. Es schlossen aber auch Straßenradrennfahrer zur Weltspitze auf, die aus Ländern kamen, in denen der Radsport weniger Bedeutung hat, wie z. B. Stephen Roche und Jean Kelly aus Irland, Phil Anderson aus Australien und Greg LeMond aus den USA .

Manche Radrennfahrer waren zu ihrer Zeit so berühmt und populär, dass sie auf Briefmarken verewigt wurden, z. B. Bartali, Kübler, Bobet, Janssen, Anquetil, Morelon, Gimondi und Merckx. Nach einigen Radrennfahrern sind sogar Straßen, Plätze und Stadien benannt, wie z. B. nach Robl, Timoner, Moeskops, Linart, und in der Gegenwart nach Camenzind.

Die Vormachtstellung der Länder Italien, Frankreich, Belgien, Holland, Schweiz und Spanien im

Radsport ist unverkennbar. In diesen Ländern ist aber auch die Radsportbegeisterung größer – und die Begeisterung ist es, die einen zum Radsportler macht!

Bekannte Radrennfahrer der Gegenwart

Auch wenn der Radsport in der jetzigen Zeit als Modell für die Selbstreinigung im Spitzensport benutzt wird und einige bekannte Namen dadurch in Mitleidenschaft gezogen werden mögen – so verdienen sie es trotzdem, hier aufgezählt zu werden; denn auch diese Vorgänge gehören zur Radsportgeschichte. Denn der Radsport »schwitzt alles aus«, und er wird neu entstehen, weil seine innere Kraft aus dem Feuer der Begeisterung lebt.

So gibt es in Deutschland erfreulicherweise Radsportler wie Jan Ullrich, Erik Zabel, Udo Bölts und Jens Heppner.

In Frankreich verdienen Fahrer wie Richard Virenque, Laurent Jalabert, Laurent Brochard, Luc Leblanc und Frederic Moncassin erwähnt zu werden.

Bei den Italienern sind es Marco Pantani, Michele Bartoli, Ivan Gotti, Francesco Casagrande, Mario Cipollini und Andrea Tafi, deren Namen nicht ohne Ehrfucht und Respekt immer wieder genannt werden.

Bei den Spaniern haben wir Abraham Olano, Jose Maria Jimenez und Fernando Escartin zu nennen, aus der Schweiz Laurent Dufaux, Alex Zülle und Oskar Camenzind, aus Belgien Tom Steels, Johan Museeuw und Axel Merckcx, aus Holland Michael Boogard, aus Dänemark Bjarne Riis und Rolf Sorensen und aus den USA Lance Armstrong und Bobby Julich.

Marco Pantani: Von einem schweren Unfall genesen – Sieger der Tour de France und des Giro d'Italia 1998

Vielleicht könnte man noch den einen oder anderen Radrennfahrer der Neuzeit aufzählen – auf jeden Fall ist es erfreulich und erstaunlich zugleich, dass der Radsport immer wieder neue faszinierende Athleten hervorbringt, die das innere Feuer des Radsports weitertragen und deren Kraft und Ausstrahlung auf alle anderen Radsportler übergeht. Deswegen sind diese Namen hier auch genannt.

Doch eines ist noch zu bemerken: Alle diese Rennfahrer sind zwar in der heutigen Zeit bekannt – aber die Frage ist, ob sie auch berühmt werden. Auf jeden Fall wünschen wir es ihnen!

Jan Ullrich: Amateur-Weltmeister 1993, Zweiter der Tour de France 1996 und 1998, Sieger der Tour de France 1997, der Vuelta de Espana 1999 und Weltmeister im Zeitfahren 1999

Ausrüstung

Welches Rad für wen?

Wenn man sich ein Fahrrad anschafft, sollte man sich überlegen, wozu man es braucht. Vielleicht genügt auch das Fahrrad, das man bereits besitzt. Grundsätzlich bestimmt jedoch der geplante Einsatzbereich den Fahrradtyp und nicht umgekehrt. Gleichzeitig wird bei dieser Überlegung offenbar, wie vielseitig ein Fahrrad eingesetzt werden kann und welche neuen Lebensbereiche es erschließt. Warum sollte man sich nicht auch, wie es manche Autofahrer tun, ein Zweit- oder ein Drittfahrrad zulegen? Hauptsache ist, man benutzt es möglichst häufig und zu jeder passenden Gelegenheit.

Mit dem richtigen Fahrrad macht es Spaß, Land und Leute zu erkunden.

Das Fahrrad als Erlebnisgerät

Mit dem Fahrrad kann man in der heutigen motorisierten Zeit ein sehr ungewöhnliches Gefühl erleben, nämlich wie man aus eigener Kraft mehr oder minder mühelos und verhältnismäßig schnell ganz respektable Strecken zurücklegen kann. Dabei nimmt man – anders als mit dem Auto – wieder die Atmosphäre einer Landschaft aus direkter Nähe auf und ist meist sehr überrascht, wie gut die Luft außerhalb der Städte ist. Manche sagen sogar: Man riecht die Landschaft. Tatsache ist, dass man mit dem Fahrrad einen Weg gefunden hat, der Natur wieder näher zu kommen, sie zu spüren und sich mit ihr wieder in Einklang zu bringen. So erlebt man zum Beispiel den Rhythmus der Jahreszeiten viel intensiver. Diese Eindrücke kann man umso besser auf sich wirken lassen, je weniger man von dem Fortbewegungsmittel Fahrrad abgelenkt wird, das heißt, das Fahrrad sollte für diesen Zweck geeignet und vor allem in Ordnung sein.

Das Touren- oder Sportrad

Deswegen ist es wichtig, sich für Tourenfahrten ein richtiges, stabiles, gut funktionierendes Tourenfahrrad oder besser noch ein modernes und vielleicht sogar etwas leichteres Tourensportrad zuzulegen. Auch aus einem anderen Grund: Bei einem Ausflug in freier Natur fährt man meist etwas flotter, auf jeden Fall schneller als in der Stadt. Der Fahrtwind und auch der normale Gegenwind lassen sowohl eine etwas »windschnittigere« Haltung auf einem sportlicheren Fahrrad als auch eine Gangschaltung mit einer größeren Zahl von Schaltmöglichkeiten empfehlenswert erscheinen.

Eine Gangschaltung ist jedoch nicht dazu da, um mit möglichst großen Gängen möglichst schnell vorwärts zu kommen, sondern um auch in schwierigem Gelände leicht und locker treten zu können. Denn nur so kommt man in den Genuss des richtigen Radfahrens und der gesundheitlich wichtigen Anpassungserscheinungen, wie später noch dargelegt wird.

Das Tourensportrad oder das sportliche Tourenrad ist bereits durch einige sportlichere Komponenten ausgezeichnet:

- wegen des höheren Tempos gut funktionierende Felgen- oder auch Trommelbremsen
- am Hinterrad Freilauf ohne Rücktrittbremse und eine Fünf-, Sechs- oder Mehrgangschaltung

Mit einem doppelten oder dreifachen Kettenblatt vorne und mit fünf oder sechs »Ritzeln« im Zahnkranz hinten hat man bereits eine »Zehn-, Zwölf-, Fünfzehn- oder Achtzehngangschaltung« – zumindest theoretisch, da man praktisch wegen einer guten Kettenführung nur sechs bis acht Gänge davon benutzt (siehe auch S. 36 ff.).

Der Sattel sollte jetzt nicht mehr ein breiter »Sitzsattel«, sondern mehr ein funktioneller »Tretsattel« sein; denn man sitzt beim Radfahren eigentlich weniger auf dem Gesäß als vielmehr etwas vornübergebeugt auf den Sitzbeinknorren des Beckens – und die sind bei allen Menschen gleich. Das bedeutet: Auch breit gebaute Menschen kämen eigentlich mit einem schmalen Sattel aus. Das ist nur eine Sache der Gewohnheit.

Die Sattelspitze sollte nicht zu breit sein, damit eine enge Beinführung und ein guter Fahrstil möglich werden, ohne dass die Oberschenkelinnenseiten an der Sattelspitze scheuern.

Beim Lenker genügt ein bequemer Sportlenker. Ein Rennlenker bringt keine weiteren Vorteile. Nicht einmal Radrennfahrer fahren ausschließlich in der unteren Lenkergriffhaltung, sondern meist in der oberen Lenker- oder Bremsgriffhaltung. Es ist daher nicht notwendig,

Das Citybike:
Für Einkäufe und kurze Wege in die Stadt lohnt es sich, das Auto stehen zu lassen – und das Notwendige mit dem Nützlichen zu verbinden, nämlich gleichzeitig etwas für Gesundheit und Schönheit zu tun.

Das Sportrad:
Mit einem solchen Rad lässt es sich gut über Land fahren.

sich als sportlicher Tourenfahrer zu zwingen, eine verkrampfte Körperhaltung einzunehmen, nur damit man äußerlich als »Rennfahrer« erscheint.

Die Haltung auf dem Fahrrad muss natürlich sein. Durch eine verkrampfte und erzwungene tiefe Haltung hat man nur Nachteile: Die Atmung wird behindert, und die Lockerheit geht verloren. Auch wegen der Fahrsicherheit ist es nicht günstig, wenn man bei relativ hoher Geschwindigkeit nur die nächsten fünf Meter Straße überblickt, weil man nicht gewohnt ist, den Kopf im Nacken ausreichend anzuheben. Nicht selten hat es deswegen schon Auffahrunfälle auf parkende Autos und sogar Zusammenstöße zwischen Radfahrern auf Radwegen gegeben – ganz zu schweigen von den Nackenbeschwerden und Muskelverkrampfungen im Nacken- und Schulterbereich.

Wer mit dem Fahrrad auf eine größere Tour geht, wird sich Gepäcktaschen anschaffen; es ist erstaunlich, wieviel Gepäck man an einem Fahrrad – auch an einem Rennrad – anbringen kann. Dabei muss man jedoch beachten, dass sich dadurch das Fahrverhalten des Fahrrads, besonders in den Kurven, deutlich verändert.

Das Mountainbike: ein Spaßgerät zum Austoben im Gelände – aber immer unter respektvoller Beachtung der Würde der Natur

Das Mountainbike

Abenteuerlich wird es, wenn man die üblichen festen Straßen verlässt und sich auf unwegsamem, von Autos nicht befahrenem Gelände bewegt. Dieses »Off-Road-Erlebnis« kann man zwar schon mit einem stabilen Tourenrad »erfahren« – besser aber noch mit einem richtigen Mountainbike, das speziell für solche Zwecke entwickelt wurde. Trekkingurlaub mit dem Fahrrad ist dadurch möglich geworden. Es ist schon ein überraschender Anblick, wenn auf Wegen und Pfaden, auf denen sonst nur Bergwanderer und Bergsteiger unterwegs sind, plötzlich ein Mensch mit einem Mountainbike auftaucht! Ein Mountainbike hat die Voraussetzungen dazu, da es mit spezieller Technik ausgestattet ist. Das fängt bei den breiten Stollenreifen an, die in jedem Gelände mit hartem oder weichem Untergrund guten Halt finden. Dazu passt die Schaltung, die es ermöglicht, fast unglaubliche Steigungen zu überwinden. Durch ein dreifaches Kettenblatt vorne und einen Zahnkranz mit sechs bis acht oder neun Gängen hinten hat man theoretisch eine »18- bis 27-Gang-Schaltung« mit einer Übersetzung, die bis zu einem Verhältnis von 1:1 gehen kann, z. B. wenn vorne das kleinste Kettenblatt 30–32 Zähne hat und hinten der Zahnkranz über Ritzel etwa gleicher Größe verfügt. Typisch ist beim Montainbike der breite, robuste Lenker und die stabilen, zuverlässigen Bremsen. Die Schalthebel sind meist in die Bremsgriffe integriert, so dass beim Schalten beide Hände am Lenker bleiben können. Der Sattel ist sportlich fest und kann mit einer Schnellspannklappe in Sekundenschnelle verstellt werden, so dass sich die Sattelhöhe rasch je nach

Gelände und gewünschter Sitzposition ändern lässt.
Charakteristisch für das Mountainbike ist seine exzellente Stabilität, was sowohl den Rahmen wie auch die einzelnen Teile betrifft: Laufräder, Bremsen, Tretlager mit Tretkurbeln und Pedalen, Schaltung sowie Sattel und Lenker sind von fast unverwüstlicher Stabilität. Diese robuste Stabilität des Mountainbikes ist zugleich auch seine Faszination und veranlasst viele, sich ein Mountainbike als Zweitfahrrad auch für den Alltag und für Tourenfahrten anzuschaffen.
Zu diesem Zweck kann man es auch mit Schutzblechen, Gepäckträger und Lichtanlage ausstatten und auch mit etwas schmaleren oder glatteren Reifen.

Das Fahrrad als Sportgerät

Hat man sich auf verschiedene Weise mit dem Fahrrad angefreundet, wird man entdecken, dass es ein ideales Sportgerät ist. Der Radsport selbst ist ein Ausdauersport par excellence mit allen gesundheitlichen und leistungsfördernden Vorteilen. Er ist das ideale Fitnessgerät für alle, ob Manager, gestresste Menschen, Sportler aller Sportartengruppen, die Ausdauer zur Verbesserung ihrer sportlichen Fähigkeiten brauchen. Heutzutage weiß fast jeder, dass alle Sportler ein Mindestmaß an Ausdauer für eine gute Leistungs- und Regenerationsfähigkeit benötigen, gleichgültig ob es sich um Tennis-, Squash- oder Fußballspieler handelt, oder ob Wintersportler im Sommer ihren Trainingszustand verbessern wollen. Wer den Radsport zu seinem Lieblingssport wählt, gewinnt darüber hinaus die Möglichkeit, seine Persönlichkeit im körperlichen und geistigen Bereich bis an ihre Grenzen entfalten zu können.

Das Rennrad

Ein Sportgerät, das diesen Anforderungen gerecht wird, muss besondere Qualitäten aufweisen. Das Fahrrad in der höchsten Vollendung ist das Rennrad, manche sprechen auch respektvoll von der Rennmaschine. Die Leistung im Radsport hängt ganz entscheidend von dem optimalen Zusammenspiel zwischen menschlichem Organismus und Rennrad ab. Ein Rennrad wird nicht von der Stange gekauft, sondern individuell angepasst. Ein Zentimeter mehr oder weniger bei der Rahmenhöhe kann den Bewegungsablauf bereits deutlich beeinflussen.
Der Rahmen des Rennrads soll nicht nur in seinen Abmessungen zum eigenen Körperbau passen, sondern er muss auch besondere Eigenschaften besitzen: Er soll hart und steif, dabei aber leicht und trotzdem stabil sein. Die Kraft des Radsportlers muss möglichst ohne Verlust auf das Antriebssystem übertragen werden. Bei der Arbeit

Das Rennrad:
die Krone der Radsportschöpfung – Meisterwerke berühmter Rahmenbauer, verbunden mit den modernsten High-Tech-Komponenten

auf dem Rennrad treten Zug-, Biegungs und Torsionskräfte auf, die dem Mehrfachen des eigenen Körpergewichts entsprechen. So wirken auf den Sattel Kräfte, die mehr als das Eineinhalbfache des Körpergewichts ausmachen, auf die Pedale sogar Kräfte, die dem Mehrfachen des Körpergewichts gleichkommen, und auf den Lenker sogar Kräfte bis zum Zweifachen des Körpergewichts ein.
Bei all diesen Anforderungen soll ein Rennrad nicht viel mehr als 8 bis 10 kg wiegen. Jedes Kilogramm mehr an festen Bestandteilen des Rennrads bedeutet bei einer Geschwindigkeit von z. B. 35 und 42 km/h einen Mehraufwand an Energie von 1 bis 2%. Dieser Prozentsatz wird noch deutlich größer beim Bergauffahren und bei jeder noch schnelleren Fahrweise. Andererseits bringt ein leichteres Rennrad dann keine weiteren Vorteile, wenn der Rahmen wegen seiner Leichtigkeit zu weich ist und zu sehr schwingt, da auf diese Weise kostbare Kraftanteile verloren gehen. Es ist daher sehr wichtig, sich das Material seines individuellen Rennrads genau auszusuchen. Außer dem Rahmen sollten auch alle wichtigen Teile, auch »Komponenten« genannt, wie Schaltung, Bremsen, Lenkungssystem, Sattel und Sattelstütze von bester Qualität sein. Diese Komponenten eines Rennrads sind, wenn sie von hoher Qualität sind, oft von so langer Lebensdauer, dass sie die Lebensdauer des Rahmens überdauern. Nicht selten können Radsportler diese Komponenten mehr als ein Jahrzehnt benutzen, während der Rahmen manchmal je nach Beanspruchung und Material schon nach einigen Jahren erneuert werden muss, wenn er durch »Ermüdung« seine Steifigkeit verliert und zu »weich« wird.

Die Zeitfahrmaschine:
ein optimaler Kompromiss zwischen Aerodynamik, Funktionalität – und den Vorschriften der Union Cycliste Internationale (UCI)

Die Zeitfahrmaschine

Eine Rennmaschine für einen speziellen Einsatz ist die Zeitfahrmaschine. Beim Zeitfahren fährt man alleine gegen die Uhr ohne den Windschatten des Vordermannes. Da der Luftwiderstand mit dem Quadrat der Geschwindigkeit zunimmt und in direktem Verhältnis zur Windangriffsfläche steht, die Rennfahrer und Rennmaschine zusammen bieten, werden Gesichtspunkte der Aerodynamik besonders wichtig. Wie beim Auto hat der Windkanal auch beim Rennrad neue Formen diktiert: tiefer Lenker, ovale Rohre des Rahmens, Verlagerung der Vorderbremse hinter den Gabelkopf, Versenkung der Brems- und Schaltzüge in den Rahmen, schmalere Reifen und Felgen, scheibenförmige Verkleidung der Laufräder und aerodynamische Gestaltung aller Komponenten. Windkanalversuche zeigen aber auch, dass die Einsparung an Luftwiderstand durch diese Veränderungen der Rennmaschine äußerst

gering und daher nur für Spitzensportler relevant sind. Allen anderen Radsportlern dienen solche Zeitfahrmaschinen zunächst eher zur psychischen Unterstützung, damit man beim Zeitfahren nicht das Gefühl hat, den Gegnern vom Material her unterlegen zu sein. Wenn aber der Rahmen mit seinen dünnen und großvolumigen Rohren (»Colabüchsen«) durch die beim Zeitfahren notwendige Tretbewegung mit höchstem Krafteinsatz in Schwingungen gerät und der Seitenwind voll auf die Scheibenräder trifft, kann ein solches Rennrad sogar nachteilig sein. Deswegen verzichten Rennfahrer bei Strecken mit Seitenwind auf die scheibenartige Verkleidung der Laufräder, vor allem beim Vorderrad, mit dem man steuern muss.
Ausgesprochene Zeitfahrmaschinen sind also nicht unbedingt etwas für Hobby-Radrennfahrer, schon allein deswegen, weil man sich mit einer »Super-Zeitfahrmaschine« gar keine schlechte Zeit leisten darf – eine zusätzliche moralische Verpflichtung! Sinnvoll für das Zeitfahren im Amateurbereich kann jedoch ein tieferer Lenker, schmalere Reifen mit hohem Reifendruck sowie Demontage von Flaschenkorb und Trinkflasche, Luftpumpe und Reservereifen sein. Von geringerer Bedeutung ist schon die aerodynamische Gestaltung der einzelnen Teile wie Bremsen, Tretkurbeln und Schaltung. Am wichtigsten ist die aerodynamische Haltung des Fahrers, die er nur einnehmen kann, wenn er durchtrainiert ist und möglichst kein Fett im Bauchraum gespeichert hat, das bei einer solchen Haltung die Atmung behindern würde. Auch die Zeitfahrmaschine unterliegt den UCI-Vorschriften für die technischen Anforderungen an ein Rennrad.

Anforderungen an ein Rennrad für den Wettkampf

Um der Phantasie des Menschen bei der Gestaltung von Rennrädern – insbesondere von Zeitfahrmaschinen – gewisse Grenzen zu setzen und um die Chancengleichheit der Athleten zu wahren, hat die UCI (Union Cycliste Internationale) Richtlinien festgelegt, der alle Rennräder, die für Wettkämpfe benutzt werden, unterliegen. Die wichtigsten Punkte in der ab 1.1.2000 gültigen Fassung sind:

- Das Rennrad muss dem Geist und den Anforderungen des Radrennsports entsprechen. Es muss der Leistungsfähigkeit des Menschen untergeordnet sein und gleichberechtigte Möglichkeiten für alle Rennsportler bieten.
- Zugelassen sind nur Rennmaschinen üblicher Bauart, die im Handel erhältlich und für jedermann zu erwerben sind.
- Die Qualität des Rennrads und des verwendeten Zubehörs muss die Sicherheit des Fahrers und seiner Konkurrenten gewährleisten.
- Der Fahrer muss auf dem Rennrad eine sitzende Position einnehmen, wobei sich seine Kontaktpunkte zum Rennrad auf Sattel, Lenker und Pedale beschränken.
- Die Lenkergriffhaltung muss es dem Fahrer ermöglichen, sein Rennrad in allen Rennsituationen zu beherrschen.
- Ein Rennrad darf nicht länger als 185 cm (EF, siehe Abb. S. 26) und nicht breiter (Lenkerbreite) als 50 cm sein.
- Nicht konstruktions- und funktionsbedingte Anbauteile und Verkleidungen sind verboten.

- Der Sattel darf 24,0–27,5 cm lang, die Sitzfläche muss horizontal sein. Die Sattelspitze sollte mindestens 5 cm hinter der Vertikalen durch die Mitte der Tretlagerachse liegen (»Nachsitz«). Ein »Nachsitz« von weniger als 5 cm aufgrund spezieller Eigenheiten von Körpergröße und/oder Körperbau muss gesondert beantragt werden.
- Die Griffpunkte für die Hände am Lenker müssen sich unterhalb der Sitzfläche des Sattels und vor der Mittelachse durch das Steuerrohr befinden.
- Der Abstand zwischen der Vertikalen durch die vordere Lenkerkante oder durch das Ende von Lenkeraufbauten und der Vertikalen durch die Vorderachse darf 15 cm nicht überschreiten.
- Der Abstand zwischen der Mitte der Tretlagerachse und dem Boden (DA) muss mindestens 24 cm und darf höchstens 30 cm betragen.
- Der Abstand der Vertikalen zwischen Tretlagermitte und Vorderradachse (AB) muss zwischen 54 und 65 cm, der Abstand zwischen der Vertikalen durch Tretlagermitte und Hinterradachse (AC) zwischen 35 und 50 cm liegen.
- Der Abstand zwischen den Ausfallenden der Vorderradgabel darf höchstens 10,5 cm, der zwischen den Ausfallenden des Hinterbaus höchstens 13,5 cm betragen.
- Der Durchmesser der Laufräder einschließlich Bereifung darf maximal 70 cm und minimal 55 cm betragen. Vorder- und Hinterrad müssen den gleichen Durchmesser haben.
- Die Rahmenkonstruktion muss ein Dreieck erkennen lassen, das durch Sitzrohr, Schrägrohr und Oberrohr gebildet wird.
- Die Form der Rahmenrohre ist beliebig.
- Der Durchmesser der drei Hauptrohre muss zwischen 2,5 cm und 8,0 cm liegen.
- Der Durchmesser der übrigen Rohre, der Gabel und der Sattelstütze darf 5 cm nicht überschreiten.

Technische Angaben zum Aufbau eines Rennrads für den Wettkampf nach den Bestimmungen der Union Cycliste Internationale (UCI)

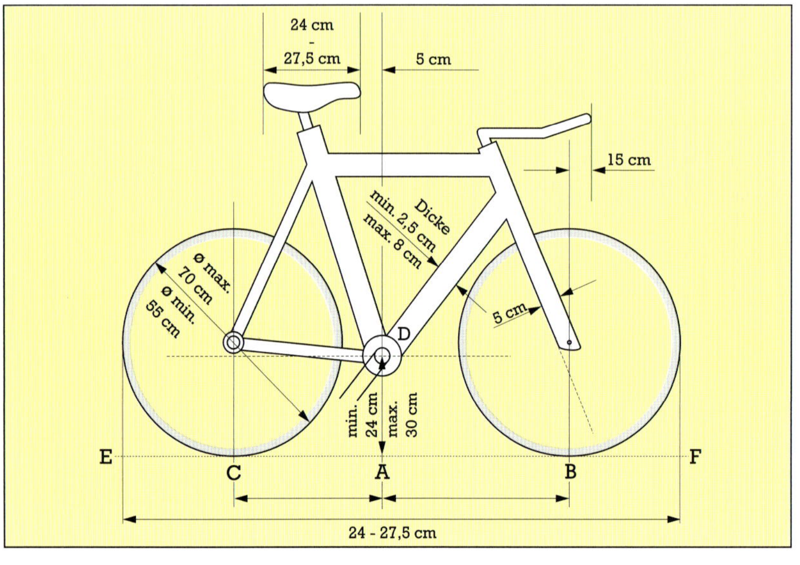

Spezielle Regelungen

- Die Benutzung von so genannten Hörner-, Delta- oder Triathlonlenkern sowie die Verwendung von Lenkeraufsätzen wie Ellenbogen- und Unterarmstützen oder so genannten Spinaci-Aufsätzen ist nur bei Einzel- oder Mannschaftszeitfahrten gestattet – aber bei allen Rennen mit Massenstarts verboten.
- In den weiblichen und männlichen Nachwuchskategorien (U15, U13 und U11) ist ihre Verwendung prinzipiell verboten, ebenso Laufräder unterschiedlicher Durchmesser, Scheibenräder und alle Laufräder mit weniger als 28 Speichen.
- Für Schüler und Jugendliche gibt es Übersetzungsbeschränkungen (siehe S. 98 und 164).

Komponenten

Der Rahmen

Der Rahmen des Fahrrads besteht aus folgenden Teilen:

- Oberrohr oder Horizontalrohr
- Sattelrohr oder Sitzrohr
- Unterrohr oder Schrägrohr
- Steuerrohr oder Lenkkopfrohr
- Tretlagergehäuse
- Hinterbau mit Kettenstrebe, Sitzstrebe und Ausfallenden

Nicht unbedingt zum Rahmen gehört die Gabel mit Gabelkopf, Gabelschaft, Gabelscheiden und Ausfallenden; sie wird aber meist hier mit aufgezählt.

Der Rahmen eines einfachen, normalen Fahrrads besteht aus Stahlrohren, die durchgehend gleiche Wandstärke haben. Das bedeutet zwar eine hohe Stabilität, aber auch ein relativ hohes Gewicht und wenig Elastizität. Ein solcher Rahmen ist nicht nur gegenüber seitlichen Schwingungen steif, sondern auch gegen Stöße, die von der Fahrbahn übertragen werden. Es gilt jedoch allgemein: Je qualifizierter der Einsatz eines Fahrrads wird, desto qualitativ hochwertiger müssen auch die Rohre des Rahmens und der Gabel werden.

Die Qualitätsmerkmale eines Fahrradrahmens sind folgende:

- Die Rahmensteifigkeit bestimmt den Widerstand gegen seitliche Verwindungen, vor allem beim Tretvorgang.
- Die Rahmenfestigkeit gibt die Höhe seiner maximalen Belastbarkeit gegen Verformungen und Brüche an. Dabei spielt sowohl die Wandstärke der Rohre als auch die Qualität des verwendeten Materials eine wichtige Rolle.

Für die notwendige Steifigkeit und Festigkeit eines Rahmens ist ein optimaler Kompromiss zwischen Material und Wandstärke der Rahmenrohre erforderlich.

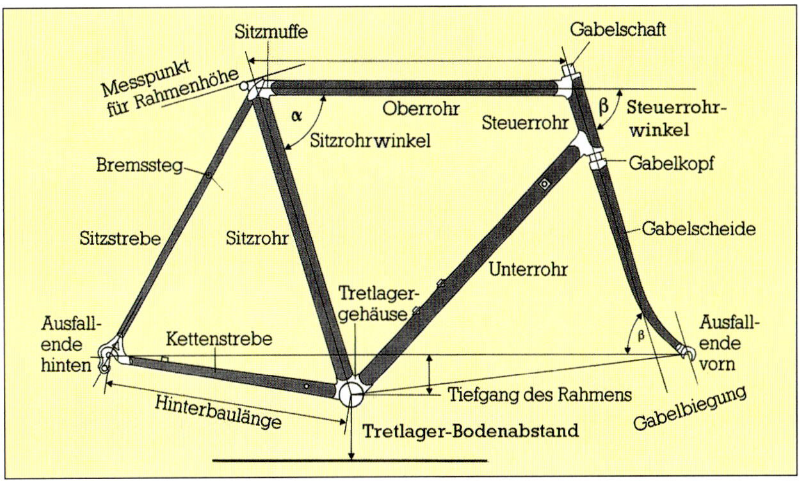

Bezeichnungen der Rahmenteile einschließlich Gabel

Für hochwertige Rahmen werden und wurden meistens Chrom-Molybdän-Legierungen benutzt. Ziel ist es jedoch, immer leichtere Rahmen ohne Verlust an Steifigkeit und Festigkeit zu bauen. Deswegen waren für einige Zeit auch Titanrahmen sehr beliebt, obwohl sie das Rennrad ziemlich teuer machen. Heute fahren etwa 80% der Radprofis Aluminiumrahmen und bei Spezialeinsätzen – z. B. Zeitfahren, Bergetappen – Carbonrahmen. Diese Rahmen sind zwar wesentlich leichter als Stahl- oder Titanrahmen, fahren sich aber »bockiger« und weniger elastisch. Doch Profis gewöhnen sich daran und können das leicht kompensieren.

Da auf den Rahmen die größten Zug- und Verwindungskräfte an den Enden der Rahmenrohre auftreten, werden diese bei Chrom-Molybdän- und Titanrahmen endverstärkt oder »konifiziert«, das heißt, die Wandstärke der Rahmenrohre ist in der Mitte geringer als an den Enden. So kann z. B. das Sitz- und Oberrohr in der Mitte eine Wandstärke von ca. 0,6 mm und am Ende eine von 0,9 mm auf-

Endverstärktes, »konifiziertes« Rahmenrohr

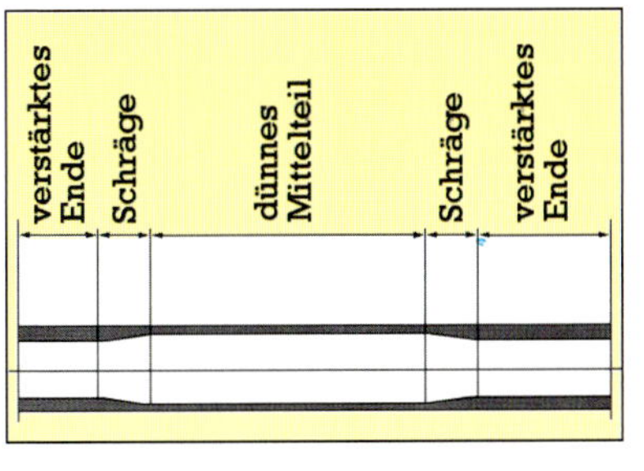

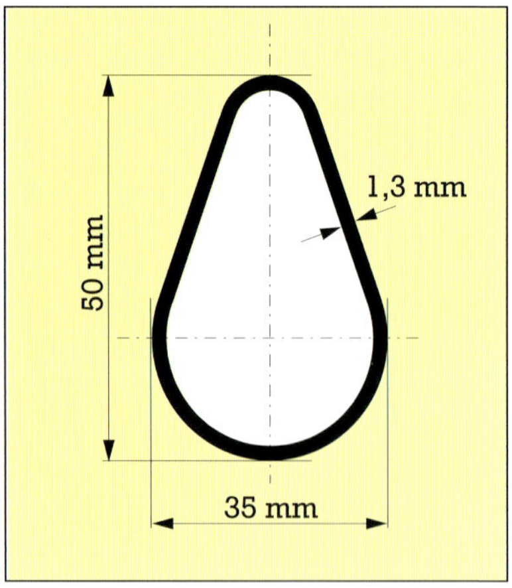

Ovales, großvolumiges Rahmenrohr

weisen, das Unterrohr eine Wandstärke von 0,7 mm in der Mitte und 1,0 mm an den Enden. Aber auch hier versucht man, durch Verbesserung der Legierungen immer bessere Werte zu erreichen. Bei den Aluminiumrahmen und Carbonrahmen konstruiert man die Rahmenrohre großvolumiger, um eine hohe Steifigkeit und Festigkeit zu erzielen. Dabei darf der Durchmesser der drei Hauptrohre maximal 8 cm, der Durchmesser der Gabel maximal 5 cm betragen.

- Das Gewicht eines Rahmens ergibt sich aus seiner Größe, der Wandstärke der Rahmenrohre und dem Material, aus dem diese angefertigt wurden. Im Allgemeinen wiegt ein Rahmen einschließlich Gabel aus einer Chrom-Molybdän-Legierung bei einer Rahmenhöhe von z. B. 58 cm etwa 2500 g, einer aus Aluminium oder Titan etwa 1500 bis 2200 g, einer aus Carbon ca. 1500 bis 1800 g (ohne Gabel ca. 1100–1200 g).

Rahmengeometrie

Die Rahmengeometrie bestimmt Fahreigenschaften und Steifigkeit eines Rahmens. Je kürzer der Rahmen und je steiler der Steuerrohrwinkel, desto steifer wird der Rahmen, aber auch desto wendiger. Der Steuerrohrwinkel ist auch von der Rahmengröße abhängig. So haben kleine Rahmen eher einen Steuerrohrwinkel von ca. 71 Grad, große Rahmen eher einen von ca. 74 Grad, wobei das Steuerrohr fast parallel zum Sattelrohr verläuft.

Nach bisherigen Erfahrungen soll ein Steuerrohrwinkel von 72,5 Grad zusammen mit einem Gabelnachlauf von 40 mm die besten Fahreigenschaften für ein Straßenrennrad ergeben, besonders beim Bergabfahren. Ein solches Rennrad fährt sich aber etwas »nervöser« und reagiert beim Lenken direkter als ein Rahmen mit einem Steuerrohrwinkel von 74 Grad und einem Gabelnachlauf von 50–60 mm. Im Allgemeinen federt ein langer Rahmen zusammen mit einem Steuerrohrwinkel von etwa 70 Grad und einem Radstand von über 100 cm Unebenheiten der Straße noch besser ab, so dass ein solcher Rahmen besonders für Langstrecken- und Tourenfahrer geeignet wäre.

Man sieht: Der richtige Rahmenbau einer Rennmaschine ist eine Wissenschaft für sich. Deswegen lassen die Namen berühmter Rahmenbauer wie Masi, Colnago, Pinarelli u. a. die Herzen vieler Radsportler höher schlagen. Auf jeden Fall sollte man sich bei der Auswahl eines Rahmens von einem erfahrenen Fachmann beraten lassen.

Rahmenverarbeitung mit Carbon- oder Aluminiumrohren

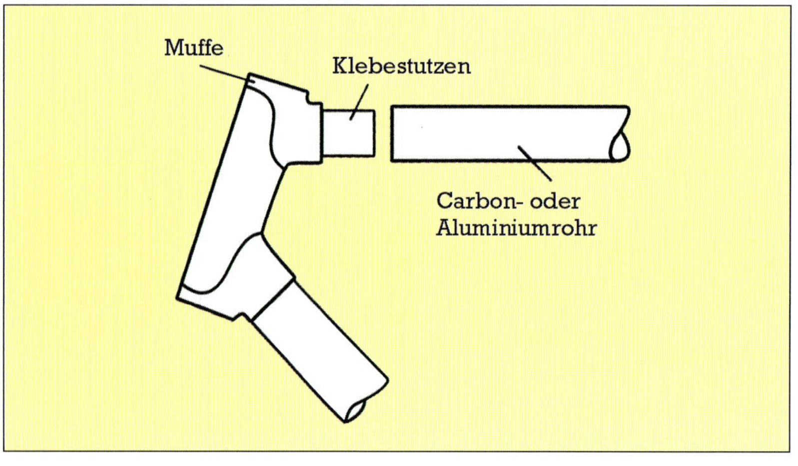

Der maßgeschneiderte Rahmen

Das individuelle Fahrrad sollte zu den eigenen Körpermaßen passen, denn nur so ist eine biomechanisch optimale Entfaltung der Kräfte möglich. Es gibt kaum zwei Menschen, die einander vollkommen gleichen. Auch bei gleicher Körpergröße sind oft die individuellen Körpermaße unterschiedlich: Der

eine hat längere Beine, der andere einen längeren Rumpf. Bei gleich langen Beinen hat manchmal der eine längere Unter-, der andere längere Oberschenkel. Auch die Länge der Arme ist unterschiedlich. Daher muss das Fahrrad für jeden Menschen individuell gestaltet werden.
Folgende Bedingungen sollten erfüllt sein:

- Der Fahrer muss eine bequeme Sitzposition einnehmen können, in der er seine Kraft möglichst direkt und ohne Verlust auf Pedale und Straße übertragen kann.
- Der Brustkorb und das Zwerchfell müssen frei arbeiten können.
- Der sportliche Fahrer soll auf seinem Fahrrad eine mehr oder minder tiefe aerodynamische Haltung einnehmen können, ohne dass er sich in der Atmung oder im Bewegungsablauf behindert fühlt.

Falsche Abmessungen eines Fahrrads, die nicht zu den eigenen Körpermaßen passen, können die optimale Leistungsentfaltung behindern, aber auch zu körperlichen Beschwerden wie Rückenschmerzen, Muskelverspannungen, Sitzbeschwerden, Gelenkschmerzen und Sehnenreizungen führen.
Jeder Rahmenbauer hat sein eigenes Rezept, die perfekten individuellen Rahmenmaße zu bestimmen, und hütet diese Formelsammlung wie ein Geheimnis.

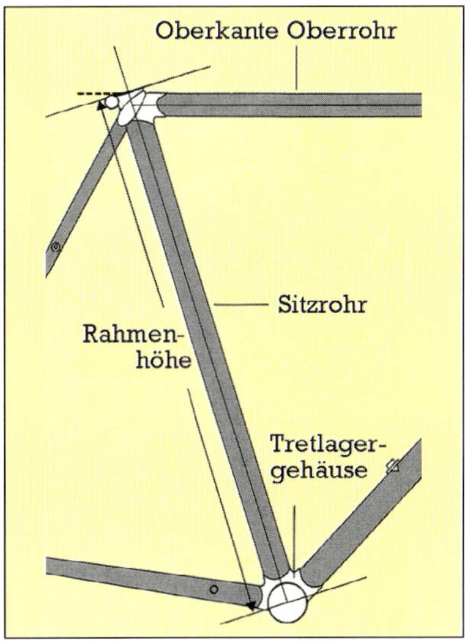

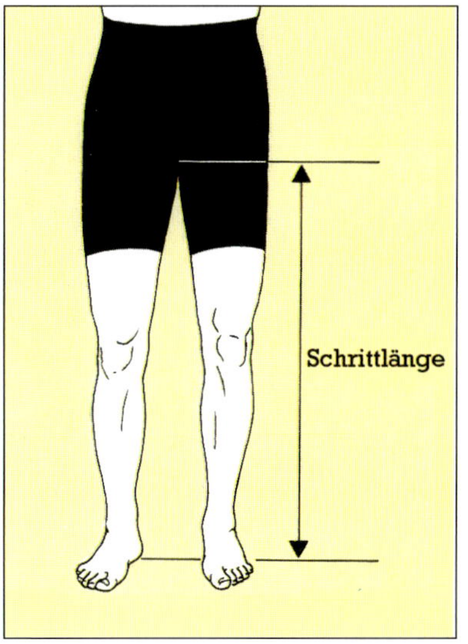

Links oben:
Messung der Rahmenhöhe:
von der Mitte der Tretlagerachse entlang der Mitte des Sitzrohrs bis zum Schnittpunkt mit der Oberkante des Oberrohrs

Rechts oben:
Messung der Schrittlänge

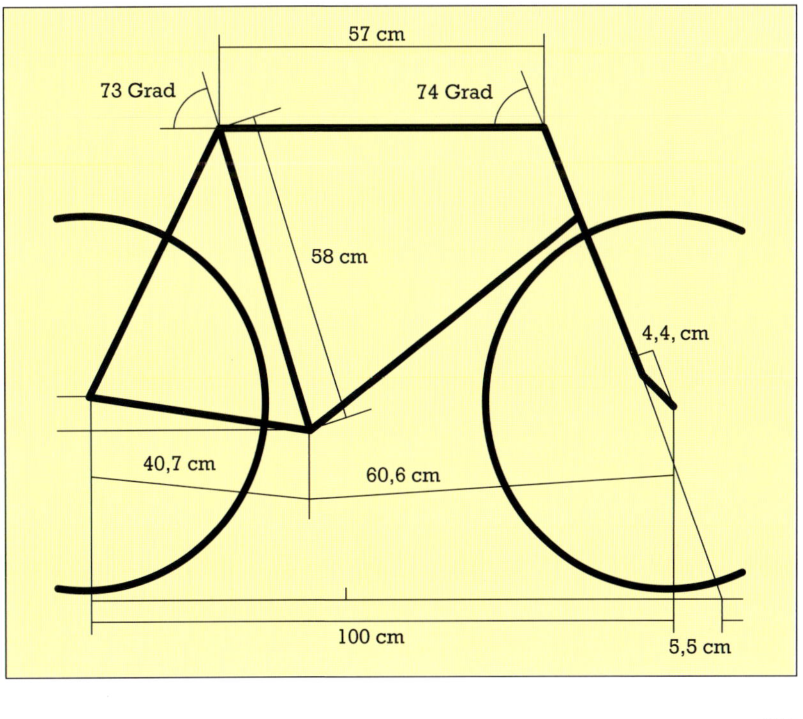

Beispiel für die Abmessungen eines Rennrads mit 58 cm Rahmenhöhe und ausgewogener Fahrcharakteristik

Beispiel für eine Maßkarte:

RH = Rahmenhöhe
SH = Sattelhöhe
OR = Oberrohrlänge
VB = Vorbaulänge
GB = Gabelbiegung
GN = Gabelnachlauf
TK = Tretkurbellänge
TV = Abstand der Vertikalen zwischen Tretlagerachse und Vorderradachse
HB = Abstand der Vertikalen zwischen Tretlagerachse und Hinterradachse; Hinterbau
alpha = Sitzrohrwinkel
beta = Steuerrohrwinkel

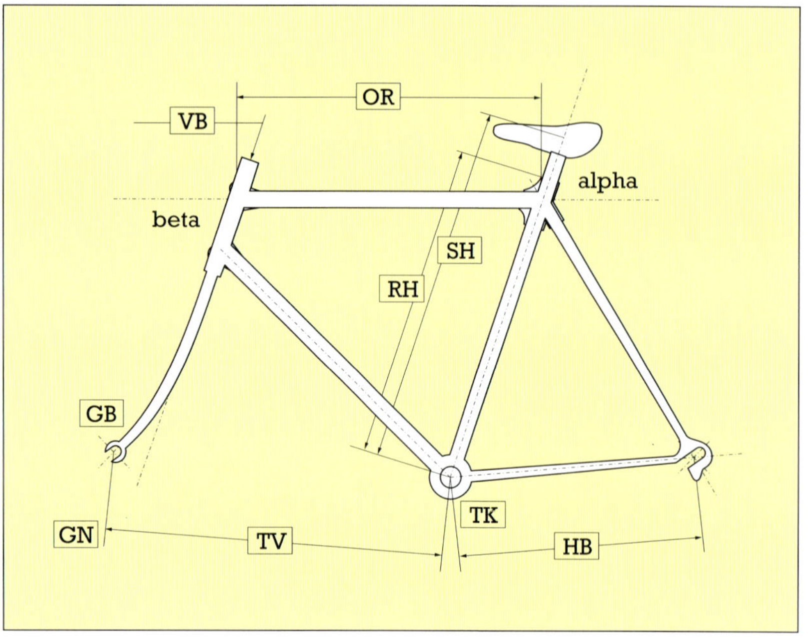

Ein stabiler und leichter nach Maß gefertigter Rahmen ist das Kernstück des Rennrads.

Früher hat man die Rahmenhöhe meist nach der Körpergröße bemessen – oder besser: geschätzt. Inzwischen hat sich als Maß für die Rahmenhöhe die Schrittlänge bewährt. Sie wird mit Rennhose und barfuß gemessen. Von mehreren Werten nimmt man den Mittelwert und multipliziert ihn nach der Methode von W. Hügi mit dem Faktor 0,66 und addiert dazu noch 1,5 cm. So kommt man recht genau zur richtigen Rahmenhöhe, die von der Tretlagermitte bis zur Oberkante des Oberrohrs gemessen wird. Viele italienische Rahmenbauer messen die Rahmenhöhe nur bis zur Mitte des Rohrknotens von Ober- und Sitzrohr. Die »italienisch« gemessene Rahmenhöhe fällt daher 1,5 cm niedriger aus (was etwa dem halben Durchmesser des Oberrohrs entspricht). Im Zweifelsfall – so raten manche Profis – wählt man wegen der größeren Steifigkeit eher den kleineren Rahmen und gleicht mit einem längeren Vorbau aus. Oberrohr- und Vorbaulänge richten sich nach Oberkörper- und Armlänge.
Die durch genaue Messungen und mühsame Kleinarbeit erhaltenen Maße seines individuellen Fahrrads trägt man am besten in eine Maßkarte ein, um sich im Falle eines Verlustes (Diebstahl, Unfall) sofort wieder sein individuelles Fahrrad zusammenstellen zu können, das mit den eigenen Körpermaßen harmoniert.

Das Lenkungssystem

Lenker mit Vorbau

Lenker und Vorbau bilden eine Einheit. Es gibt verschiedene Lenkerformen, angefangen vom normalen Tourenlenker über den hochgezogenen »Gesundheitslenker«, den flachen sportlichen Lenker bis zum breiten Mountainbikelenker. Je mehr das Fahrrad als Sportgerät benutzt wird, desto sinnvoller wird es, einen richtigen Rennlenker zu verwenden. Der Lenkerbügel des Rennlenkers bietet viele Vorteile, schon allein wegen der vielseitigen Griffmöglichkeiten. Prinzipiell gibt es zwei Varianten: der mehr »runde«, geschwungene Lenker mit abgerundetem Übergang zu den Lenkerbögen (Typ »Gimondi«) und der mehr »gerade« Lenker mit breiterem geraden Anteil in der Mitte (Typ »Merckx«). Der Rennlenker Typ »Gimondi« ist eher etwas für jene, die gerne in der Unterlenkerhaltung fahren, und der Typ »Merckx« mehr für Fahrer, die die obere Lenkergriffhaltung bevorzugen. Die Radprofis fahren fast nur noch den »geraden« Lenker Typ Merckx. Meist haben die Lenkerbögen ein gerades Griffstück am Übergang zum Unterlenker.

Die Lenkerbügelrohre bestehen meistens aus Dur-Aluminium mit einer Wandstärke von etwa 1 mm und einem äußeren Durchmesser von 23–25 mm. Das Gewicht eines Lenkerbügels liegt bei ca. 180–300 g.

Die Lenkerbreite wird normalerweise an den Enden von Außenkante zu Außenkante gemessen. Sie sollte etwa der Schulterbreite entsprechen. Wählt man den Lenker zu schmal, wird der Brustkorb bei der Atmung behindert – wählt man ihn zu breit, lässt der ungünstige Zugwinkel die Armmuskulatur frühzeitig ermüden. Ein Radsportler mit durchschnittlichem Körperbau wird meistens eine Lenkerbreite von 42–44 cm benötigen. Untersetzte, breit gebaute oder größere Fahrer müssen einen entsprechend breiteren (ca. 44–46 cm), kleinere und schmal gebaute Fahrer sowie Frauen einen schmaleren Lenker (ca. 40–42 cm) benutzen. Die Lenkerbreite für Schüler und Jugendliche liegt meist bei ca. 38–40 cm.

Die Enden des Lenkerbügels werden mit Lenkerstopfen verschlossen, um Verletzungen vorzubeugen. Lenkerstopfen sind im internationalen Radsportreglement vorgeschrieben. Die Lenkerbügel werden mit Lenkerband umwickelt, das den Zweck hat, die Griffigkeit des Lenkers zu verbessern. Das Lenkerband soll weder bei Regen rutschig werden, noch bei Hitze an den Händen kleben. Vor allem Lenkerbänder aus Leinen oder Baumwolle, aber auch aus Kork erfüllen diesen Zweck. Es gibt auch Lederhüllen für die Lenkerbügel, die über den Lenker gezogen oder vernäht sind. Lederhüllen verlieren jedoch im Regen an Griffigkeit, so dass man dann doch mit Handschuhen fahren muss, wie auch bei Lenkerbändern aus Plastik oder PVC.

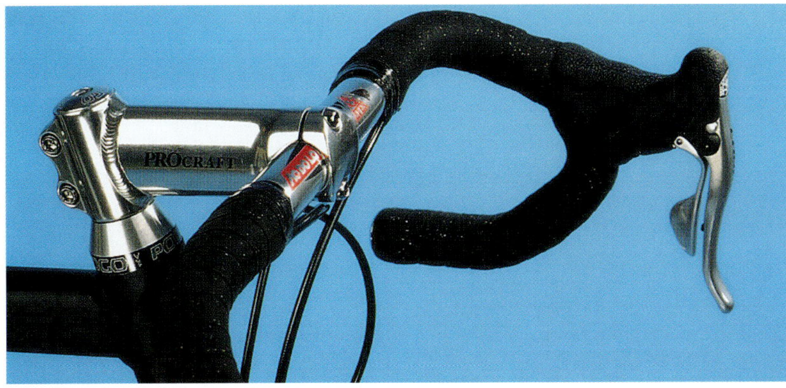

Oben: Lenker mit geradem Griffstück im Unterlenker und Brems-/Schaltgriffen

Unten: Lenker mit Vorbau

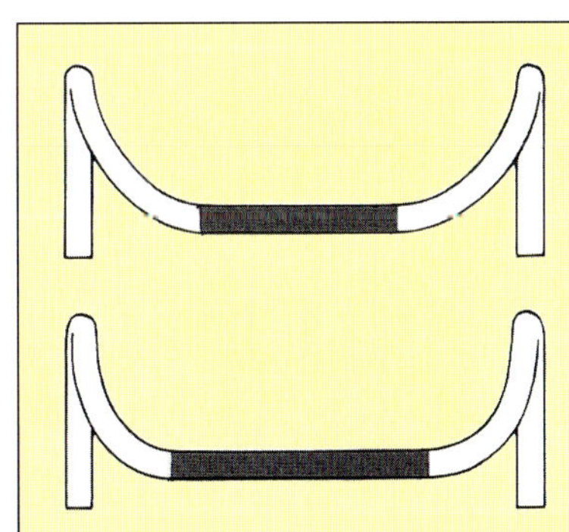

Oben: Runde, geschwungene Lenkerform mit kürzerem, geraden Anteil in der Mitte (Typ »Gimondi«)

Unten: Gerade Lenkerform mit breiterem, geraden Anteil in der Mitte (Typ »Merckx«)

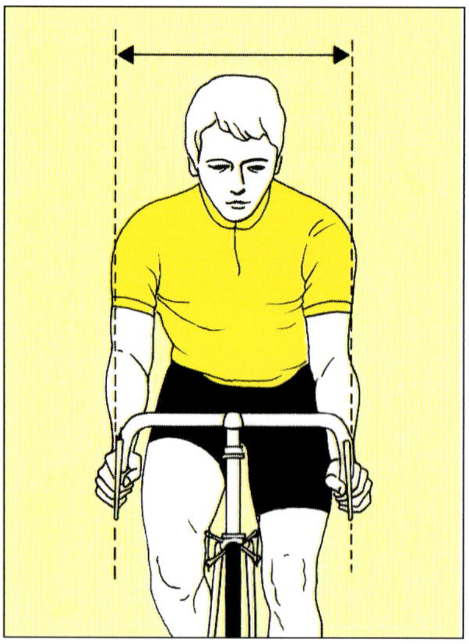

Die Lenkerbreite soll etwa der Schulterbreite entsprechen.

Lenkungslager (Steuersatz): Aufbau und Teile

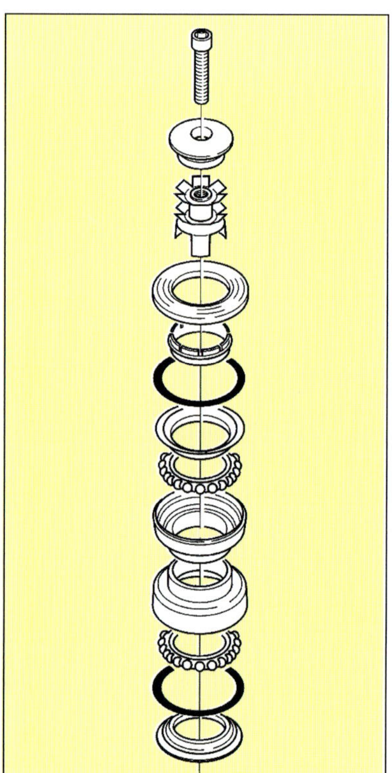

Das Material des Lenkerbügels, Dur-Aluminium, rostet zwar nicht, aber es oxidiert, vor allem wenn mit dem Schweiß auch Salz auf den Lenker tropft. Daher sollte man den Lenkerbügel beim Wechsel des Lenkerbandes auf Korrosionsschäden untersuchen, vor allem an der Bandage der Bremsgriffe.

Der Vorbau besteht ebenfalls aus Dur-Aluminium. Es gibt Vorbaulängen von 6–14 cm. Die Länge des individuellen Vorbaus richtet sich nach den Körpermaßen. Da diese bereits in der Rahmenhöhe Ausdruck finden, gibt es Tabellen mit festen Beziehungen zwischen Vorbaulänge und Rahmenhöhe. Besonderheiten des Körperbaus, z. B. sehr kurze oder lange Arme, kurzer oder langer Rumpf, können durch Variation der Vorbaulänge ausgeglichen werden. Ein bewährter Grundsatz heißt: Wähle den Rahmen so kurz wie mögich, den Vorbau so lang wie möglich! Denn ein kurzer Rahmen ist steifer und fester und ein langer Vorbau wirkt wie eine »Servolenkung«. Daher ist ein Rennrad mit längerem Vorbau angenehmer und leichter zu lenken. Die durchschnittliche Vorbaulänge beträgt 12–13 cm.

Lenkungslager (Steuersatz)

Das Lenkungslager hat die Aufgabe, das Schaftrohr der Gabel im Steuerrohr des Rahmens zu befestigen, wobei gleichzeitig ein leichtes und erschütterungsfreies Lenken möglich sein soll. Dafür sorgen eine obere und untere Kugelschale, ein oberer und unterer Konus sowie ein oberes und unteres Kugellager.

Das Lenkungslager kann aus Stahl, Dur-Aluminium oder Titan hergestellt werden. Die Kugellager bestehen immer aus Stahl. Die Lebensdauer eines Lenkungslagers hängt vom Material und von seiner richtigen Einstellung ab: Der Steuersatz sollte so eingestellt sein, dass Lenker und Gabel so gut wie kein Spiel aufweisen, sich aber trotzdem leicht drehen lassen. Das sollte man schon beim Kauf eines Fahrrads testen; denn die gute Einstellung eines Lenkungslagers ist ein wichtiges Qualitätsmerkmal. Es kann nämlich frühzeitig zu Schäden an Kugellagern, Lagerschalen und Konusringen kommen, wenn das Lenkungslager zu fest oder zu locker eingestellt ist. Die richtige Einstellung des Lenkungslagers ist daher sehr wichtig. Da sie sowohl Gefühls- wie auch Erfahrungssache ist, sollte sie möglichst von einem Fachmann vorgenommen werden. Lenkungslager, bei denen der Gabelschaft bis in den Vorbau hineinreicht (Ahead-System), sind leichter einzustellen – aber das Fahrverhalten des Rennrads wird dadurch etwas »direkter«.

Gabel

Die Gabel wird meist zum Rahmen gerechnet und ist daher auch meist von gleicher Farbe. In ihrer Funktion gehört die Gabel jedoch zum Lenkungssystem. Sie besteht aus dem Gabelschaftrohr, dem Gabelkopf, den Gabelscheiden und den Ausfallenden. Das Gabelschaftrohr ist die am stärksten belastete Stelle des Fahrrades. Es ist über das Lenkungslager mit dem Steuerrohr des Rahmens verbunden. Der Gabelkopf muss ganz besonders präzise ausgearbeitet sein, damit er möglichst genau in den unteren Konusring des Lenkungslagers passt. Andernfalls wird die Lebensdauer des Lenkungslagers verkürzt. Bei Stahlgabeln ist die Wandstärke konstant, die Gabelscheiden sind oben oval (ca. 28 x 19 mm), verjüngen sich nach unten, sind dann kreisförmig (Durchmesser ca. 12 mm)

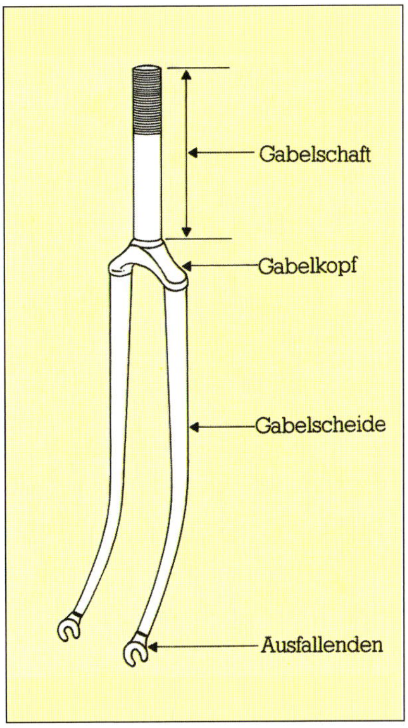

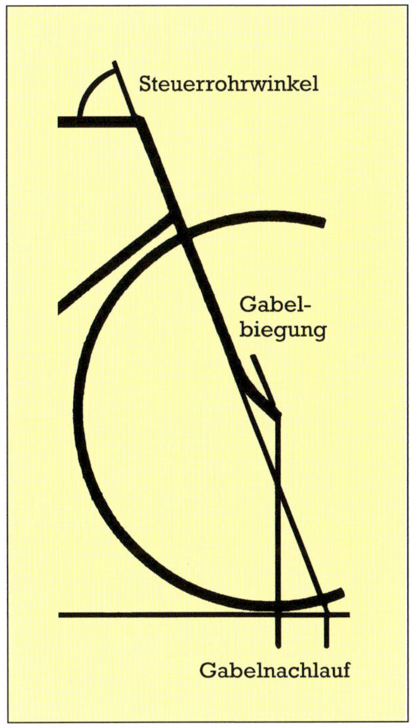

Links:
Gabel mit Gabelschaft, Gabelkopf, Gabelscheiden und Ausfallenden

Rechts:
Der so genannte »Gabelnachlauf«: Abstand zwischen Drehachse und Drehpunkt des Vorderrads in Projektion auf den Boden

und gehen schließlich in die Ausfallenden über. Gabeln aus Dur-Aluminium oder Carbon sind großvolumiger, dürfen aber höchstens einen Durchmesser von 5 cm haben.

Gabelbiegung

Die Gabel verläuft schräg entsprechend dem Steuerwinkel des Steuerrohrs und ist zusätzlich in sich nach vorne gebogen (Gabelbiegung). Diese beiden Faktoren beeinflussen ganz entscheidend das Fahr- und Lenkverhalten eines Fahrrads. Wegen der schlechten Straßenverhältnisse hatten früher die Gabeln eine Durchbiegung von bis zu 8 cm oder mehr. Heute sind die Federungseigenschaften bei den verbliebenen 3–4 cm Gabelbiegung geringer, aber wegen der besseren Straßen in jedem Fall ausreichend. Eine geringere Gabelvorbiegung vermittelt bessere Lenkungseigenschaften sowie weniger Unruhe bei höheren Geschwindigkeiten und beim Bremsen.

Gabelnachlauf

Für die Fahr- und Steuereigenschaften eines Rennrads ist der so genannte Gabelnachlauf sehr wichtig. Manche sprechen auch von einem Gabelvorlauf, wobei meist dasselbe gemeint ist.
Logischer erscheint der Begriff »Gabelnachlauf« vor allem deswegen, weil der Drehpunkt des Vorderrads seiner Drehachse tatsächlich »nachläuft« (siehe Abb.). Bei Rennrädern hat sich ein Gabelnachlauf von 50–60 mm bei einer Gabelbiegung von ca. 30 mm und einem Steuerrohrwinkel von ca. 74 Grad bewährt. Manche Spezialisten betrachten allerdings einen geringeren Gabelnachlauf von 40 mm in Verbindung mit einem flacheren Steuerrohrwinkel von ca. 71–72 Grad als günstiger, besonders wenn das Rennrad überwiegend in bergigem Gelände bei Bergabfahrten mit hoher Geschwindigkeit eingesetzt wird, weil dadurch das Lenkverhalten stabiler und »direkter« wird.

Gabel mit Gabelkopf

Das Antriebssystem

Die Kraft wird beim Radfahren von den Fußballen über die Schuhe auf Pedale und Pedalachsen übertragen. Von dort wird die Kraft über die Tretkurbeln auf das Tretlager weitergeleitet. Dieses leitet die Kraft über die Kettenräder (Kettenblätter) und die Kette auf den Zahnkranz des Hinterrads weiter. Der Weg der Kraft setzt sich fort über Nabe, Speichen, Felgen und Reifen des Hinterrads, der sie schließlich auf den Bodenbelag der Straße weitergibt und so für die Vorwärtsbewegung des Fahrrads sorgt. Da es zahlreiche Möglichkeiten für Kraftverluste auf diesem Weg der Kraftübertragung gibt, erscheint es logisch, dass die Qualität des gesamten Antriebssystems von großer Bedeutung für die Leistung, aber auch für Spaß und Freude beim Radfahren ist.

Pedale

Auf die Pedale wirken beim Radfahren sehr große Kräfte ein: mindestens das eigene Körpergewicht, im Sprint sogar Kräfte in der Größenordnung von 200–350 kg und mehr! Daher müssen die Pedale – und das gesamte Antriebssystem – in ihrer Konstruktion einen Kompromiss zwischen höchster Stabilität und Gewichtsersparnis eingehen. Das ist nur bei Verwendung von hochwertigstem Material möglich.

Die Pedale drehen sich um die Pedalachsen, die meist aus einer Stahllegierung oder Titan bestehen. Bei Rennpedalen werden Pedalachse und Pedal so konstruiert, dass in Kurven ein möglichst großer Neigungswinkel möglich wird. Meist wird das Pedal sehr nahe zur Pedalachse konstruiert. Dadurch wird die Tretkurbel funktionell länger und der Hebelarm beim Tretvorgang größer. Das Pedal dreht sich um die Pedalachse auf 2–3 Kugellagern und/oder einem so genannten »Nadellager«. Die Pedale sind gegen Wasser, Sand und Schmutz abgedichtet.

Bei Pedalen für das Rennrad ist eine besonders feste Verbindung mit den Füßen notwendig, um eine kraftvolle und runde Tretbewegung zu ermöglichen. Diesen Zweck haben früher Pedalhaken mit Pedalriemen erfüllt. Inzwischen haben sich aber die so genannten »Klickpedale« durchgesetzt. Durch eine spezielle Schuhplatte, die zu dem Modell der Klickpedale passen muss, wird eine feste und sichere Verbindung zwischen Schuhen und Pedalen gewährleistet. Der Radschuh wird mit der Fußplatte auf das Klickpedal aufgesetzt und rastet mit einem hörbaren »Klick« ein. Diese Verbindung, die man fest oder locker einstellen kann, wird wieder gelöst, indem man den Fuß seitlich mit der Ferse nach außen dreht, bis die Mechanik den Fuß wieder freigibt. Gleichgültig, welches Pedalsystem man auswählt – man sollte immer eine bestimmte Eingewöhnungszeit einplanen, die von Modell zu Modell verschieden sein kann und von einigen Tagen bis zu drei bis vier Wochen dauern kann.

Klickpedal mit dazu passendem Radsportschuh

Tretkurbeln

Die Tretkurbeln werden beidseits an der Tretlagerachse (Tretlagerwelle) befestigt. Die rechte Tretkurbel hat fünf Arme für die Kettenblätter. Die meist hohlgeschmiedeten Kurbelarme und die Kettenblätter bestehen überwiegend aus Aluminium.
Die Länge der Tretkurbeln, die von der Mitte der Tretlagerachse bis zur Mitte der Pedalachse gemessen wird, ist eine Wissenschaft für sich. Wenn man an die Hebelgesetze denkt, möchte man meinen: Je länger, desto besser; denn man braucht umso weniger Kraft für die gleiche Arbeit, je länger die Hebelarme sind, auf die die Kraft einwirkt. Prinzipiell ist das auch richtig – aber man muss auch bedenken, dass mit zunehmender Tretkurbellänge der bei jeder Pedalumdrehung zurückzulegende Weg zunimmt. Irgendwo gibt es einen optimalen Kompromiss zwischen Krafteinsatz und Weg pro Pedalumdrehung – aber nur einen relativen, keinen absoluten. Der Rest ist praktische Erfahrung.
Die optimale Tretkurbellänge beruht auf den Erfahrungen ganzer Radsportgenerationen. In die Auswahl der Tretkurbellänge fließen Überlegungen wie Hebelwirkung, Krafteinsatz, geplante Tretfrequenz und biomechanische Hebelverhältnisse (z. B. Länge der Oberschenkel, Körpergröße) sowie die Erfahrung durch praktische Erprobung mit ein.
Die üblichen Tretkurbellängen variieren erstaunlicherweise nur um wenige Millimeter und liegen zwischen 165 und 175 mm. Die überwiegende Mehrzahl der Radrennfahrer fährt »170er«- oder »172,5er«-Kurbeln. »175er«-Kurbeln werden von großen Fahrern (mit einer Rahmenhöhe von über 60 cm) sowie bei Bergetappen und beim Zeitfahren bevorzugt.
Mit zunehmender Kurbellänge wird es schwerer, eine hohe Tretfrequenz zu erzielen. Das ist aber bei Rennen, in denen das Tempo häufig und rasch wechselt, unbedingt notwendig. Nur beim Zeitfahren und Bergfahren, bei dem das Tempo gleichmäßig hoch, der Krafteinsatz groß und die Pedalumdrehungszahl pro Minute niedriger ist, kann man die Vorteile längerer Tretkurbeln ausnutzen. In den letzten Jahren beobachtet man aber bei den Profis einen Trend zu längeren Tretkurbeln wegen der größeren Übersetzungen, die bei den heutigen Profiradrennen gefahren werden.
Man sieht auch bei der Tretkurbellänge, welche Auswirkungen wenige Millimeter auf die Biomechanik und den Bewegungsablauf beim Radfahren haben können und wie sich Wissenschaft und praktische Erfahrung im Radsport zu einer Synthese vereinen.

Tretlager mit zwei Kettenblättern, Tretkurbel, Klickpedal und Überwerfer der Schaltung

Tretlager

Durch die Hebelwirkung der Tretkurbeln sind die auf das Tretlager einwirkenden Kräfte noch größer als bei den Pedalen und Tretkurbeln. Das Tretlager wird im Tretlagergehäuse des Rahmens durch zwei Tretlagerschalen befestigt. Das so genannte »Innenlager« besteht aus einer gewalzten Hohlachse, die auf Kugellagern und /oder so genannten »Nadellagern« läuft. Tretlager, Tretkurbeln und Kettenblätter bilden eine Einheit. Sie sollten daher zusammenpassen und vom gleichen Fabrikat sein. Die Kurbelgarnitur mit Kettenblättern wiegt ca. 600–800 g, das Innenlager ca. 170–400 g. Wichtig ist die sorgfältige Abdichtung ge-

Modernes, gut abgedichtetes Tretlager

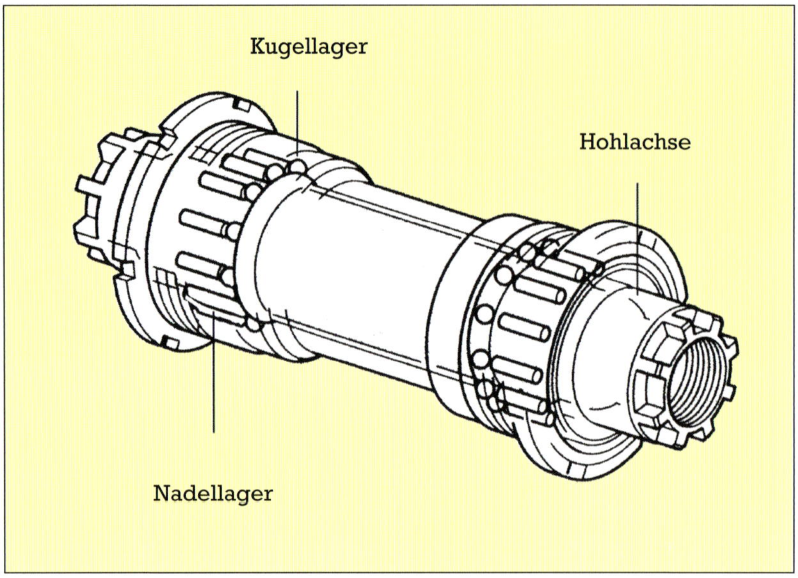

Tretlager-Innenlager mit Hohlachse, Kugel- und Nadellagern (Shimano)

gen Spritzwasser, was bei hochwertigen Renntretlagern immer der Fall ist. Das Tretlager sollte so eingestellt ein, dass die Tretkurbeln kein seitliches Spiel aufweisen.

Garnitur mit zwei Kettenblättern und Tretkurbel

Kettenräder (Kettenblätter)

An den fünf Armen der rechten Tretkurbel kann ein einziges Kettenblatt befestigt sein, was für ein Alltagsfahrrad durchaus genügt. Je vielseitiger die Schaltungsmöglichkeiten werden sollen, desto eher wird man zwei Kettenblätter benutzen, ein großes außen (z. B. 52 oder 53 Zähne) und ein kleines (meistens 42, 39 oder auch 41 Zähne) innen. Für Spezialeinsätze wie beim Mountainbike und auch im Radrennsport gibt es drei Kettenblätter, wobei das kleinste innen meist 30–32 Zähne hat. Die Kettenblätter sind beim Tourenrad aus Stahl, beim Rennrad aus Dur-Aluminium. Eine nützliche Kleinigkeit für Fahrräder, die ein doppeltes oder dreifaches Kettenblatt haben, ist die Kettenfangschraube, die einem viel Ärger ersparen kann. Sie verhindert nämlich, dass beim Schalten die Kette zwischen das große Kettenblatt und die Tretkurbel fallen kann, denn dort kann man sie meist nur mit großen Schwierigkeiten wieder herausholen. Sie kann auch nachträglich gegenüber der Tretkurbel am großen Kettenblatt montiert werden.

Zahnkranz

Bei Rennrädern ist heute ein 8–9-facher Kassettenzahnkranz Standard. Der Kassettenzahnkranz wird auf den Freilaufkörper der Hinterrad-Kassettennabe aufgesteckt. Ein Kassettenzahnkranz besteht aus einem Ritzelträger, 8–9 Ritzeln und einem Abschlussring. Je nach Material wiegt ein Neunfach-Kassettenzahnkranz 160–320 g. Die verwendeten Materialien sind Stahl, Aluminium und Titan. So kann ein leichter Kassettenzahnkranz z. B. folgendermaßen aufgebaut sein: Ritzelträger aus

Aluminium, die größten drei Ritzel aus Titan und die übrigen aus Stahl mit einer dünnen, extrem harten Randschicht. Bei den modernen Neunfach-Zahnkränzen müssen die einzelnen Ritzel sehr schmal sein, was auf Kosten von Stabilität und Verschleiß geht. Daher ist auch jeder Zahnkranz ein Kompromiss zwischen Beanspruchung, Gewicht und Lebensdauer.

Die Auswahl der individuellen Zähnezahl der Ritzel eines Zahnkranzes war früher eine Wissenschaft für sich, als es nur sechs Ritzel gab – aber bei einem Neunfach-Zahnkranz hat man automatisch fast alle Wünsche erfüllt. Trotzdem gibt es einige Variationen, abhängig von Verwendungszweck und Gelände. Obwohl die Kunst, die richtige Übersetzung zu verwenden, erst später besprochen wird (siehe S. 91 ff.), sollen hier einige Grundsätze erwähnt werden.

Gehen wir – wie im Radsport üblich – von der Verwendung von zwei Kettenblättern aus. Im normalen Gelände fährt man meist mit 53/42 oder 52/42. In bergigem Gelände, bei Passfahrten oder Bergetappen wählt man oft 53/39 oder 52/39. Radprofis sagen jedoch, dass »bei langen Rampen« dieser Unterschied in der Zähnezahl etwas zu groß sei. Italienische Radprofis benutzen daher oft Kettenblätter mit der Zähnezahl 53/41 – und andere inzwischen auch.

Die Auswahl der Ritzel richtet sich nach den Kettenblättern, vor allem nach dem kleinen Kettenblatt. So fahren Profis mit dem 39er Kettenblatt auch bei Bergetappen einen Neunfach-Zahnkranz von 11–21 Zähnen (11, 12, 13, 14, 15, 16, 17, 19, 21 Zähne). Nur in Extremfällen, wie bei der Vuelta de Espana, bei der es Anstiege bis über 17% gibt, fahren Profis vorne mit einem Dreifach-Kettenblatt (30, 40 und 50 Zähne) und hinten Ritzel von 13–25 Zähnen.

Eine Standardübersetzung, mit der man eigentlich überall zurechtkommen sollte, wäre z. B. ein Kettenblatt 52/42 oder 52/39 und ein Zahnkranz von 12–23 Zähnen (12, 13, 14, 15, 16, 17, 19, 21, 23 Zähne). Falls man bei ungewohnten und steilen Passfahrten einen »Rettungsanker« braucht, kann man z. B. auch einen Zahnkranz von 13–25 Zähnen (13, 14, 15, 16, 17, 19, 21, 23, 25 Zähne) zusammenstellen.

Wesentlich ist, dass mit zunehmender Zähnezahl die Abstufung nicht linear, sondern exponentiell

Kassettennabe mit Freilaufkörper für den Zahnkranz und Schnellspanner

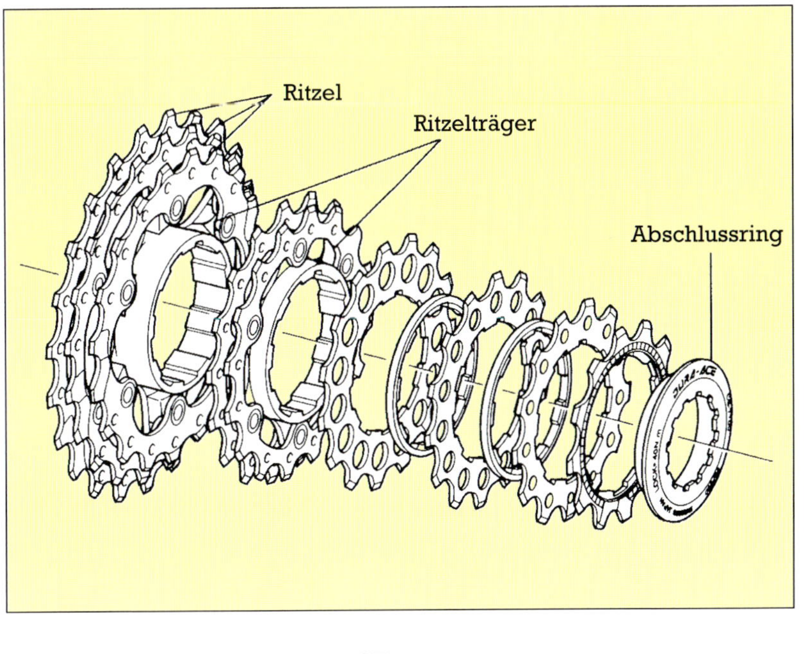

Die Entwicklung geht weiter: Für das Jahr 2000 ist bereits eine Zehnfach-Zahnkranzkassette vorgesehen (Campagnolo).

in größeren Stufen erfolgen sollte, damit in diesem Bereich sinnvolle Übersetzungen zur Verfügung stehen (siehe auch S. 91 ff.).

Die kleinsten Ritzel, den »Dreizehner«, den »Zwölfer« oder gar den »Elfer« können nur wirklich austrainierte Radrennfahrer rund treten, z. B. beim Zeitfahren oder bei Bergabfahrten. Für weniger trainierte Radsportler ist es eher nachteilig, mit diesen großen Gängen zu fahren, weil man dadurch den Aufbau einer guten Form verhindert oder sich seine gute Form verdirbt. Ein runder, lockerer Tritt ist für den Aufbau einer optimalen Ausdauerleistung viel wichtiger. Das Tempo soll durch eine hohe Umdrehungszahl und nicht durch übermäßigen Krafteinsatz erreicht werden.

Deswegen ist vernünftigerweise in der Sportordnung des Bundes deutscher Radfahrer (BDR) eine Übersetzungsbeschränkung für Schüler, Jugendliche und Junioren vorgesehen (siehe S. 98). Wenn man ein Rennrad für einen Schüler oder Jugendlichen kauft, der vielleicht einmal Rennen fahren möchte, sollte man daher schon beim Kauf darauf achten, dass diese Übersetzungsbegrenzung nicht überschritten wird.

Zahnkranzkombinationen (Campagnolo)

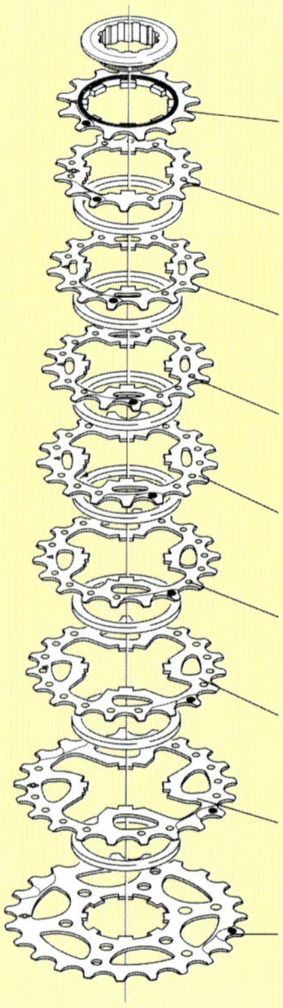

11-21	11-23	12-21	12-23	12-25	12-26	12-27	13-23	13-25	13-26
11	11	12	12	12	12	12	13	13	13
12	12	13	13	13	13	13	14	14	14
13	13	14	14	14	14	14	15	15	15
14	14	15	15	15	15	15	16	16	16
15	15	16	16	17	17	17	17	17	17
16	17	17	17	19	19	19	18	19	19
17	19	18	19	21	21	21	19	21	21
19	21	19	21	23	23	24	21	23	23
21	23	21	23	25	26	27	23	25	26

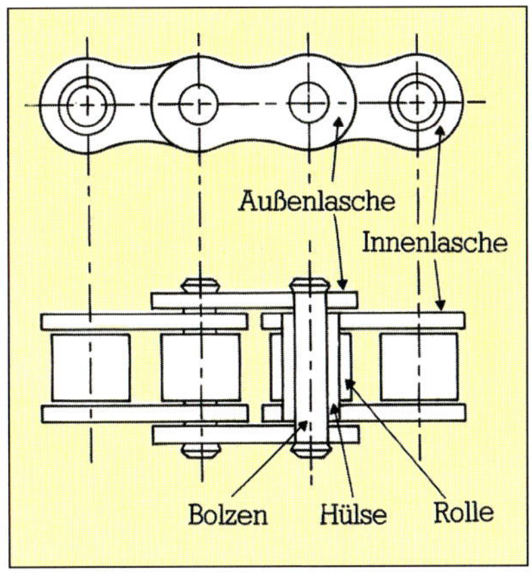

Links:
Schmale Schaltungskette

Rechts:
Fahrradketten sind so genannte »Rollenketten«: Bolzen verbinden Innen- und Außenlaschen. Hülsen ermöglichen eine reibungsarme Beweglichkeit der Kette mit möglichst geringem Verschleiß.

Kette

Ketten für Kettenschaltungen haben (wie bei Tourenrädern) kein Kettenschloss, sondern werden mit einem speziellen Kettennieter zusammengenietet. Außerdem sind sie sehr schmal, für die modernen Achtfach- und Neunfach-Zahnkränze dürfen sie nicht breiter als 6,5–6,8 mm sein, und sie sind mit der eingravierten Bezeichnung »narrow« gekennzeichnet. Das Gewicht einer Hochleistungsschaltungskette liegt etwa bei 280 g. Meistens werden diese Ketten in einer Länge von ca. 140 cm mit etwa 114 Kettengliedern geliefert. Bei der Montage müssen sie auf die individuelle Kettenlänge gekürzt werden (siehe S. 55).
Um eine möglichst »reibungslose« Kraftübertragung zu ermöglichen, sollte die Kette regelmäßig gepflegt werden. Außerdem sollte man eine »gelängte« Kette rechtzeitig auswechseln (siehe S. 55).

Kettenlinie

Die Ketten-Ideallinie verläuft parallel zur Rahmenmitte durch die Mitte zwischen den vorderen Kettenblättern und durch die Mitte des Zahnkranzes. Man kann sie mit einer Schnur bestimmen: Bei einem Achtfach-Zahnkranz verläuft sie zwischen dem vierten und fünften Ritzel, bei einem Neunfach-Zahnkranz durch das fünfte Ritzel. Abweichungen kann man korrigieren, indem man zwischen Zahnkranz und Nabe einen Distanzring einlegt. Je stärker die Kette beim Schalten von der idealen Kettenlinie abweicht, desto mehr Leistung geht durch seitliche Reibung der Kettenglieder an den Zähnen des Kettenblattes und des Zahnkranzes verloren. Dies sollte man beim Schaltvorgang berücksichtigen (siehe Abb.). Gewöhnlich benutzt man bei einem Achtfach-Zahnkranz mit dem großen Kettenblatt jeweils hinten die fünf

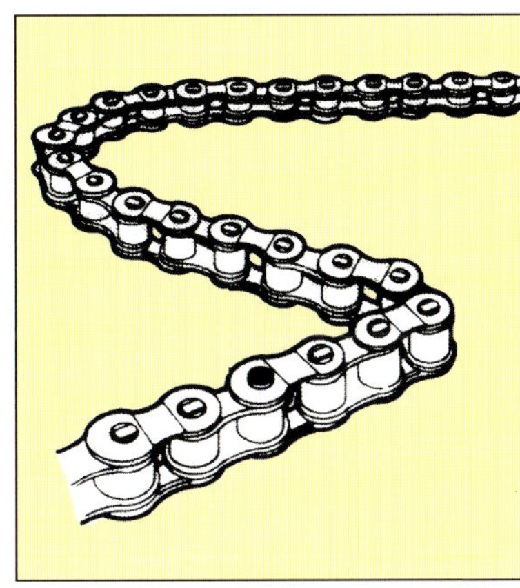

Eine Schaltungskette hat kein Kettenschloss sondern eine Verbindungsniete, die bei manchen Schaltungsketten dunkel gekennzeichnet ist.

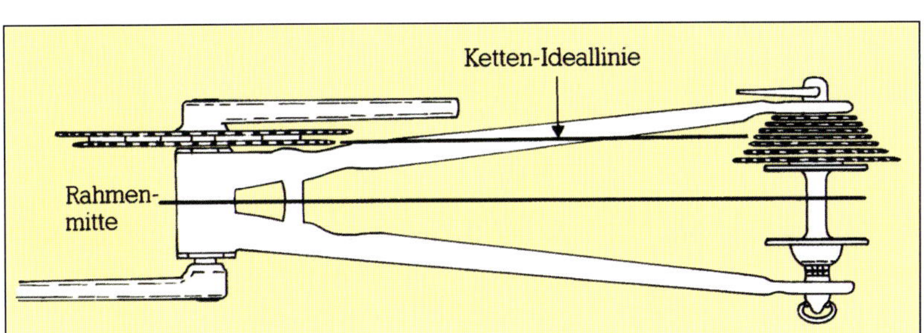

Ketten-Ideallinie: Sie verläuft im Idealfall parallel zur Rahmenmitte.

Günstige und ungünstige Kettenlinien beim Schaltvorgang

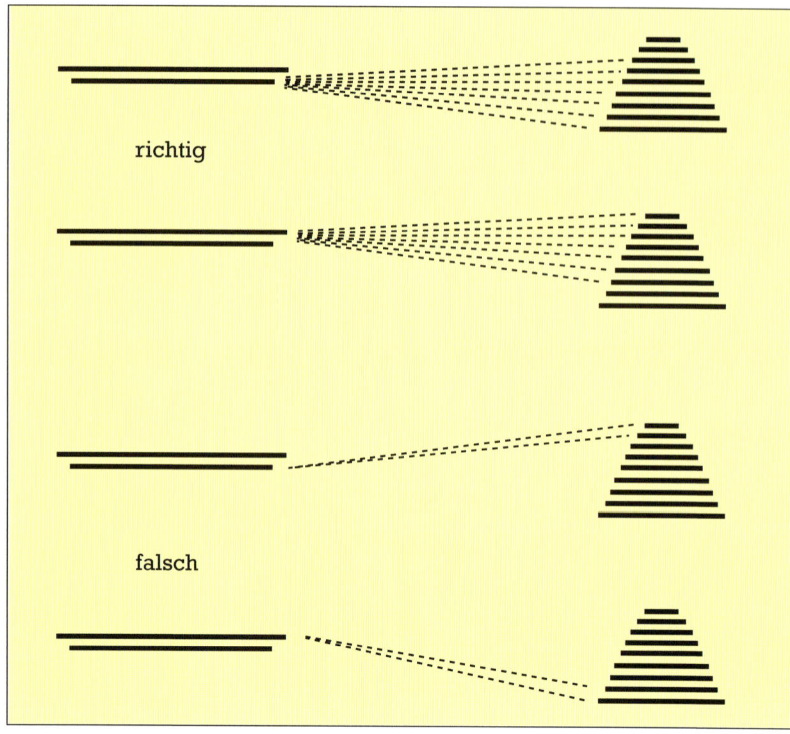

Überwerfer

bis sechs äußeren Ritzel, mit dem kleinen Kettenblatt die hinteren fünf bis sechs inneren Ritzel des Zahnkranzes. Ähnlich ist es bei einem Neunfach-Zahnkranz.

Schaltung

Die Schaltung dient dazu, Tretfrequenz und Krafteinsatz entsprechend der eigenen körperlichen Leistungsfähigkeit durch verschiedene Übersetzungsmöglichkeiten an das jeweilige Gelände anzupassen. Schon beim gewöhnlichen Alltagsfahrrad ist es eine Erleichterung, verschiedene Übersetzungsmöglichkeiten zu haben. Meistens genügen dafür nur einige wenige Gänge, Hauptsache der Tritt bleibt rund und locker, bergauf, bergab und in der Ebene. Für das sportliche Radfahren sowie für Training und Wettkampf sind jedoch Schaltungen mit einer größeren Variation von Übersetzungsmöglichkeiten erforderlich.

Das Schaltungssystem besteht aus der Kettenradschaltung vorne (Umwerfer oder Überwerfer), dem hinteren Schaltwerk für den Zahnkranz, den Schaltkabeln und Schalthebeln.

Die Kettenradschaltung – meist »Umwerfer« oder »Überwerfer« genannt – wechselt die Kette vom großen auf das kleine Kettenblatt und umgekehrt. Er besteht aus Aluminium, wiegt ca. 80–120 g und kann einen Unterschied von 12–14 Zähnen bei den Kettenblättern noch einwandfrei überbrücken. Dreifach-Kettenblätter benötigen meist einen speziellen Überwerfer.

Das hintere Schaltwerk führt die Kette über einen beweglichen Schaltarm unter der Führung von Schaltungsrädchen von Zahnkranz zu Zahnkranz. Es wird meist aus Aluminium gefertigt und wiegt ca. 180–240 g. Vor allem das obere Rädchen des Schaltwerks ist für eine präzise Kettenführung verant-

Links:
Schaltwerk hinten

Rechts:
Kombinierter Schalt-/Bremsgriff

wortlich und heißt deswegen auch Kettenführungsrädchen. Um diese Aufgabe möglichst zuverlässig erfüllen zu können, darf es so gut wie kein seitliches Spiel haben. Wenn sich durch Verschleiß ein seitliches Spiel einstellt und dieses 1 mm übersteigt, sollte man das Rädchen auswechseln.

Das untere Schaltungsrädchen dagegen hat die Aufgabe, die Kette zu spannen (Kettenspannrädchen). Im Gegensatz zum Kettenführungsrädchen soll dieses untere Kettenspannrädchen sogar etwas seitliches Spiel haben, damit es sich nach dem Lauf der Kette ausrichten kann. Das Schaltwerk muss bei den heutigen Rasterschaltungen äußerst präzise funktionieren und sollte daher von höchster Qualität sein.

Die Schalthebel können an verschiedenen Stellen montiert werden. Früher waren sie am oberen Drittel des Rahmenschrägrohrs befestigt. Bei Cross-Rennmaschinen kann man sie am Lenkerende anstelle der Lenkerstopfen anbringen und bei Zeitfahrmaschinen am Ende der »Hörnchen« des Lenkers. Prinzipiell hat es sich aber bewährt, die Schalthebel in die Bremshebel zu integrieren, so dass daraus kombinierte Schalt-/Bremshebel entstanden sind.

Laufräder

Ein Laufrad besteht aus Felge, Speichen, Nabe mit Schnellspannvorrichtung und Reifen. Es soll leicht und rund laufen und darf weder nach der Seite noch nach der Höhe abweichen, also weder einen Seiten- noch einen Höhenschlag aufweisen. Alle Speichen sollten gleichmäßig angezogen sein – eine Kunst, die durchaus nicht jeder beherrscht. Ansonsten würden beim Fahren einzelne Speichen, die zu stark gespannt sind, überlastet, so dass sie eher reißen können. Bei neuen, frisch eingespeichten oder neu zentrierten Laufrädern müssen sich die Nippel zunächst »setzen« können. Dazu ist eine Fahrstrecke von etwa 100 km erforderlich. Danach sollte man die Speichen nachspannen und nachzentrieren. Für Radrennen sollten daher keine ganz neuen Laufräder benutzt werden. Meistens haben die Laufräder 36 Spei-

Laufräder – verschiedene Modelle: 36-Speichen-Laufrad, »Scheiben-Laufrad«, »Dreispeichen-Laufrad«

Materialwagen mit Laufrädern

chen, die dreifach gekreuzt sind. Für Spezialeinsätze werden auch Laufräder mit weniger Speichen eingesetzt, z. B. beim Zeitfahren, aber nicht um Gewicht einzusparen, sondern wegen der geringeren Wirbelbildung mit einer entsprechenden Herabsetzung des Luftwiderstandes. Wenn sich die Kräfte auf weniger Speichen verteilen, muss die einzelne Speiche eine größere Beanspruchung tolerieren. Die Gefahr eines Speichenrisses ist daher umso höher, je weniger Speichen verwendet werden. Wenn bei einer 36-, 32- oder 28-Loch-Felge eine einzige Speiche reißt, wird die Felge sofort stark verzogen, so dass man kaum mehr richtig weiterfahren kann. Man kann sich vorstellen, dass dies bei Laufrädern mit weniger Speichen noch stärker der Fall ist. So kann der Vorteil des etwas geringeren Luftwiderstandes sehr schnell verloren gehen und zum Nachteil werden. Sporträder und Rennräder, die sehr stark beansprucht werden, haben meist 36- oder 32-Loch-Laufräder. Es gibt aber auch Speziallaufräder mit 24, 20, 16 oder gar nur 12 Speichen. Das Gewicht eines kompletten Laufrades beträgt etwa 800–1200 g.

Aerodynamisch geformte Felgen

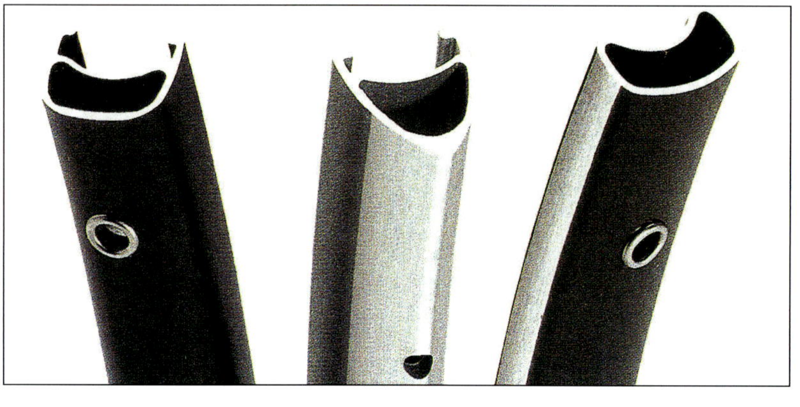

Felgen

Felgen müssen stabil, steif und aerodynamisch günstig geformt sein. Ihre Biegesteifigkeit hängt nicht so sehr vom Material als von der Geometrie der Felge ab, also von ihrer Breite, Höhe und Wandstärke. Je höher die Steifigkeitswerte einer Felge sind, mit desto weniger Speichen kommt sie aus. Die besten Steifigkeitswerte erreichen die so genannten »hohen Felgen«. Höhere Felgen erlauben gleichzeitig die Verwendung kürzerer Speichen, was zusätzlich die Festigkeit und Stabilität eines Laufrads verbessert.

Wegen der Gewichtsersparnis werden die Felgen aus Aluminium hergestellt – noch leichter aber sind Felgen aus Carbonfasern. Das Gewicht einer Felge liegt meist zwischen 400 und 600 g.

Die Felgenform im Querschnitt hängt davon ab, ob das Laufrad mit Draht- oder Schlauchreifen gefahren wird. Drahtreifen brauchen seitliche Wülste in der Felge, welche den Mantel der Drahtreifen halten. Daraus ergibt sich ein sog. Hornprofil der Felge. Für Radsportler und Radrennfahrer kamen früher nur Felgen für Schlauchreifen in Frage. Heute gibt es jedoch so schmale Drahtreifen, dass sie als gleichberechtigte Alternative zu

Schlauchreifen aufzufassen sind. Felgen für schmale Drahtreifen sind nur 19–22 mm breit – genau wie die Felgen für Schlauchreifen. Punkte hoher und höchster Belastungen sind die Speichenlöcher der Felgen. Um der Zugbelastung besser standzuhalten, sind oft Hülsen aus Edelstahl (»Edelstahlösen«) eingearbeitet. Zur Entlastung von Nippel und Speichengewinde sind die Speichenlöcher um ca. 5 Grad in Speichenrichtung geneigt.
Ein sehr wichtiger Punkt bei den Felgen ist ihre Sicherheit und Zuverlässigkeit bei Bremsmanövern. Dazu muss die Auflagefläche für die Bremsgummis breit genug sein. Außerdem werden die Felgenflanken einer Spezialbehandlung unterzogen (»Side Wall Treatment«), die aus einem speziellen »Abdrehen« und einer Präzisionssandstrahlbehandlung der Felgenflanken besteht. Dadurch wird der Reibungsfaktor zwischen Bremsgummis und Felgenoberfläche erhöht. Außerdem trocknen sie bei Nässe schneller. Das ergibt kürzere Bremswege, ohne dass der Verschleiß der Bremsgummis erhöht wird. Bei Felgen aus Carbonfasern werden »Bremsgummis« aus Kork verwendet, oder es wird an der Außenseite der Felge ein Aluminiumring als Bremszone angebracht, um die Bremsleistung eines herkömmlichen Laufrads zu erreichen.

Naben

Die Nabe ist das Kernstück, um das sich das Laufrad dreht. Alle Naben rollen auf Edelstahl-Kugellagern, die sich zwischen Lagerschale und Konus der Nabe befinden. Der Nabenkörper besteht aus Aluminium, die Nabenhohlachse aus Stahl. Eine Vorderradnabe wiegt ca. 180–220 g. Die Hinterradnabe hat zusätzlich einen Freilaufkörper aus Stahl, Aluminium oder Titan für die Aufnahme des Kassettenzahnkranzes (siehe S. 36). Eine Hinterradnabe mit Freilaufkörper wiegt ca. 380–420 g.
Der Nabenkonus darf weder zu stark noch zu locker angezogen sein, da sonst das Laufrad entweder seine Leichtläufigkeit verliert oder flattert. Die Kugellager sollen gut gefettet und dürfen nicht verschmutzt sein. Die Abdeckscheiben der Naben reichen meist bis auf einen kleinen Spalt von 0,5 mm an den Konus heran, so dass das Kugellagerfett für die restliche Abdichtung verantwortlich ist. Diese Versiegelung reicht meistens für ein Jahr. Danach sollte das Innere der Naben freigelegt, gesäubert und frisch gefettet werden. Der Nabenrand, der die Speichen aufnimmt, wird als »Flansch« bezeichnet. Man unterscheidet Nieder- und Hochflanschnaben. Die üblichen Naben bei Rennrädern sind Niederflanschnaben. Hochflanschnaben gibt es nur

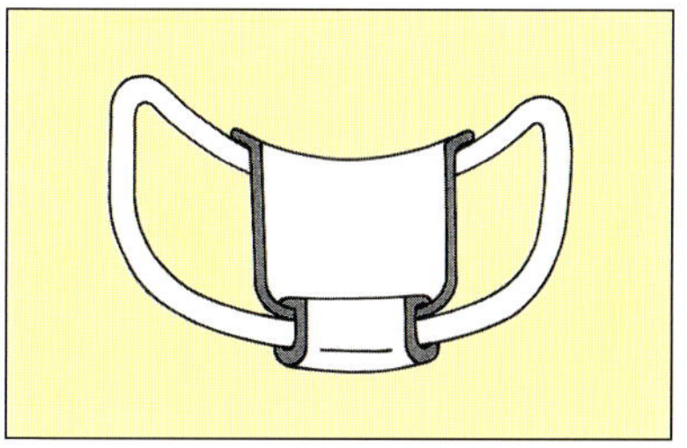

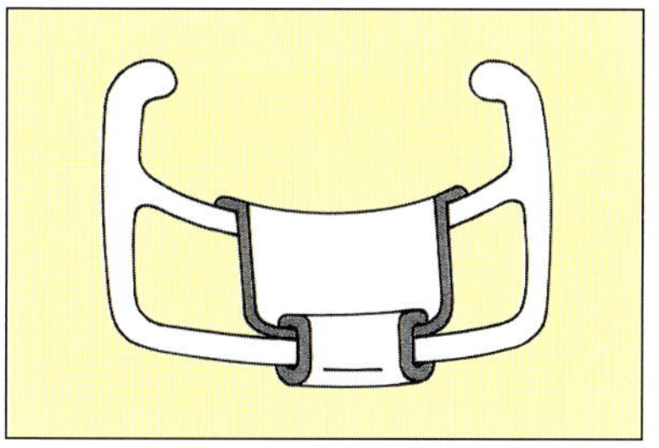

Oben:
Felgenquerschnitt für Schlauchreifen. Der Querschnitt geht durch die Speichenhülse, wobei diese abwechselnd nach rechts und links schräg verlaufen.

Unten:
Felgenquerschnitt mit »Hornprofil« für Drahtreifen

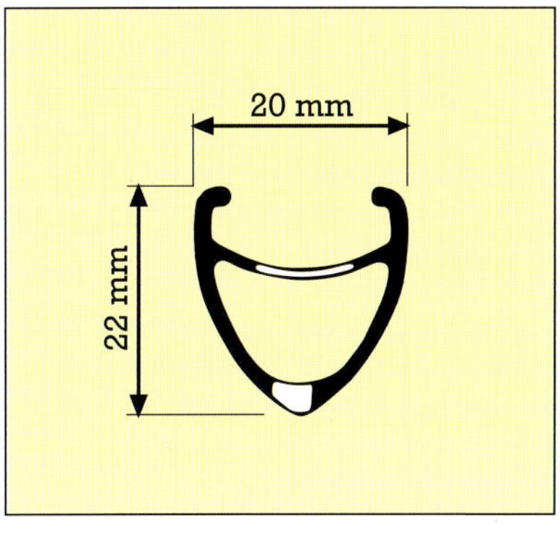

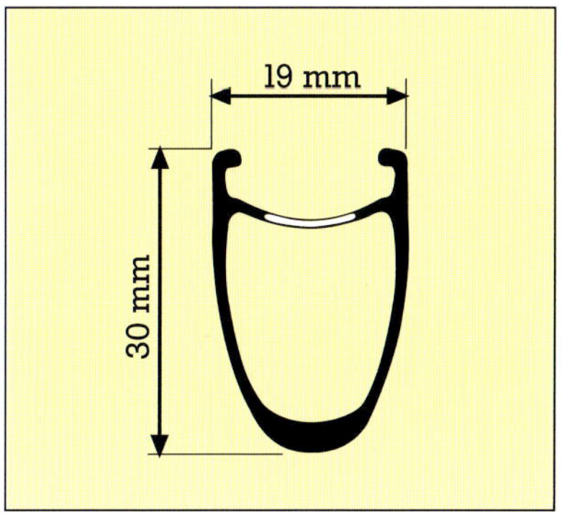

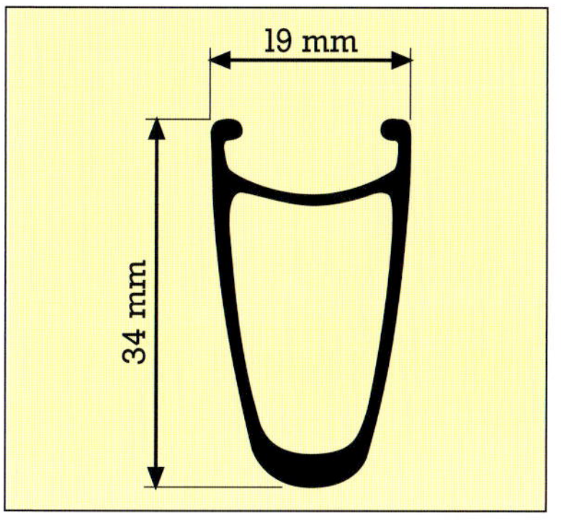

Querschnitte schmaler Drahtreifenfelgen mit unterschiedlicher Felgenhöhe

Vorderradnabe

Vorderradnabe mit Schnellspannvorrichtung

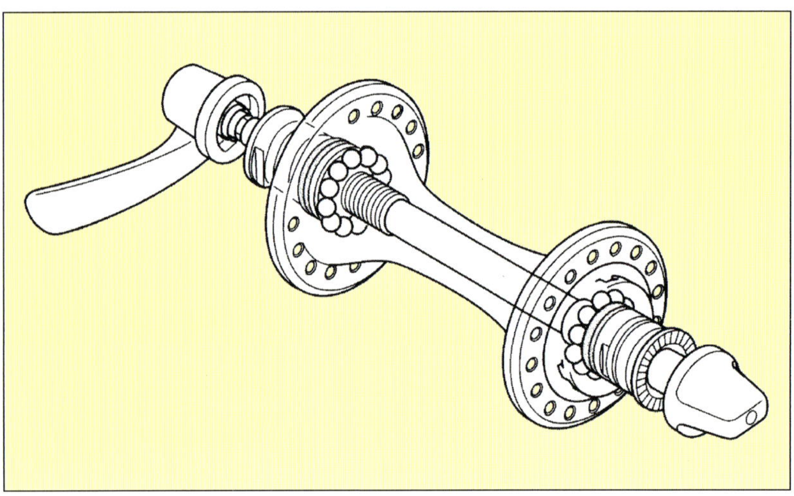

noch im Bahnradsport. Da die Speichen durch den hohen Flansch kürzer sein können, ist das gesamte Laufrad härter. Daher wurden Hochflanschnaben meistens bei Laufrädern mit 32 oder weniger Speichen bevorzugt – oder wenn man härtere Laufräder benötigt, wie bei Bergrennen oder Rundstreckenrennen. Dasselbe erreicht man heute durch die Verwendung von hohen Felgen in Kombination mit Niederflanschnaben.

In der hohlen Nabenachse findet die Schnellspannvorrichtung ihren Platz, die einen problemlosen und raschen Laufradwechsel gestatten. Durch Auf- und Zuklappen eines einzigen Hebels kann die Schnellspannvorrichtung gelöst und wieder arretiert werden.

Speichen

Ein Laufrad für ein Rennrad muss zugleich leicht und stabil sein, um die auftretenden Belastungen von mehreren hundert Kilogramm auszuhalten. Die größten Schwachpunkte bei diesem System sind die Speichen, die von folgenden Kräften belastet werden:

- Radiale Kräfte in Richtung der Speichen durch Zug und Druck durch das Gewicht des Fahrers und die Straßenbeschaffenheit
- Querkräfte durch das Neigen des Fahrrads nach der Seite, z. B. beim Wiegetritt
- Umfangskräfte am Hinterrad durch das über die Kette, den Zahnkranz und die Nabe übertragene Drehmoment

Am meisten gefährdet sind die Speichen dort, wo sie im Flansch der Nabe einen Bogen beschreiben. Die größten Kräfte wirken auf die Speichen am Flansch des Hinterrads auf der Zahnkranzseite. Die nächsthöhere Spannung besteht am Speichenende in der Nähe der Felge. Daher sind z. B. so genannte Doppeldickend-Speichen (DD-Speichen) an den Enden verstärkt, so dass sie dort einen Durchmesser von 2 mm und ansonsten nur einen von 1,8 mm haben. Speichen von Rennrädern haben manchmal auch einen Durchmesser von 2 x 1,5 mm. Die Speichen sind verchromt und rostfrei.
Wegen der besseren Verteilung der Spannungskräfte sind die Speichen übereinander gekreuzt, meistens

dreifach. Je höher die Kreuzungszahl, desto länger müssen die Speichen sein. Sie bieten dadurch aber auch mehr Fahrkomfort, weil die Speichen auf diese Weise einen größeren »Federweg« haben. Zwischen zwei Speichen, die sich kreuzen, werden beim dreifachen Kreuzungssystem 4 Speichenlöcher in der Nabe freigelassen.
Da die größten Kräfte auf die Speichenbogen auf der Zahnkranzseite der Hinterradnabe einwirken, besteht hier auch die größte Gefahr eines Speichenbruchs – und gleichzeitig sind auch hier die Speichen am schwersten zu wechseln, weil man dazu den Zahnkranz »abziehen« muss.
Daher ist es von besonderer Wichtigkeit, dass die Speichenbogen an dieser Stelle besonders gut an den Flansch der Nabe angepasst sind. Da der Speichenbogen das eigentliche Problem in der Stabilität der Speichen ist, hat man Laufräder mit radialer Einspeichung entwickelt, um diesen Schwachpunkt zu vermeiden.

Scheibenräder

Bei den so genannten Scheibenrädern sind die normalen Laufräder mit Speichen durch große, dünne und leichte Scheiben verkleidet, mit der Absicht, dadurch den Luftwiderstand aufgrund von Wirbelbildung durch die Speichen zu vermindern. Daher werden derartige Scheibenräder beim Zeitfahren eingesetzt. In Wirklichkeit spart man dadurch weniger Gesamtluftwiderstand ein, als man zunächst meinen möchte, nämlich weniger als 1%. Dieser minimale Vorteil kann durch eine erhöhte Seitenwindempfindlichkeit schnell wieder aufgehoben werden und sich sogar in einen Nachteil verwandeln. Daher hängt es sehr von den Windverhältnissen ab, ob beim Zeitfahren diese Scheibenräder benutzt werden oder nicht. Als Zwischenlösung wählt man manchmal für das Hinterrad ein Scheibenrad und nimmt wegen der Lenkempfindlichkeit ein Vorderrad ohne Verkleidung.
Für Laufräder mit hohen Felgen werden oft so genannte »Messerspeichen« verwendet, die sehr stabil sind und kaum nachzentriert werden müssen. Es gibt auch Carbon-Laufräder mit nur drei oder vier großvolumigen »Speichen« aus Carbonfasern. Diese Laufräder sind aerodynamisch sehr günstig.

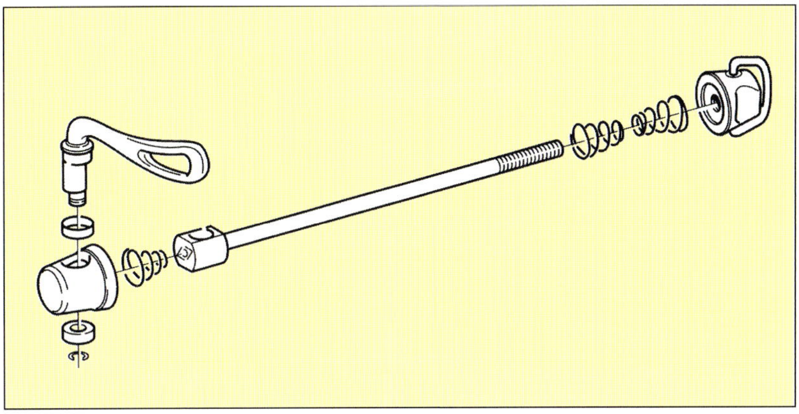

»Schnellspanner« für Vorder- und Hinterradnabe

»Scheibenrad«:
Beim Zeitfahren werden wegen der besseren Aerodynamik die Laufräder aerodynamisch mit leichten Kunststoffscheiben verkleidet – bei Wind nur das Hinterrad.

Reifen

Die Reifen eines Fahrrads sollten folgende Bedingungen erfüllen:

- geringer Rollwiderstand
- gute Rolleigenschaften
- gute Bodenhaftung in Kurven und bei Nässe
- guter Pannenschutz
- geringes Gewicht
- hohe Lebensdauer

Prinzipiell unterscheidet man Drahtreifen und Schlauchreifen. Der Drahtreifen besteht aus einem »Mantel«, den man abnehmen kann, und einem Schlauch. Der Mantel eines Drahtreifens setzt sich aus einer Decke (Protektor) aus Kautschuk, einer Karkasse (früher aus Baumwolle, jetzt aus Polyamid) und zwei Wülsten zusammen, die früher eine Einlage

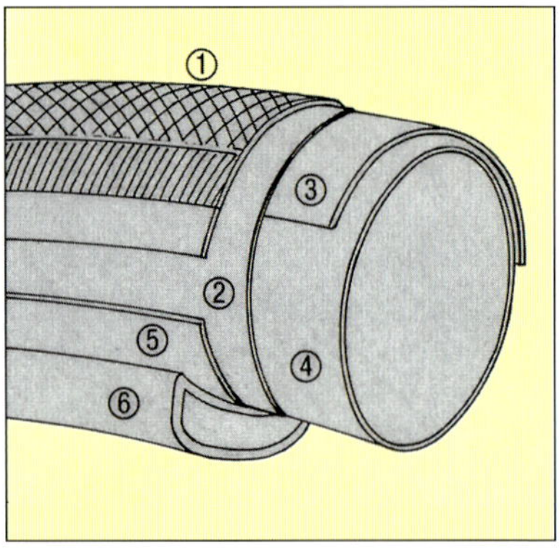

Aufbau eines Schlauchreifens:
1 Protektor
2 Karkasse
3 Pannenschutz
4 Schlauch
5 Nahtschutz
6 Felge

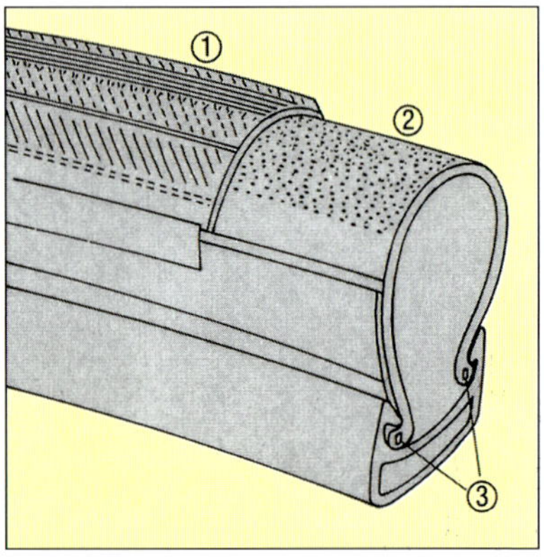

Aufbau eines Drahtreifens:
1 Protektor
2 Karkasse
3 Wülste mit Einlage aus »Draht« bzw. Fasern aus Kunststoff

aus Draht hatten, die aber heute aus Kunststofffasern (z. B. Aramid) besteht.

Schlauchreifen sind Reifen, bei denen der Schlauch in eine Karkasse aus Baumwolle, Seide oder Polyamid eingenäht ist. Die Naht befindet sich auf der Felgenseite und ist mit einem Nahtschutzband überzogen. Die Lauffläche des Reifens besteht aus einem Protektor aus Naturkautschuk mit dem Reifenprofil.

Schlauchreifen waren bis vor wenigen Jahren schmaler und hatten ein geringeres Gewicht als Drahtreifen. Deswegen wurden für Rennräder hauptsächlich Schlauchreifen benutzt. Auch die Profis fahren bei Radrennen so gut wie ausschließlich Schlauchreifen.

Inzwischen wurden jedoch die üblichen Drahtreifen zu sportlich dünnen Hochdruckreifen von 22–23 mm Breite weiterentwickelt, so dass weder in den Laufeigenschaften noch im Gewicht wesentliche Unterschiede bestehen: Ein Schlauchreifen (mit Schlauch) für den Renneinsatz bei Straßenrennen wiegt etwa 200–240 g, für Zeitfahren 180–190 g, für das Training etwa 280–320 g. Ein schmaler Drahtreifen (ohne Schlauch) wiegt etwa 180–260 g, wobei die Leichtigkeit bei beiden Reifenarten eine dünnere Lauffläche zur Folge hat.

Das Gewicht eines Reifens ist für einen geringen Rollwiderstand nicht so ausschlaggebend wie seine Auflagefläche, die außer durch die Reifenbreite vor allem durch den Luftdruck im Reifen bestimmt wird. Normalerweise werden Rennreifen auf ca. 8 bar aufgepumpt, bei Zeitfahren und Bergrennen auch darüber. Dazu braucht man eine spezielle Fußpumpe, auf der man den erzielten Reifendruck ablesen kann. Das Gewicht eines Reifens wirkt sich vor allem bei Beschleunigung (Schwungmasse) und beim Bergauffahren aus. Sehr leichte Reifen (unter 200–220 g) werden bei Zeitfahrten und Bergrennen verwendet. Ansonsten geht man den günstigsten Kompromiss zwischen Reifengewicht und Defektanfälligkeit ein. Es gibt auch Drahtreifen, die wie ein Schlauchreifen gefaltet (Faltreifen) und als Reservereifen mitgeführt werden. Wenn man Drahtreifen mit hohen Felgen fährt, braucht man Ersatzschläuche mit entsprechend langem Ventil.

Sowohl Schlauchreifen wie Drahtreifen wurden weiterentwickelt und durch mehrere Schichten pannensicherer gemacht. Wenn trotzdem ein Reifendefekt auftritt, wechselt man beim Schlauchreifen den ganzen Schlauchreifen aus. Man muss allerdings beachten, dass ein während der Fahrt aufgelegter Ersatzschlauchreifen nicht so gut klebt wie ein mit frischem Reifenkitt aufgeklebter Reifen. Man sollte in Kurven und bergab langsamer fahren – sonst erlebt man sein blaues Wunder, falls sich der Reifen von der Felge löst.

Das kann bei einem Drahtreifen nicht passieren, weil man bei ihm den Schlauch auswechselt und den Mantel wieder fest montiert. Zu Hause angelangt, kann man den Schlauch des Drahtreifens selbst flicken, während das bei Schlauchreifen schwieriger ist, weil der Schlauch in die Karkasse des Schlauchreifens eingenäht ist.

Man muss bei Schlauchreifen auch lernen, wie man sie auf die Felge aufklebt, d. h. wie man ein «Kittbett« anlegt und den Reifen richtig aufzieht (siehe S. 53 und 54), damit er sicher auf der Felge klebt und gut rollt. Zur Sicherheit sollte man einen so aufgeklebten Reifen 24 Stunden trocknen lassen.

Das Bremssystem

Bremsen

Bei den mit dem Rennrad erzielten hohen Geschwindigkeiten sind zuverlässige, stark wirksame Bremsen lebenswichtig. Sie sollten folgende Bedingungen erfüllen:

- hohe maximale Bremskraft
- gute Dosierbarkeit der Bremskraft
- möglichst geringes »Fading«, d. h. möglichst geringes Nachlassen der Bremskraft bei wiederholtem Bremsen
- möglichst wenig Felgenverschleiß
- geringe Geräuschentwicklung
- einfache Einstellbarkeit
- geringes Gewicht

Bei Rennrädern werden ausschließlich Felgenbremsen verwendet. Früher gab es häufig Mittelzugbremsen, inzwischen haben sich aber die Seitenzugbremsen durchgesetzt.

Grundmaterial für die Bremsklötze von Felgenbremsen ist nach wie vor Gummi (bei Carbonfelgen auch Kork). Man bemüht sich »High Performance«-Bremsklötze zu entwickeln, die vor allem auch bei Nässe gut bremsen. Das Nachlassen der Bremskraft beim Bremsen beruht auf dem starken Temperaturanstieg (kurzfristig bis auf 100 Grad). Dadurch sinkt der Reibwert der Bremsgummis. Daher sollte man gefühlvoll und »stotternd« bremsen, damit der Temperaturanstieg beim Bremsen geringer ist.

Die Distanz zwischen Bremsgummis und Felgen sollte ca. 2 mm betragen. Bei angezogener Bremse müssen die Bremsgummis mit ihrer ganzen Fläche der Felge anliegen. Die Bremsschuhe müssen in Fahrtrichtung geschlossen sein. Ein Entspannmechanismus für den Bowdenzug, der sehr hilfreich beim seitlichen »Schlag« einer Felge oder beim Radwechsel ist, befindet sich am Bremskörper oder Bremsgriff.

Die Bremskraft einer Seitenzugbremse ist umso größer, je größer der Hebelarm am Bowdenzug und je kürzer der Hebelarm des Bremsschuhes ist. Das Gewicht einer Felgenbremse liegt etwa bei 320–400 g.

Bremsgriffe

Die Bremsgriffe sollen so am Lenker befestigt sein, dass man ohne Schwierigkeiten von oben wie von unten bremsen kann, wobei der Bremsgriff bei voll angezogener Bremse nicht den Lenker berühren sollte. Die stärkere Kraft sollte auf die Bremse des Hinterrads einwirken. Deswegen wird bei Rechtshändern der Bremsgriff für die hintere Bremse rechts am Lenker befestigt. Beim Bremsen sollte man das Körpergewicht nach hinten verlagern und die Hinterradbremse kraftvoller und früher einsetzen als die Vorderradbremse.

Seitenzug-Felgenbremse

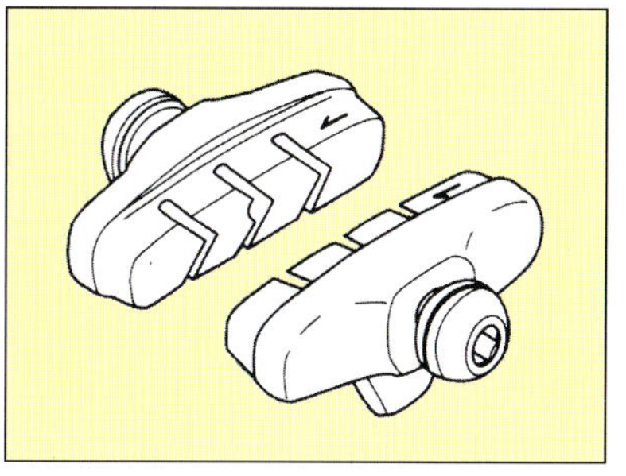

Bremsschuhe mit Bremsgummis

Die Bremsgriffe sollten für die Finger immer bequem erreichbar sein.

Sattel mit Sattelstütze

Sattel und Sattelstütze

Der Sattel muss das ganze Gewicht des Radfahrers tragen – und das oft über längere Zeit. Außerdem wechseln Gewichtsverteilung und Sitzfläche je nachdem, ob man mehr nach vorne gebeugt oder mehr aufrecht auf dem Sattel sitzt. Insbesondere wenn längere Strecken auf dem Fahrrad zurückgelegt werden, kann der Sattel eines der wichtigsten Bestandteile des Fahrrads werden.

Je aufrechter und je langsamer man fährt – z. B. auf einem normalen Alltagsfahrrad –, desto weicher und breiter sollte der Sattel sein. Wenn man jedoch sportlich mit einer höheren Tretfrequenz unterwegs ist, sollte der Sattel schmaler und härter sein, damit sich die Sitzhöhe während des Tretens nicht dauernd verändert und man nicht bei schnellem Tritt im Sattel »hüpft«. Außerdem sollten die Innenseiten der Oberschenkel bei enger Beinführung nicht am Sattel reiben.

Der sportliche Rennsattel erscheint relativ hart – und trotzdem ist er auf Dauer bequemer als ein zu weicher Sattel. Früher gab es nur Ledersättel. Auch heute noch werden sie manchmal von konservativen Radsportfans verwendet. Ein Ledersattel (meist Brooks-Sattel) muss vor dem ersten Gebrauch eingefettet und präpariert werden. Mit einer Spannschraube kann man Härte und Druckstellen des Sattels regulieren. Nach jeder Regenfahrt muss man einen Ledersattel erneut pflegen, damit er seine Form behält und das Leder elastisch bleibt. Nachteilig ist auch sein relativ hohes Gewicht von ca. 600 g.

Heute werden jedoch meistens Plastiksättel verwendet, die mit Schaumstoff gepolstert und mit Glatt-, Wild- oder Büffelleder oder Kunststoff (Kevlar) überzogen sind. Sie brauchen keine Pflege, sind leichter und wiegen nur ca. 300 g. Sättel mit Titangestell sind noch leichter (160–260 g). Für Radsportlerinnen gibt es spezielle Damen-Rennsättel, die etwas breiter und kürzer sind.

Der Sattel ist auf der Sattelstütze, die aus Dur-Aluminium oder Karbon besteht, über ein in die Sattelstütze integriertes »Sattelschloss« befestigt, das eine stufenlose Einstellung des Sattels (siehe auch S. 68) erlaubt. Meistens wird der Sattel genau waagerecht eingestellt (dies geschieht am besten mit einer Wasserwaage). Die Sattelstütze muss genau in das Sitzrohr des Rahmens passen und mindestens 6 cm in das Sattelrohr hineinragen.

Horizontale Einstellung des Sattels mit der Wasserwaage

Zubehör

Richtig komplett ist ein Rennrad erst mit dem notwendigen Zubehör:

- Ersatzreifen bzw. Ersatzschlauch
- Luftpumpe
- Werkzeug
- Flaschenhalter mit Trinkflasche
- Computer

Ersatzreifen, Ersatzschlauch, Reifentasche

Wer mit Schlauchreifen trainiert, sollte immer mindestens einen Ersatzreifen bei sich haben, besser sogar zwei; denn nach einer Reifenpanne wäre man sonst ohne Ersatzreifen unterwegs. Im Radrennen genügt wegen der Gewichtsersparnis ein Ersatzreifen, falls man nicht von einem Materialwagen versorgt wird.
Wenn man mit Drahtreifen trainiert, sollte man entsprechend zwei Ersatzschläuche mitnehmen und vielleicht auch Flickzeug, wenn es auf längere Touren geht. Zur Montage sollte man auch 2–3 Reifenheber bei sich haben (siehe auch S. 50).
Der Ersatzreifen wird hinten unter dem Sattel befestigt, entweder mit einem Pedalriemen oder in einer Reifentasche. Man kann ihn auch im Flaschenhalter oder in einer Tasche des Trikots unterbringen. Ein Ersatzreifen sollte immer ein gebrauchter Reifen sein, da sich ein neuer Reifen nicht so leicht auf die Felge aufziehen lässt. Außerdem sorgen die Reifenkittspuren auf einem gebrauchten Schlauchreifen für eine bessere Haftung des Ersatzreifens auf der Felge. Den Ersatzreifen legt man auf ein möglichst kleines Format zusammen und wickelt ihn in wasserdichtes Material (oder eine Mullbinde) ein; denn ein nasser oder verschmutzter Ersatzreifen hält schlecht auf der Felge.

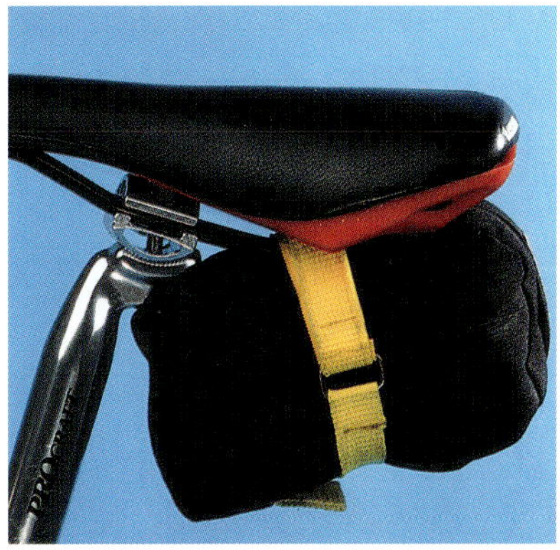

Links:
Reservereifen oder Reifentasche werden am Sattel befestigt.

Oben:
Am Rahmen können eine oder zwei Trinkflaschen angebracht werden.

Luftpumpe

Ersatzreifen und Ersatzschlauch nutzen nichts, wenn man keine Luftpumpe dabei hat. Obwohl sie nicht ins »Gewicht« fällt, da sie meistens aus Kunststoff und daher sehr leicht ist, wird sie manchmal trotzdem vergessen. Außer dieser Luftpumpe am Rennrad für unterwegs ist zusätzlich eine Fußpumpe mit Manometer für zu Hause zu empfehlen, damit man von Zeit zu Zeit exakt den optimalen Reifendruck (für das Training meistens 7–8 bar, für Radrennen etwas darüber) überprüfen und korrigieren kann.

Luftpumpe (Fußpumpe) mit Manometer

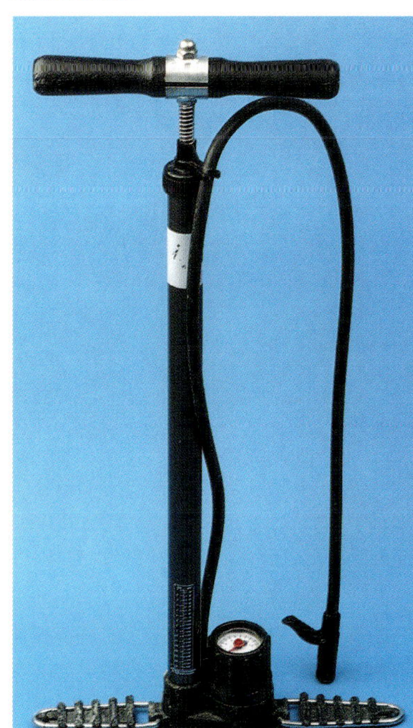

Flaschenhalter

Flaschenhalter aus Aluminium wiegen nur knapp 50 g. Manchmal werden auch Plastik-Befestigungen (unter 40 g) verwendet, um Rostbildung zu vermeiden. Die Flaschenhalterung wird am Schrägrohr des Rahmens mit Inbusschrauben befestigt, bei langen Radrennen und bei Radrennen in großer Hitze meist noch ein zweiter am Sattelrohr. Bei kurzen Rennen, Zeitfahren, Bergrennen und Rundstreckenrennen wird der Fla-

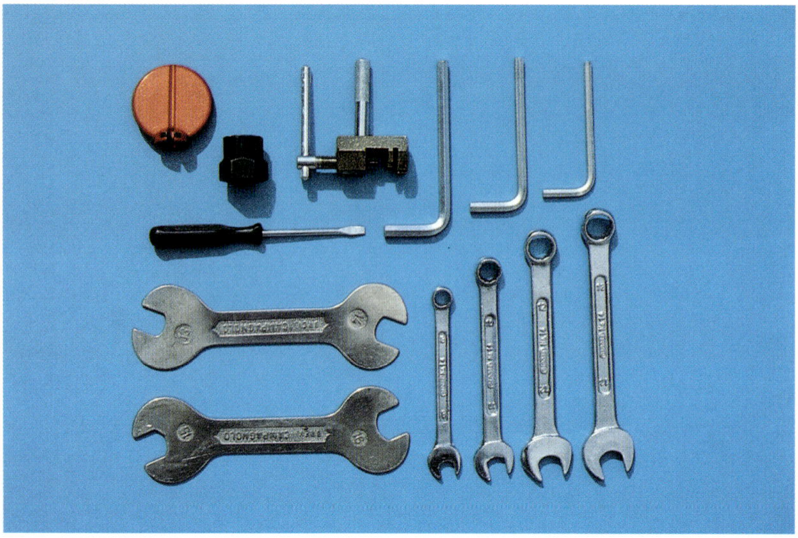

Werkzeug für Wartung und Reparaturen zu Hause

schenhalter nicht benötigt und wegen des Luftwiderstands abmontiert.

Trinkflasche (Bidon)

Die von Radsportlern benutzte Trinkflasche besteht aus Kunststoff oder Aluminium. Der Flaschenverschluss ist so konstruiert, dass man die Verschlusskappe während der Fahrt mit dem Daumen oder dem Mund öffnen kann. Der Inhalt einer Trinkflasche beträgt normalerweise 0,5 Liter. Maxitrinkflaschen fassen ca. 0,7 Liter. Da der Luftwiderstand einer runden Trinkflasche nicht ganz unerheblich ist – er liegt etwa in der Größenordnung des Luftwiderstands der Reifen –, gibt es auch aerodynamisch geformte schmale Trinkflaschen. Thermoflaschen mit oder ohne Hüllen bieten in der kalten Jahreszeit ein warmes, in der heißen Jahreszeit ein kühles Getränk.

Werkzeug

Man unterscheidet das minimale »Bordwerkzeug«, das man bei jeder Fahrt mitführen sollte, und dem Werkzeug, das man zu Hause für kleinere Reparaturen und für die Wartung des Rennrads benötigt. Nützliches Werkzeug für unterwegs sind Montagehebel für Drahtreifen, ein kleiner Schraubenzieher für verschiedenste Zwecke – z. B. für die Einstellung der Schaltung, Inbusschlüssel (z. B. Größen 3, 4, 5 und 6 mm) für alle wichtigen Befestigungsschrauben, Nippelspanner und Werkzeugschlüssel (»Maulschlüssel«, z. B. Größen 8,9 und 10) für die wichtigsten Schrauben (falls vorhanden).

Tipp: Wenn man das lange Ende eines Inbusschlüssels mit einer Feile oder Schleifmaschine richtig bearbeitet, erhält man eine Schraubenzieherklinge und spart sich so die zusätzliche Mitnahme eines Schraubenziehers.

Es gibt auch praktische Mini-Kombiwerkzeuge, die alles Notwendige auf engstem Raum enthalten (siehe Abb.). Wichtig ist außerdem Flickzeug und etwas Geld; denn wenn man nicht gerade in einsamster Wildnis unterwegs ist, kann man für Geld meistens alles bekommen, was man vergessen hat. Aber für alles selbst vorbereitet zu sein, gibt Sicherheit und Freiheit.

Miniwerkzeug und nützliche Utensilien für unterwegs

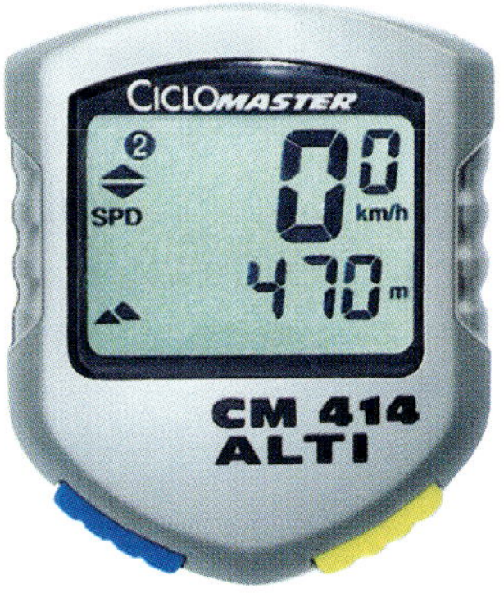

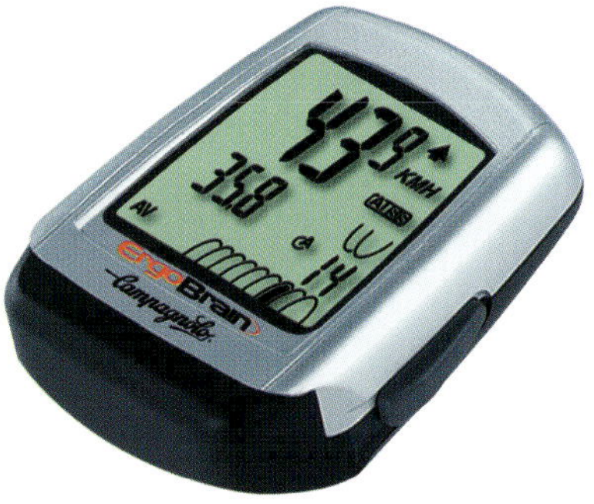

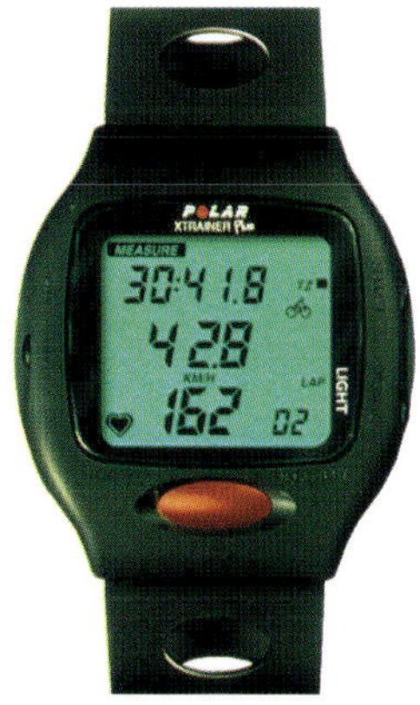

Links und Mitte:
Fahrradcomputer mit zahlreichen Funktionen

Oben:
Pulsmessgerät zur Trainingssteuerung

Computer – das Auge des Trainers

Mit einfachen Kilometerzählern und Tachometern fing es an – doch dann kam die Technik mit ihren Mikrochips und hat wahre technische Wunderwerke für den Radsportler geschaffen, der es wiederum weit interessanter findet, diesen kleinen technischen Wundern außer der Kilometerzählung und Geschwindigkeitsmessung noch andere Daten zu entlocken: neben der augenblicklichen Geschwindigkeit auch die Durchschnittsgeschwindigkeit, die Höchstgeschwindigkeit, die bisher zurückgelegte Tagesstrecke und die Gesamtkilometerzahl der Saison. Auch eine Anzeige der Tretgeschwindigkeit ist für die Gestaltung und Kontrolle des Trainings wichtig.

Die Funktion als Pulsmessgerät erfordert weiteres Zubehör, meist mit einem Brustband, von dem aus über Funk die Signale der Herzfrequenz zum Computer gesendet werden. Pulsmessgeräte haben sich heute zur Trainingssteuerung eindeutig bewährt (siehe auch S. 123 ff.) und erlauben die Messung einer ganzen Anzahl von Parametern: Am wichtigsten ist die Programmierung der oberen und unteren Grenze der angestrebten Trainingspulsfrequenz mit Signalgebung bei Verlassen dieses Bereiches. Schließlich kann man die während des Trainings gemessenen Daten über ein Interface durch einen PC zu Hause auswerten.

Außer Fahrrad-, Pulsmess- und Uhrenfunktionen können diese Computer, je nach Ausführung, auch Höhen- und Temperaturmessungen durchführen. Alle diese Messfunktionen sind in Computern von 90–140 g Gewicht untergebracht. Man kann diese Computer aber auch ohne Fahrrad einsetzen, z. B. die Höhenmessfunktionen beim Bergsteigen und die Pulsmessgeräte bei so gut wie jeder anderen Sportart.

SRM-System:
Einbausatz zur Belastungskontrolle und Trainingssteuerung mit Anzeige der Wattbelastung, Tretfrequenz und vielen anderen Funktionen

Radtransport mit Dachständer: die praktischste und bequemste Art, das Fahrrad im Ganzen zu transportieren

Radtransport für Profis: Materialwagen bei Radrennen

Die bisherige Krone dieser Trainingssteuerungssysteme dürfte zum jetzigen Zeitpunkt (denn »alles fließt« und entwickelt sich weiter) ein Computersystem (SRM-System, s. Abb. S. 51 unten) sein, das außer der Messung der genannten Funktionen auch eine direkte Leistungsmessung während der Fahrt ermöglicht. Dazu ist es notwendig, ein spezielles »Powermeter-System« in das Antriebssystem des Rennrads einzubauen: Ein Drehmomentaufnehmer aus einer Aluminiumlegierung, der zusammen mit speziellen Tretkurbeln und Kettenblättern montiert wird, misst die Tretkraft (Drehmoment) und Tretfrequenz (Winkelgeschwindigkeit), setzt diese Daten in ein digitales elektrisches Signal um und überträgt es auf einen Empfänger am Fahrradrahmen. Der Computer berechnet dann die aktuelle Leistung in Watt aus dem Produkt Drehmoment x Winkelgeschwindigkeit. Natürlich können diese Daten sowohl online durch den Trainer als auch später über einen PC ausgewertet werden. Dieser Fahrradcomputer wiegt 120 g, das dazugehörige Kurbelpaar mit Kettenblättern 760 g (Profiversion) oder 833 g (Amateurversion).

Man kann sich vorstellen, dass man mit einem solchen »Leistungslabor für unterwegs« ein sehr wissenschaftlich geplantes Training praktisch messgenau umsetzen kann. Daher fahren auch viele Profimannschaften im Training mit diesem System.

Trotzdem sollte man bei all diesen Messungen und Messwerten nicht das Gefühl für das Radfahren verlieren. Intellektuell gesteuertes Training ist eine interessante Kontrolle der eigenen Leistungsfähigkeit und eine ausgezeichnete Möglichkeit der Trainingssteuerung, aber eigentlich führt erst ein intuitiv, durch die eigene Körperintelligenz (somatische Intelligenz) gesteuertes Training zum richtigen Radfahren.

Daher sollte man diese Computersysteme auch dazu benutzen, die eigene Körperintelligenz zu kontrollieren und zu schärfen. Dazu muss man manchmal auch etwas sehr Ungewöhnliches tun – wie ein Radprofi schüchtern lächelnd sagte: »Ab und zu schalte ich den Computer einfach aus und fahre

so, wie ich mich fühle und wonach mir ist, genieße die Landschaft und freue mich einfach, dass es so gut läuft. An solchen Tagen fahre ich meistens besser und länger als unter der ständigen Kontrolle des Computers.«
Man muss eben wissen – wie überhaupt im technischen Zeitalter –, wie weit man die Errungenschaften der Technik einsetzt, ohne auf der anderen Seite etwas zu verlieren – nämlich die Intuition.

Radtransport

Es gibt eine Reihe von vernünftigen Gründen, warum man sein Fahrrad mit dem Auto transportieren möchte. Wer in der Stadt wohnt, möchte vielleicht mit dem Auto wenigstens so weit hinausfahren, bis ruhige Straßen erreicht sind. Oder man möchte an Wochenenden oder im Urlaub für sich und seine Familie die gewohnten Fahrräder mitnehmen, um Radtouren in einer völlig anderen Umgebung durchführen zu können.
Wenn man alleine mit dem Auto unterwegs ist, ist der Radtransport bei Rennrädern kein Problem: Man entfernt mit den Schnellspannern Vorder- und Hinterrad und verstaut diese und den Rest des Fahrrads im Kofferraum oder auch auf dem Rücksitz.
Bei anderen Radtypen, mehreren Rennrädern oder wenn der Kofferraum durch Gepäck belegt ist, empfehlen sich Dachgepäckträger. Fahrradständer können meistens drei oder vier Fahrräder transportieren, Spezialständer auch mehr. Prinzipiell gibt es zwei Möglichkeiten, Fahrräder zu transportieren: Das ganze Fahrrad steht aufrecht und wird mit einer Stange am Steuerrohr und mit Riemen am Vorder- und Hinterrad befestigt. Bei einer anderen Lösung nimmt man das Vorderrad heraus, spannt die Gabel mit einer Schnellspannvorrichtung ein und befestigt das Vorderrad getrennt an einer speziellen gabelähnlichen Vorrichtung. Diese Art ist zugleich auch die stabilste. Wie bei Skiträgern gibt es auch für Fahrräder abschließbare Dachständer. Meistens können Dachständer auch vielseitig verwendet werden, z. B. zum Transport von Surfbrettern oder Skiern. Ein auf dem Dachträger stehendes Fahrrad bietet allerdings dem Wind mehr Angriffsfläche als ein Paar Ski oder ein Surfbrett. Es empfiehlt sich daher, nicht schneller als 100–120 kmh zu fahren, wenn man Fahrräder transportiert.
Für Flugreisen gibt es spezielle Gepäcktaschen oder Koffer, in denen man das Fahrrad geschützt unterbringen und transportieren kann.

Reifenmontage:
kraftvolles Aufziehen eines Schlauchreifens auf ein Laufrad für Radrennen

Wartung und Pflege

Zur eigenen Sicherheit und um sein Fahrrad besser kennenzulernen und auch deswegen, weil man heutzutage kaum jemand findet, der gerne und zuverlässig kleine (aber für einen selbst sehr wich-

Reifenmontage:
Der Drahtreifen wird vorsichtig (ohne den Schlauch zu »zwicken«) in die Felge »hineingehebelt«.

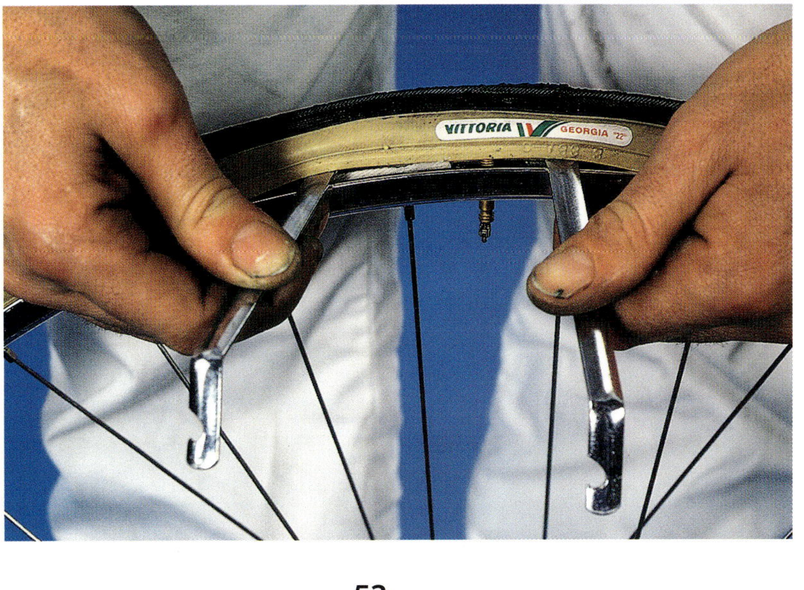

tige) Reparaturen durchführt, ist es notwendig und nützlich, die wichtigsten Handgriffe selbst zu beherrschen, z. B. wie man einen Reifen montiert oder flickt, die Kette oder den Zahnkranz wechselt, Speichen zentriert und Schaltung und Bremsen einstellt. Außerdem sollte man sein Rennrad pflegen und sauber halten, damit es beim Training Freude bereitet. Und schließlich sollte man vor jeder Ausfahrt zur Sicherheit bestimmte Materialkontrollen durchführen.

Reifenpflege und Reifenlagerung

Drahtreifen sind in der Regel unempfindlicher als Schlauchreifen. Trotzdem ist ihre Lagerung wichtig. Gute, kostbare Schlauchreifen aber, die für Training und Radrennen benutzt werden, sollten abgelagert sein wie alter Wein. Schlauchreifen, die zu frisch sind, laufen nämlich noch nicht optimal und sind außerdem defektanfälliger als abgelagerte Reifen. Während der Zeit der Lagerung reift der Gummi des Reifens und härtet aus, gewisse flüchtige Bestandteile der Gummimischung können verdunsten. Im Idealfall sollten Schlauchreifen zunächst ein oder zwei Jahre in einem kühlen, halb dunklen Raum lagern, aufgelegt auf eine Felge und aufgepumpt auf einen Reifendruck von 3–4 bar. Man sollte die Reifen in dieser Zeit ab und zu mit einem Silikon-Gummispray einsprühen, damit sie nicht austrocknen und damit der Protektor geschmeidig bleibt.

Kettenpflege:
Die Kette wird einfach mit einem mit Kettenfett getränkten Tuch abgewischt.

Reifenmontage

Drahtreifen sind mit Montagehebeln leicht zu montieren. Besonders sollte man aber darauf achten, dass der Reifenwulst nicht den Schlauch einklemmt und ein Loch »hineinzwickt«.

Schlauchreifen müssen auf die Felge aufgeklebt werden, meistens mit einem speziellen Reifenkitt (früher auch mit einem Felgenklebeband). Anfängern kann das Aufziehen eines Schlauchreifens auf die Felge Schwierigkeiten bereiten. Aber eine richtige Reifenmontage ist sehr wichtig, weil die Reifen auch bei steilen Bergabfahrten und in scharfen Kurven sicher auf der Felge halten müssen.

Zunächst wird der alte Reifen gegenüber dem Ventilloch von der Felge gelöst. Dann kann der Reifen mit mehr oder minder großem Kraftaufwand von der Felge abgezogen werden.

Vor der Montage des neuen Reifens sollte man ihn auf die Felge zunächst ohne Kitt aufziehen, damit er gedehnt wird. Dann wird auf der Felge, falls sie neu ist oder falls nur wenig alter Kitt sie bedeckt, zuerst ein so genanntes »Kittbett« angelegt: Durch drei- bis mehrmaliges Auftragen des Kittes mit zwischenzeitlicher Trockenzeit von etwa einem Tag wird eine dicke Grundschicht erzeugt. Es hat sich bewährt, gegenüber dem

Ventilloch auf einer Strecke von etwa 5 cm weniger Kitt aufzutragen, damit man bei einem Reifendefekt von hier aus den Reifen leichter abziehen kann.

Das Aufziehen eines Reifens auf ein bereits vorhandenes Kittbett erfolgt etwa 10 Minuten nach Auftragen des Kittes. Dazu pumpt man etwas Luft in den Reifen, damit er leicht gefüllt ist, stellt das Laufrad vor sich, das Ventilloch nach oben, und steckt das Reifenventil in die Felge. Nun fasst man den Reifen fest mit beiden Händen und zieht ihn seitlich nach unten mit ständigem Druck der Daumen immer weiter, bis man unten auch den letzten Rest des Reifens über den Felgenrand hebeln kann.

Danach wird der Reifen auf der Felge noch einmal exakt ausgerichtet, damit er gut rollt und nicht nach der Seite »schlägt«. Dann wird der Reifen auf ca. 5 bar aufgepumpt und auf der Felge nochmals ausgerichtet, damit er wirklich gerade und rund läuft.

Kettenpflege

Die Kette läuft nur dann mit geringster Reibung, wenn sie sauber, schmutzfrei und ausreichend mit Fett oder Öl versehen ist. Daher sollte sie nach jeder Regenfahrt, nach Fahrten auf Sandstraßen und ganz allgemein, wenn sie verschmutzt ist, gereinigt werden. Früher hat man die Kette mit Benzin oder Petroleum mit Hilfe eines Pinsels oder einer speziellen Kettenreinigungsvorrichtung und Reinigungsflüssigkeit gereinigt. Die heutigen Ketten sind aber so gut vorgefettet, dass es genügt, sie mit einem mit Öl oder Fett getränkten Lappen abzuwischen. Eine völlig verschmutzte oder gar gelängte Kette sollte man rechtzeitig gegen eine neue auswechseln.

Kettenlängung

Je nach Beanspruchung wird die Kette im Laufe der Zeit gedehnt und damit länger, in der Fachsprache sagt man »gelängt«. Das bedeutet, dass die Kettenglieder nicht mehr genau mit dem Abstand der Zähne, vor allem der Zahnkranzritzel, übereinstimmen. Dadurch werden die Zähne der Ritzel des Zahnkranzes durch eine gelängte Kette stärker abgenutzt. Da eine neue Kette billiger ist als ein neuer Zahnkranz, sollte man die Kette rechtzeitig erneuern, je nach Beanspruchung etwa alle 2000–5000 km. Eine »gelängte« Kette kann man durch einen einfachen »Abhebetest« erkennen (siehe Abb.): Wenn man die Kette mit zwei Fingern so weit vom Kettenblatt abheben kann, dass man die Zähne fast vollständig sehen kann, ist es Zeit, die Kette auszuwechseln. Es gibt auch ein spezielles Kontrollwerkzeug (siehe Abb.), mit dem man den Abstand der Kettenglieder genau messen und exakt erkennen kann, wann die Kette gewechselt werden sollte.

Kettenwechsel

Zunächst muss man die neue Kette auf die benötigte Länge kürzen. An der alten Kette Maß zu nehmen, hat keinen Sinn, da diese ja »gelängt« ist. Man bestimmt die Länge einer Kette am besten, indem man sie am Rennrad selbst »anprobiert«: Man legt die Kette vorne auf das große Kettenblatt und hinten auf das mittlere Ritzel des Zahnkranzes; sie soll nun straff, aber nicht zu stark gespannt sein. Dann legt man die Kette vorne auf das kleine Kettenblatt und hinten auf das kleinste Ritzel. Jetzt soll sie nicht zu weit durchhängen. Um die Kette auf dieses Maß zu kürzen

Prüfung der Kettenlängung mit dem »Abhebetest« (oben) und mit einem Spezial-Kontrollwerkzeug (unten)

Kettenwechsel:
Die Kettenglieder einer Schaltungskette werden mit einem »Kettennieter« zusammengefügt.

Speichen zentrieren: mit einem Speichenschlüssel provisorisch am Laufrad (oben) und exakt in einer Spezial-Zentriervorrichtung (rechts)

Schaltung einstellen: Überwerfer (oben) und Schaltwerk (unten)

und dann zu montieren, wird als Werkzeug ein Kettennieten-Drücker oder eine Kettenniet-Zange benötigt. Damit drückt man die Niete aus einem Kettenglied hinaus – aber nur so weit, dass sie noch mit einem Ende in der Lasche befestigt bleibt (siehe Abb.). Nun wird die Kette am anderen Ende auf die richtige Länge gebracht und über Ritzel, Schaltkäfig und Überwerfer »eingefädelt«. Dann wird die Kette zusammengefügt und mit dem Nietendrücker die Niete wieder hineingedrückt, so dass sie auf beiden Seiten gleich (ca. 0, 5 mm) aus den Laschen der Kette heraussteht. Danach prüft man die freie Beweglichkeit dieses Kettengliedes. Durch seitliches Hin- und Herbiegen der Kette können Blockierungen beseitigt werden, bis eine vollkommen leichte Beweglichkeit erzielt wird.

Zahnkranzwechsel

Aus zwei Gründen sollte man in der Lage sein, den Zahnkranz bzw. die Zahnkranzkassette zu wechseln: wenn man die Übersetzung verändern oder eine neue Speiche auf der Zahnkranzseite einziehen möchte. Dazu braucht man als Werkzeug einen »Abzieher«, mit dem man den Abschlussring der Zahnkranzkassette entfernen kann. Dieser Abzieher muss zum Zahnkranztyp passen. »Abzieher« sind so klein und leicht, dass man sie gut in der Reifentasche mitnehmen kann, wenn man auf große Fahrt geht.

Laufrad zentrieren

Ein Laufrad richtig zu zentrieren, so dass es weder Seiten- noch Höhenschlag aufweist und alle Speichen gleichmäßig angezogen sind, ist eine Kunst, die große Erfahrung voraussetzt. Lockere Speichen anzuziehen oder größere Abweichungen der Felge nach der Seite oder nach der Höhe auszugleichen, ist dagegen nicht so schwer. Man kann es mit ein wenig Logik lernen, wenn man sich einmal in Speichen und Nippel »hineindenkt«. Man braucht auf jeden Fall einen Nippelspanner. Er ist meist klein, handlich und leicht, so dass man auch ihn in der Reifentasche für unterwegs mitnehmen kann.
Zentrieren muss man immer langsam und mit Geduld. Am exaktesten kann man sich an einer speziellen Zentriervorrichtung orientieren – aber auch, wenn auch etwas gröber, am Abstand zu den Bremsgummis der Felgenbremsen. Der Vorgang ist folgender: Weicht die Felge zum Beispiel nach links ab, so zieht man zunächst die Speichen der Gegenseite (rechts) in diesem Abschnitt um je eine Nippelumdrehung an. Dabei muss man immer darauf achten, dass die Spannung nicht zu hart wird. Das Anziehen soll man immer auf mehrere Speichen verteilen. Danach muss man auf der anderen Seite die entsprechenden Speichen etwas lockern. Also immer abwechselnd: rechts fest, links los, rechts fest usw. Dazu braucht man Konzentration, Geduld – und viel Gefühl, bis die Felge wieder gerade läuft.

Schaltung einstellen

Schaltwerk und Überwerfer müssen von Zeit zu Zeit etwas korrigiert und nachgestellt werden, damit der Schaltvorgang exakt funktioniert. Durch die Entwicklung der Neunfach-Zahnkränze (»9 Speed Ritzelpaket«) sind die Abstände der Ritzel sehr eng geworden, so dass die Rasterschaltungen auf den Millimeter genau eingestellt sein müssen. Trotzdem ist das meistens der Fall, wenn das Schaltwerk zur Zahnkranzkassette »kompatibel« ist. Durch Dehnung der Schaltkabel und Absenken in die Hülsen am Schaltwerk und an den Schaltgriffen kann das Niveau der Schaltung nach innen oder außen verschoben werden. Diese Spannung kann man meist durch eine Regulierungsschraube des Schaltkabels am Schaltwerk, die man per Hand leicht drehen kann, nachstellen.

Am Schaltwerk wie am Überwerfer gibt es jeweils zwei Stellschrauben für den äußeren und inneren Anschlag der Schaltung. Wenn das Schaltwerk auf das äußere Ritzel geschaltet ist, muss der Zug des Schaltkabels zu spannen beginnen. Nun schaltet man hoch auf das innere Ritzel und reguliert die Stellschraube so, dass die Kette auf diesem Ritzel gut in der Mitte aufliegt und bei mehrmaligem Hinunter- und Hinaufschalten einwandfrei auf dem inneren Ritzel läuft.

Analog gibt es am Überwerfer Stellschrauben, die verhindern sollen, dass die Kette weder vom kleinen Kettenblatt nach innen noch vom großen nach außen herunterfallen kann. Durch Feinregulierung kontrolliert man, ob die Zähne des kleinen und großen Kettenblattes in der Mitte der Kette laufen.

Schließlich vergewissert man sich abschließend durch mehrfaches Herauf- und Hinunterschalten, dass die Kette in den Extremstellungen der Schaltung weder an den Speichen noch am Rahmen noch am Überwerfer schleift und bei allen Schaltmöglichkeiten gut und einwandfrei läuft.

Bremsen einstellen

Rennräder haben meistens Seitenzugbremsen, die mit Inbusschrauben am Gabelkopf und am Bremssteg der Sitzstrebe befestigt sind. Mit diesen Inbusschrauben kann man die Felgenbremsen zunächst so einstellen, dass die Bremsgummis zu den Felgen beidseits den gleichen Abstand haben. Danach werden die Bremsarme mit der Hand an die Felge gedrückt und der Bowdenzug stramm angezogen. Lässt man nun die Bremsarme los, bleibt meistens nur noch ein Zwischenraum von mehreren Millimetern zwischen Felge und Bremsschuh. Mit der Feineinstellschraube am Bowdenzug des Bremsarmes kann man eine feine Nachjustierung vornehmen und den gewünschten Abstand zwischen Bremsschuh und Felge (meist etwa 2 mm) einstellen. Schließlich kontrolliert man bei angezogener Bremse, ob die Bremsschuhe parallel zur Felge stehen und voll auf der Bremsfläche der Felgen aufliegen, ohne den Reifen zu berühren.

Lenkerband anbringen

Das Anbringen des Lenkerbandes beginnt an den Bremsgriffen. Dazu hebt man die Gummiabdeckung der Bremsgriffe etwas an und klebt ein Stück Lenkerband um die Halterung der Bremsgriffe. Dann beginnt man mit der Umwickelung des Lenkers am Lenkerende. Dabei muss man auf gleiche Abstände zwischen den Lagen achten. Um

Bremsen einstellen: Feineinstellung einer Seitenzug-Felgenbremse

Das Lenkerband sollte – auch aus hygienischen Gründen (Staub, Schmutz, Schweiß, Feuchtigkeit) – in regelmäßigen Abständen erneuert werden.

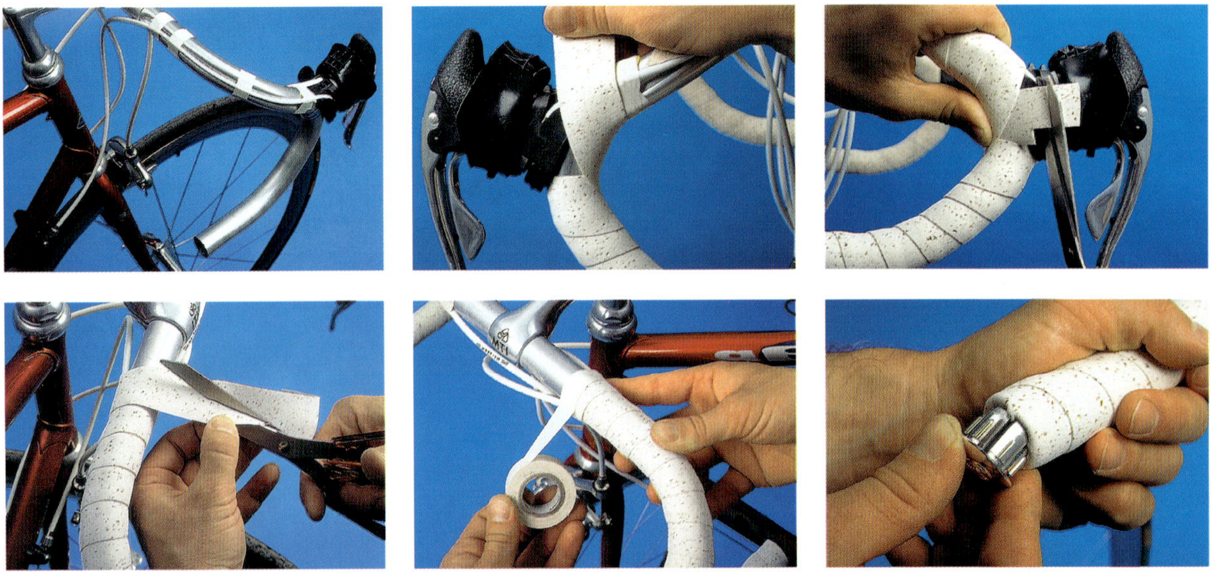

Lenkerband anbringen:
Man beginnt an den Bremsgriffen und Kabeln, wickelt von den Lenkergriffen am Unterlenker bis zum Oberlenker und verschließt das Lenkerrohr des Unterlenkers mit einem Lenkerstopfen.

Je nach Wetter und Straßenverhältnissen wird das Rennrad unterschiedlich stark verschmutzt und muss dann gründlich gereinigt werden.

den Bremsgriff führt man die Wickelung mit einem 8er-Schlag. Ob man mit der Wickelung bis zur Vorbaumanschette geht oder ein Stück vorher aufhört, bleibt dem Geschmack oder den individuellen Griffgewohnheiten überlassen. Das letzte Stück Lenkerband wird schräg abgeschnitten und mit Isolierband oder einem ähnlichen Klebeband, das häufig dem Lenkerband vom Hersteller beigelegt wird, fixiert.

Radwäsche und -pflege

Das Rennrad ist ein hochwertiges Präzisionsinstrument von höchster Qualität und damit gut verarbeitet und ziemlich unempfindlich gegenüber Witterungseinflüssen. Weder Rahmen noch Zubehörteile sind rostanfällig. Trotzdem sollte man sein Rennrad regelmäßig pflegen. Viele Radrennfahrer der Spitzenklasse pflegen nach langen Regenfahrten sogar zuerst ihre Rennmaschine – und dann erst sich selbst. Zudem ist die Pflege eines Rennrads recht unproblematisch. Man braucht dazu nur folgende Dinge: Einen Wasserschlauch, einen Eimer mit Wasser und Geschirrspülmittel, einen Schwamm und eine Bürste, schließlich noch etwas Fahrradöl, Spezialfett für die Kette und Schutzwachs-Spray. Zunächst spritzt man mit dem Wasserschlauch das Fahrrad ab und befreit es vom gröbsten Schmutz. Dann entfernt man Vorder- und Hinterrad, bürstet mit einer in das Wasser mit Spülmittel getauchten Bürste Felgen, Reifen und Zahnkranz ab. Dann taucht man den Schwamm in das Wasser mit Spülmittel und wäscht die Laufräder sowie das übrige Fahrrad ab. Danach spritzt man noch einmal alles mit klarem Wasser ab.
Durch das dem Geschirrspülmittel zugefügte Silikon glänzen Rahmen und Zubehörteile, ohne dass sie abgetrocknet werden müssen. Tretlager, Naben und Steuersatz sind meist genügend abgedichtet, so dass man sie nicht vor Feuchtigkeit zu schützen oder neu zu fetten braucht. Die Kette dagegen sollte man leicht mit Kettenfett einfetten oder etwas ölen. Den Zahnkranz sollte man mit Öl versorgen, indem man das Hinterrad waagerecht mit dem Zahnkranz nach oben auf den

Boden legt und ein paar Tropfen Öl (oder Sprühwachs) in den Zwischenraum zwischen Abschlussring der Zahnkranzkassette und den Konus der Hinterradachse träufelt. Weiterhin sollte man etwas Öl (oder Sprühwachs) an die Kabel der Kettenschaltung, in die Gelenke des Umwerfers sowie an die sich bewegenden Teile der Felgenbremsen geben. Zum Abschluss kann man Rahmen, Sattelstütze und bewegliche Teile mit einem Schutzwachs, das mit einem Spray bequem aufzutragen ist, überziehen und dadurch vor erneuter Verschmutzung schützen.
Durch diese Pflege bekommt man auch eine besondere Beziehung zum Material und bemerkt auftretende Defekte frühzeitiger. Man erkennt, wann die Felgenbremsen nicht mehr gleichmäßig greifen und schlecht eingestellt sind, wenn die Schaltung nicht richtig eingestellt ist, wann die Kette auswechslungsbedürftig ist u. a. Außerdem verleiht es ein Gefühl der Sicherheit, wenn man sich selbst überzeugt hat, dass das Fahrrad vollständig in Ordnung ist.
Einmal im Jahr sollte man eine weitergehende Pflege des Fahrrads durchführen: Naben, Tretlager und Steuersatz sollten auseinandergenommen und neu mit Spezialfett eingefettet werden. Denn auch eine noch so gute Abdichtung verhindert nicht, dass im Laufe eines ganzen Jahres Wasser und Schmutzteile in diese Lager eindringen, die Funktion behindern und den Verschleiß beschleunigen.

Materialkontrollen

Vor jeder Ausfahrt sollte man aus Sicherheitsgründen folgende kurze Materialfunktionen überprüfen :

- runder und einwandfreier Lauf der Laufräder
- gleichmäßige Spannung aller Speichen
- fester Sitz der Naben-Schnellspanner(!)
- Überprüfung auf Reifenschäden: Defekte im Protektor, lose Gewebefäden in der Karkasse
- richtiger Reifendruck
- richtige Einstellung der Bremsen: Bremsschuhe parallel zur Felgenauflagefläche, dürfen Reifen nicht berühren; richtiger Sitz der Bremsklötze; kurze Hebelwege der Bremsgriffe, etwa ein Viertel des möglichen Hebelweges
- richtige Einstellung der Schaltung: sauberer Wechsel vom großen auf das kleine Kettenblatt und umgekehrt; sauberer Lauf der Kette hinten auf dem größten und kleinsten Ritzel ohne Berührung der Speichen oder des Rahmens

Diese Materialkontrollen nehmen nur wenige Minuten in Anspruch, sind aber notwendig, weil sie der eigenen Sicherheit dienen und einem die Gewissheit geben, dass man sich auf sein Rennrad verlassen kann.

Einfache Radwäsche: Abspritzen, Abwaschen mit Geschirrspülmittel, Abspritzen – fertig

Radpflege nach der Radwäsche: Einsprühen der beweglichen Teile mit Sprühwachs und Nachfetten der Kette mit Kettenfett

Bekleidung

Radsportbekleidung

Die Wettkampfbestimmungen für den Straßenrennsport der Sportordnung des Bundes Deutscher Radfahrer e. V. legen allgemein die Sportkleidung des Radsportlers wie folgt fest:
»Jeder Fahrer muss im Rennen ein Trikot mit Ärmeln und eine Rennhose tragen, zulässig sind auch einteilige Rennanzüge. Das Tragen eines Sturzhelms ist bei den Wettkämpfen sowie im Querfeldeintraining zwingend vorgeschrieben, für das Training auf der Straße wird der Sturzhelm dringend empfohlen. Eine Ausnahme ist nur in internationalen Rennen der Elite (= Fahrer von 23 Jahren und älter) bis einschließlich Klasse 1.4 oder 2.4 zulässig, hier ist der Sturzhelm nicht zwingend vorgeschrieben, wird aber empfohlen.«
Das ist natürlich nur die Mindestausstattung. Prinzipiell werden jedoch an die Bekleidung des Radsportlers umso mehr Ansprüche gestellt, je häufiger und länger er trainiert. Wer als Breiten- und Gesundheitssportler nur bei Sonnenschein fährt, kommt mit einem Mindestkleidungssortiment aus. Wer jedoch als Leistungs- und Hochleistungssportler ganzjährig bei jeder Witterung trainiert, muss auch für entsprechende Kleidung sorgen, etwa nach dem Motto: Es gibt kein schlechtes Wetter, sondern nur schlechte Kleidung. Aber auch aus gesundheitlichen Gründen ist es für alle Hobbyradsportler empfehlenswert, sich den Klimareizen unterschiedlicher Witterung auszusetzen.
Daher sollte das Kleidungssortiment eines gutausgerüstetenRadsportlers folgende Kleidungsstücke und Ausrüstungsgegenstände enthalten:

- Rennhosen (kurze und lange Hosen, »Beinlinge«)
- Radschuhe (Sommer- und Winterausführung, Regenüberschuhe, Thermoüberschuhe)
- kurze weiße Socken
- Trikots (kurz- und langärmlig, »Ärmlinge«)
- Spezialunterwäsche (Unterhemden)
- Handschuhe (Fingerhandschuhe im Sommer, warme Handschuhe im Winter)
- Kopfbedeckungen (Sturzhelm, Rennmütze, Stirnband, Wollmütze)
- Regenjacke, Windjacke
- Rennanzug (Zeitfahren, Bergrennen, Triathlon)
- Thermoanzug
- Schutzbrille

Radsportbekleidung im Sommer: Helm, Schutzbrille, Handschuhe, Renntrikot, Radsporthose, (weiße) Socken, Radsportschuhe

Rennhose

Sie ist das wichtigste Kleidungsstück des Radsportlers. Sie besteht aus einer Mischung teils dehnbarer Kunstfasern (z. B. Polyamid/Elasthan). Der frühere Sitzledereinsatz aus feinstem Hirschleder wurde von einem Synthetikeinsatz (als

Schutz für die Sitzfläche) abgelöst. Die Hosenbeine müssen faltenlos eng anliegen und sollen mindestens die Hälfte der Oberschenkel bedecken, damit deren Innenseite nicht am Sattel scheuert. Früher trug man Rennhosen mit Hosenträger, heute gibt es praktisch nur noch fertige Träger- oder Latzhosen, bei denen die Träger eingearbeitet sind. Auch wenn die modernen Synthetikeinsätze leichter zu pflegen und hygienischer sind als die früheren Hirschledereinsätze, sollte man auch heute Sitzbeschwerden vorbeugen, indem man die Sitzfläche des Gesäßes auch weiterhin (wie früher) mit einer speziellen Sitzcreme, einer Kamill-Glyzerincreme oder mit einfacher Vaseline vor jeder Ausfahrt einfettet. Dadurch beugt man Sitzbeschwerden, Haarbalgentzündungen und recht unangenehmen Furunkeln an der Sitzfläche vor. Bei Kälte schützt man die Beine entweder durch so genannte »Beinlinge«, die man wie Strümpfe über die Hosenbeine der kurzen Rennhose streift, oder durch eine lange Rennhose, die man über die kurze Rennhose trägt.

Radschuhe

Prinzipiell kann man auch mit Turnschuhen in die Rennpedale treten – bei den modernen Klickpedalen wird das jedoch zunehmend schwieriger. Ein Radsportler, der etwas auf sich hält, wird sich aber richtige Radschuhe zulegen, die genau zu den erwählten Pedalen passen. Der Radschuh dient nämlich der optimalen Kraftübertragung auf das Rennpedal. Dabei liegt die Hauptbelastung in der Gegend des Großzehengrundgelenks. Der Radschuh schützt dieses durch eine steife Sohle und gibt dem Fuß bei der Pedalumdrehung Führung durch die Pedalklammer an der Schuhsohle. Bei den zwei bis drei (bis sechs bei den Profis) Millionen Pedalumdrehungen, die ein Radsportler jährlich ausführt, sind das wichtige biomechanische Voraussetzungen. Falsches Schuhwerk und falsche Einstellung der Pedale können zu sehr hartnäckigen Sehnenbeschwerden der Achillessehne führen.

Ein guter Radschuh soll folgende Bedingungen erfüllen:

- Er soll dem Fuß möglichst eng anliegen, ohne den Blutkreislauf des Fußes zu behindern und ohne zu drücken.
- Er soll eine steife, gelochte Sohle haben, damit Luft zirkulieren und bei Regen das eingedrungene Wasser abfließen kann.
- Sein Gewicht soll möglichst gering sein.
- Über die Pedalklammern an der Schuhsohle soll er zusammen mit dem Pedal eine Einheit bilden.

Beim Kauf der Radschuhe sollte man sich nur für beste Qualität entscheiden. Radschuhe müssen unbedingt eng sitzen, deshalb kauft man sie eher knapp sitzend, lieber eine halbe Nummer kleiner; denn durch die Beanspruchung

Radsportbekleidung im Frühjahr: lange Radsporthosen oder Beinlinge, langärmlige Trikots oder Ärmlinge und evtl. Windjacke

Radsportschuh mit Klettverschluss

und durch Nässe dehnen sie sich noch etwas aus. Das Obermaterial besteht aus Leder oder Kunststoff, die Sohle häufig aus Carbon.
Man sollte mit den Radschuhen möglichst wenig zu Fuß gehen, da sonst die Festigkeit der Sohle nachlässt und die Pedalklammer beschädigt werden kann. Deswegen zieht man die Radschuhe erst kurz vor Besteigen des Rennrads an und zieht sie nach Ende der Fahrt sofort wieder aus. Es versteht sich von selbst, dass man seine Radschuhe sehr sorgfältig pflegt. Wenn sie bei Regenwetter nass geworden sind, stopft man sie mit Zeitungspapier aus und lässt sie an der Luft trocknen (nicht auf der Heizung), da sonst das Leder oder sonstige Material spröde und brüchig wird. Die an der Luft getrockneten Radschuhe bürstet man gründlich sauber und fettet sie, falls das Obermaterial aus Leder besteht, mit einer guten, imprägnierenden Lederschuhcreme ein.
Bei Regen schützt man Schuhe und Füße gegen Nässe durch spezielle Regenüberschuhe. Für die kalte Witterung gibt es Thermoüberschuhe. Bei Kälte kann man sich aber auch dadurch behelfen, dass man über die normalen Radschuhe ein Paar dicke Socken anzieht, in die man an der Fußsohle eine Öffnung für die Pedalklammer schneidet. Das sieht zwar etwas eigenartig aus, aber es ist einfach – und hilft.

Regenjacken – Schutz gegen Nässe und Kälte

Radsocken

Radsocken sind meistens weiß, eng anliegend und kurz. Radsportler benutzen normalerweise keine langen Socken, die bis zu den Waden reichen. Sie sollten kurz über den Knöcheln enden. Sie sind aus Wolle oder Baumwolle. Farbige Socken sehen bei einem Radrennfahrer nicht gut aus – aber heutzutage ist alles möglich. Für die kalte Jahreszeit gibt es Radsocken mit einer »Windstopper«-Funktion gegen den kalten Fahrtwind.

Renntrikot

Ein Trikot für Radsportler soll elastisch, luftdurchlässig, windabweisend und schweißableitend sein. Es soll dem Körper eng anliegen und trotzdem bequem sitzen, die Atmung nicht behindern und während der Fahrt nicht flattern. Bei der vornübergebeugten Sitzposition auf dem Rennrad soll das Trikot auch hinten den unteren Teil des Rückens gut bedecken. Früher trugen Radrennfahrer Trikots aus reiner Wolle oder aus Mischungen von Wolle mit Acrylgarnen. Heute sind alle Wolltrikots verschwunden, so gut wie alle Trikots bestehen aus Polyesterfasern.
Es wurden auch spezielle Trikots für die kalte Jahreszeit entwickelt mit einer ausgeprägten Windstopperfunktion im Brustbereich und mit einem guten Schweißabtransport im Rückenbereich. Die winddichte Windstopper-Memb-

ran wurde sogar so weit weiterentwickelt, dass sie genauso viel Schweiß verdampfen lässt wie ein warmes, aber nicht winddichtes Trikot.
Auf jeden Fall muss der entstehende Schweiß möglichst schnell nach außen abgeleitet werden, da man sich sonst bei den hohen Geschwindigkeiten im Radsport und bei Bergabfahrten unterkühlen und erkälten kann. Ideale Verhältnisse sind gegeben, wenn das Gewebe atmungsaktiv ist und trotzdem gegen Wind schützt.
In der Übergangszeit, bei Kälteeinbrüchen oder zum Warmfahren vor Radrennen kann man sich mit warmen »Ärmlingen« behelfen, die man über die Arme streift und so aus einem Kurzarm- ein Langarmtrikot macht.
Natürlich sollte man sich auch langärmlige Trikots für die kältere Jahreszeit zulegen.

Rennanzug

Rennanzüge werden vor allem bei Zeitfahren und Bergrennen benutzt, also bei Rennen, bei denen man keine großen Taschen für Proviant benötigt und man jedes Gramm Gewicht sparen möchte. Der Rennanzug besteht aus einem einzigen Stück, das vorne im Oberteil durch einen Reißverschluss verschlossen wird. Das Material besteht meist aus seidenglänzendem Kunststoff mit glatter Oberfläche und liegt eng an der Haut an. Dadurch wird ein geringer Luftwiderstandsbeiwert erreicht. Wichtig ist eine gute Passform, die man auch in Rennposition testen sollte. Ein hauteng anliegender Rennanzug zeichnet die Konturen des Körpers gnadenlos nach – und er verpflichtet. Man sollte damit mindestens so schnell sein, wie man aussieht.

Handschuhe

Auf Handschuhe sollte man nicht verzichten. Sie werden auch Bremshandschuhe genannt, weil Bahnfahrer, deren Rennmaschinen keine Bremsen besitzen, mit den Handschuhen auf den Vorderreifen greifen, um so zu bremsen. Straßenfahrer legen auch manchmal (manche sogar automatisch) die Handflächen auf die Reifen, aber nicht um zu bremsen, sondern um kleine Steinchen zu entfernen, die z. B. auf einer weichen Asphaltstraße hängen bleiben und zu Defekten führen können. Außerdem sind Handschuhe bei Stürzen ein wichtiger Schutz gegen schmerzhafte Abschürfungen der empfindlichen Haut an den Handflächen.
Die Handflächen dieser Handschuhe sind aus weichem Leder oder weichen Synthetikfasern, die Handrücken aus Strickstoff oder elastischen Kunststofffasern. Das Leder in der Handfläche ist abgesteppt, wirkt als dünne Polsterung gegen Stöße des Lenkers und verhindert Blasenbildungen bei längeren Fahrten. Es gibt auch Synthetikeinsätze mit Geleinlagen, um Lenkerstöße abzufangen. Die Fingerlinge sind kurz.
Handschuhe sollte man beim Kauf persönlich anprobieren, da sie eng anliegen, aber nicht einschnüren sollen. Zu große Handschuhe geben Falten beim Zugreifen am Lenker.
Für die kalte Jahreszeit gibt es spezielle Thermohandschuhe mit hoher Windstopperfunktion und auch solche, die wasserdicht sind.

Sturzhelm

»Ein Sturzhelm muss aus festem Material bestehen und hat den anerkannten Sicherheitsbestimmun-

Rennanzug – hauteng anliegend und mit aerodynamisch günstiger Oberfläche – für das Zeitfahren

Handschuhe sind wichtig für einen festen Griff am Lenker und als Schutz gegen Handflächenabschürfungen bei Stürzen.

gen der DIN-Norm 33954, der SNEL- und/oder ANSI-Norm oder vergleichbaren Normen zu entsprechen«, heißt es in den Wettkampfbestimmungen des Bundes Deutscher Radfahrer für den Straßenradsport.
Ein Sturzhelm besteht aus einer mehrfach gepressten Styroporhaube, über die außen eine Hartschale gelegt ist. Sturzhelme sind relativ leicht und gut belüftet. Sie werden mit einem Riemen unter dem Kinn befestigt. Sicherer sind aber Sturzhelme, die aus Kunststoff angefertigt sind und ein geringes Gewicht haben.
Für Amateurradrennen sind Sturzhelme vorgeschrieben. Obwohl sie für das Training auf der Straße nicht vorgeschrieben sind, sollte man auch beim Training nicht auf den schützenden Helm verzichten, besonders aber Radsportanfänger, da sie erfahrungsgemäß durch Stürze mehr gefährdet sind. Profis sind hier etwas großzügiger und verzichten oft auf den Kopfschutz – das sollte aber nicht zur allgemeinen Regel für alle werden.
Wichtig ist es, den Riemen des Schutzhelms fest genug anzuziehen, damit der Helm im Falle eines Sturzes nicht verrutscht.

Ein Sturzhelm ist allgemein zu empfehlen, weil der Kopf bei Stürzen am meisten gefährdet ist.

Rennmütze, Stirnband

Eine Rennmütze schützt den Kopf vor Sonneneinstrahlung, der Mützenrand saugt den Schweiß auf. Den gleichen Zweck erfüllt ein Stirnband. Es soll verhindert werden, dass der Schweiß in die Augen läuft. Eine Rennmütze dient aber auch als Schutz gegen Unterkühlung der Kopfhaut bei Bergabfahrten, vor allem bei heißer Witterung, wenn das Kopfhaar durch die vorhergehende Bergauffahrt schweißnass geworden ist. Für den Winter gibt es spezielle Wollmützen, die auch die Ohren schützen.

Regenjacke, Windjacke

Die Regenjacke schützt gleichzeitig gegen Nässe und Kälte. Früher wurde sie bei warmem Wetter von Radrennfahrern kaum benutzt, da man wegen der geringen Luftdurchlässigkeit darunter zu stark schwitzte. Heute gibt es jedoch wasserdichtes und zugleich einigermaßen luftdurchlässiges Material (z. B. Gore-Tex). Die Regenjacke hat vorne einen Klettverschluss und hinten ein verlängertes Rückenteil, das bis über das Gesäß hinabreicht. Zusammengerollt passt eine Regenjacke gut in eine Trikottasche. Bei Radrennen im Regen werden Regenjacken meist auf der Kuppe eines Berges vor einer langen Abfahrt angezogen oder von einem Helfer gereicht.
Windjacken sind winddicht und atmungsaktiver als Regenjacken, mit dem Nachteil, dass sie zwar wasserabweisend, aber nicht wasserdicht sind. Man benutzt sie meist in der Übergangszeit, also im Herbst oder Frühjahr.

Thermobekleidung

Bei größerer Kälte braucht man eine Bekleidung aus stark wärmendem, windundurchlässigem und kälteisolierendem Material. Aus diesem Material gibt es ganze Anzüge, einzelne Jacken, Latzhosen, Handschuhe, Überschuhe und Mützen. Praktisch sind auch Trainingsjacken, vorne mit einer winddichten Beschichtung aus einer Kunststoffmembran als Schutz gegen den Fahrtwind und hinten mit luft- und schweißdurchlässigem Gewebe. Da hohe Thermoeigenschaften auf Kosten der Elastizität und Bequemlichkeit der Kleidung geht, sollte man diese Art der Winterkleidung sehr genau anprobieren – und zwar auch in der geplanten Sitzposition auf dem Rennrad. Für unverwüstliche Radsportler gibt es auch Allwetteranzüge mit Kapuze, Mundschutz und wasserdichten Schweißnähten an Jacke und Hose, alles wasser- und winddicht und trotzdem einigermaßen atmungsaktiv.

Unterwäsche

Last not least muss man auch darüber reden. Bei Radsportlern beschränkt sich die Unterwäsche auf das Unterhemd, da unter der Rennhose kein Kleidungsstück getragen wird. Bei den Unterhemden haben sich ebenfalls spezielle Mischgewebe durchgesetzt, die den Schweiß ableiten, so dass die Haut trocken bleibt. Grundsätzlich sollte man immer unter dem Trikot, auch im Sommer, ein Unterhemd tragen. Bei Passfahrten empfiehlt es sich, ein trockenes Ersatzunterhemd mitzuführen, das man oben am Berg gegen das nassgeschwitzte Unterhemd austauscht, um sich bei der Abfahrt nicht zu erkälten. Bei kühler Witterung empfiehlt es sich, sogar mehrere Unterhemden und Trikots übereinander anzuziehen, da jede dazwischenliegende Luftschicht einen isolierenden Wärmeschutz darstellt.
Wenn man nicht über die obengenannte Thermokleidung verfügt, oder wenn es noch nicht so kalt ist, dass sie notwendig wäre, kann man sich auf einfache Weise vor dem Fahrtwind, z. B. bei Bergabfahrten, schützen, indem man vorne zwischen Trikot und Unterhemd eine kräftige Lage Zeitungspapier oder eine Plastiktüte schiebt. Stattdessen kann man sich auch einen so genannten »Windlatz« anschaffen, einen seitlich offenen Windschutz mit Windstopper, der die gleiche Funktion erfüllt.

Schutzbrillen

Wegen der hohen Fahrgeschwindigkeit sind die Augen des Radsportlers durch Wind, Fremdkörper, Insekten und Staub gefährdet. Deswegen tragen auch immer mehr Profis spezielle Schutzbrillen, die farblos oder zum zusätzlichen Schutz gegen das Sonnenlicht getönt sind. Spezielle Gläser sind bei Sonnenlicht getönt und hellen bei schlechtem Wetter auf.

Trainingsbekleidung

Sommer

Bei schönem Wetter trainiert man in üblicher Rennkleidung: Kurzärmlige Trikots, kurze Rennhosen, Radsportschuhe, kurze weiße Socken und Handschuhe mit kurzen Fingerlingen. Trikots in lebendigen hellen Farben sind weithin sichtbar und tragen so zur Unfallverhütung bei. Bei Trainingsfahrten mit längeren Steigungen oder

Eine modisch und aerodynamisch gestylte Schutzbrille sieht nicht nur gut aus, sondern bietet auch Schutz gegen Insekten, Staub und Wind.

Die Zeitung – ein altbewährter und einfacher Schutz gegen den kühlen Fahrtwind in der Abfahrt.

Die Windjacke:
Wenn man nassgeschwitzt auf der Kuppe von Pässen angelangt ist, ist die windundurchlässige, aber atmungsaktive Windjacke für die auskühlende Abfahrt ein willkommenes Kleidungsstück.

Pässen mit entsprechend langen Abfahrten sollte man ein zusätzliches trockenes Unterhemd mitnehmen – oder man schützt den Brustbereich bei der Abfahrt durch Zeitungspapier, das man zwischen Unterhemd und Trikot legt. Bei unsicherer Witterung nimmt man zusätzlich eine Regenjacke mit, die man auch gegen Unterkühlung bei der Abfahrt anziehen kann. Den Kopf sollte man durch einen Sturzhelm schützen.

Frühjahr, Herbst und Winter

Wenn es kühler ist, zieht man ein langärmliges Trikot an, auch zwei Trikots übereinander, da jede zusätzliche Luftschicht gegen Kälte schützt. Oder man zieht eine Windjacke mit Windstopperfunktion an. Wenn es langsam auch an den Beinen kalt wird, wird man zu einer langen Rennhose übergehen. Bei Temperaturen unter ca. 12 °C muss man besonders auch die Hände und Füße schützen: warme Handschuhe (z. B. Skilanglaufhandschuhe oder spezielle Thermohandschuhe), Socken mit Windstopperfunktion und zusätzlich Wollsocken, die man über die Radschuhe streift, Thermoüberschuhe oder spezielle Radsportwinterschuhe. Den Kopf schützt eine dicke Wollmütze, die bis über die Ohren reicht. Wenn sich die Temperaturen der Nullgradgrenze nähern, wird man die oben beschriebene Thermoschutzkleidung einsetzen; denn der Fahrtwind erhöht die Kältegrade nochmals um weitere 8–12 Grad. Aber nur noch wenige, ganz »harte« Radsportler werden bei diesen Temperaturen auf dem Fahrrad draußen trainieren. Denn es gibt ja im Winter noch andere Trainingsmittel, um leistungsfördernde Reize zu setzen (siehe S. 140 ff.).

Trainingsbekleidung bei kühlerer Witterung

Fahrtechnik

Die Harmonie zwischen menschlicher Maschine – unserem Organismus mit seinen Organsystemen, seiner biologischen Leistungsfähigkeit und Biomechanik – und der technischen Maschine, dem Fahrrad, ist der eigentliche Grund für die Faszination des Radfahrens überhaupt. Denn nur wenn Mensch und Fahrrad ideal aufeinander abgestimmt sind, kann die körperliche Leistungsfähigkeit optimal entfaltet werden. Voraussetzung dafür sind: richtige Sitzposition, ein guter Fahrstil und die Beherrschung der Kunst des Pedalierens. Ein guter Fahrstil vermittelt ein Gefühl der Stabilität und Leichtigkeit.

Die richtige Sitzposition

Durch Veränderungen am Sattel und am Lenker kann man die Feinabstimmung der individuellen Sitzposition vornehmen. Voraussetzung dafür ist jedoch, dass die fixen Punkte des Fahrrads zur eigenen Körpergröße passen: Rahmengröße und Rahmengeometrie, Lenkerbreite, Lenkervorbau und Tretkurbellänge.
Durch Einstellung von Sattelhöhe, Sattelneigung, Sitzlänge und Lenkerhöhe kann man die individuelle Sitzposition einstellen, deren Ziel es ist, während der Fahrt auf seinem Fahrrad alle Bewegungsabläufe locker und harmonisch ausführen zu können. Bei falscher Sitzposition ist der Bewegungsablauf gestört – und außerdem kann es zu Beschwerden kommen wie Muskelverkrampfungen der Arme, des Nackens und des Rückens, Schmerzen in den Oberschenkeln, Waden und Achillessehnen. So mancher Radprofi, der vom Straßenrennrad auf die etwas anders eingestellte Zeitfahrmaschine wechselte, musste eine minimal andere Sitzposition mit Sehnenreizungen, vor allem am Kniegelenk, bezahlen. All dies zeigt, wie wichtig die richtige individuelle Sitzposition ist.

Sattelhöhe

Der Sattel soll weder zu hoch noch zu niedrig sein. Das Bein soll im Kniegelenk beim Passieren des unteren Punktes der Pedalumdrehung weder zu stark gebeugt noch zu stark gestreckt sein. Die Beugung im Kniegelenk soll an diesem Punkt etwa 170°–175° betragen. Zunächst stellt man die Sattelhöhe nur nach ungefährer Schätzung ein. Danach gibt es drei Möglichkeiten, um die individuelle Sattelhöhe endgültig festzulegen:

Der Mensch auf dem Rennrad: Bei richtiger Sitzposition bilden Mensch und Rennmaschine eine harmonische Einheit.

Richtige Sattelhöhe:
Bei gestrecktem Bein soll man mit der Ferse bequem das Pedal erreichen (links) und mit der Fußspitze unter das Pedal gelangen (mitte) können. Auf dem Pedal soll das Bein leicht gebeugt sein (rechts).

1. Man setzt sich auf den Sattel, stellt das Pedal auf den untersten Punkt und setzt die Ferse auf das Pedal. Das Bein soll dabei gestreckt sein.
2. In der gleichen Position muss man mit gestrecktem Bein bei waagerechter Fußstellung die Fußspitze unter das Pedal schieben können.
3. Die Sattelhöhe – gemessen von der Mitte der Tretlagerachse bis zur Oberkante des Sattels – erhält man recht genau, wenn man die Schrittlänge mit dem Faktor 0,885 multipliziert.

Von dieser Standardeinstellung kann es gewisse Abweichungen geben. So stellen Radsportler, die regelmäßig sehr hohe Tretfrequenzen bevorzugen, den Sattel eher etwas tiefer ein. Andere wiederum, z. B. Radrennfahrer beim Zeitfahren, die mehr mit hohem Kraftaufwand treten, stellen ihren Sattel etwas höher ein. Die relativ höchste Satteleinstellung bevorzugen Sprinter, so dass ihre Beine am unteren Punkt der Pedalumdrehung fast gestreckt sind. Diese Einstellung ist für den »normalen« Radsportler aber zu hoch.

Ein neuer Sattel kann nach etwa 3000–4000 km einige Millimeter in der Sitzfläche nachgeben, so dass man die Sattelhöhe nach dieser Zeit nochmals kontrollieren sollte.

Sattelneigung

Im Normalfall wird der Sattel exakt horizontal eingestellt, also parallel zum Oberrohr des Rahmens, am besten mit einer Wasserwaage.

Sattelstellung

Schließlich wird noch die Stellung des Sattels durch Vor- oder Zurückstellen korrigiert. Die richtige Sattelstellung erhält man, wenn ein vorne über die Kniescheibe gelegtes Lot genau durch die Pedalachse der waagerecht stehenden Tretkurbeln fällt. Normalerweise liegt dann das von der Sattelspitze nach unten gefällte Lot etwa 2–5 cm – durchschnittlich 4 cm – hinter der Mitte der Tretlagerachse. Manche Radsportler stellen den Sattel auch etwas mehr nach vorne oder hinten, so dass das durch die Kniescheibe gefällte Lot mehr auf die Mitte zwischen Pedalachse und vorderem oder hinterem Pedalsteg trifft.

Richtige Sattelstellung:
Das Lot von der Kniescheibe soll bei waagerechter Tretkurbelstellung durch die Mitte der Pedalachse treffen (links).

Bei richtig eingestellter Sitzposition darf das Knie den Ellenbogen (fast) berühren, wenn die Tretkurbel parallel zum Schrägrohr des Rahmens steht (rechts).

Sitzlänge

Als Sitzlänge bezeichnet man den Abstand von der Sattelspitze bis zum Hinterrand des Lenkers. Sie hängt wesentlich auch von der Länge des Lenkervorbaus ab: Wenn die Tretkurbeln parallel zum Unterrohr (Schrägrohr) des Rahmens stehen und der Fahrer den Lenker unten umfasst, sollte noch etwas Spielraum von ca. 5 mm zwischen Knie und angewinkeltem Ellenbogen vorhanden sein. Allenfalls darf das Knie den Ellenbogen in dieser Stellung leicht berühren.
Prinzipiell sollte der Rahmen so kurz wie möglich, der Vorbau so lang wie möglich gewählt werden. Dann ist die größte Stabilität gegeben. Wenn man allerdings nach der genannten Feineinstellung des Sattels einen längeren Vorbau als 12–15 cm benötigen würde, ist die Rahmenlänge zu kurz.
Hinweis: Wenn Radsportler bei richtiger Rahmen- und Vorbaulänge trotzdem unter chronischen Rückenschmerzen leiden, kann manchmal ein um 5–10 mm kürzerer Vorbau helfen.

Die Sattelneigung wird sehr genau, meist horizontal-waagerecht eingestellt.

Lenkerhöhe

Bei Alltags- und Tourenrädern, bei denen man eine aufrechte Körperhaltung bevorzugt, kann der Lenker durchaus höher als der Sattel eingestellt sein. Je sportlicher man aber fährt und je höher die Fahrgeschwindigkeit wird, desto günstiger ist es, wegen des erhöhten Luftwiderstands eine gebeugte Körperhaltung einzunehmen – aber ohne dabei die Atmung zu behindern. Das hängt natürlich auch vom Körperbau und Trainingszustand ab: Radsportler mit Bauchansatz müssen mit einer relativ höheren Lenkerhöhe beginnen. Zu Anfang eines Radsporttrainings kann die Lenkerhöhe der Sattelhöhe entsprechen. Je mehr sich der Trainingszustand verbessert und das Bauchfett schwindet, desto tiefer kann der Lenker im Verhältnis zum Sattel stehen. Bei austrainierten Radsportlern mit einer sehr mageren Körperstatur kann der Lenker etwa 3–4 cm oder mehr unter der Sattelhöhe eingestellt werden. Dabei sollte man während der Fahrt in unterer Lenkergriffhaltung noch gut durchatmen konnen.
Die unteren Lenkergriffe des Rennlenkers selbst sollten etwa waagerecht eingestellt sein, allenfalls dürfen sie leicht nach hinten abfallen.

Lenkerhöhe:
Je nach Körperbau und Trainingszustand kann der Lenker einige Zentimeter unterhalb der Sattelhöhe eingestellt werden (meistens 3–4 cm oder mehr).

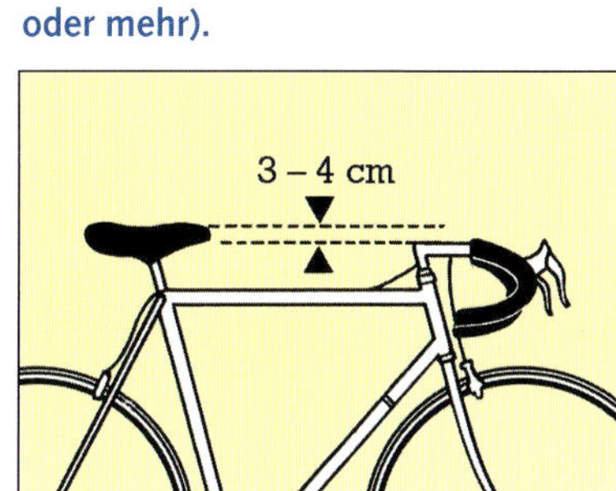

Die Widerstandskräfte beim Radfahren

Wenn man auf seinem Fahrrad die richtige Sitzposition gefunden hat, sollte man sich die richtige Fahrtechnik aneignen und sie immer weiter verbessern. Das geht leichter, wenn man weiß, worauf es ankommt, mit welchen Kräften man zu tun hat – und wie man sie am besten überwindet. Denn bei den im Radsport erreichten Geschwindigkeiten treten Widerstandskräfte auf, die es in diesem Ausmaß in anderen Sportarten nicht gibt. Im Wesentlichen sind es drei Widerstandskräfte, die es zu überwinden gilt:

- Rollreibungskraft
- Luftwiderstandskraft
- Hangabtriebskraft

Der Gesamtwiderstand in der Ebene hängt von der Luftwiderstandskraft und der Rollreibungskraft ab, während beim Bergauffahren noch die Hangabtriebskraft dazukommt. Wenn man weiß, von welchen Faktoren diese Kräfte abhängen, kann man durch entsprechende Maßnahmen den Einfluss dieser Widerstandskräfte vermindern. Denn die menschliche Leistungsfähigkeit, die diese Widerstandskräfte überwinden muss, ist begrenzt. Das bedeutet: Je geringer sich die Widerstandskräfte auswirken, desto größer ist die Leistung, die als vorantreibende Kraft übrig bleibt.

Widerstandskräfte beim Radfahren: Während die durch die Reifen bedingte Rollreibungskraft mit zunehmender Geschwindigkeit nur gering und linear ansteigt, nimmt der Gesamtwiderstand vor allem durch den zunehmenden Luftwiderstand steil und exponentiell zu.

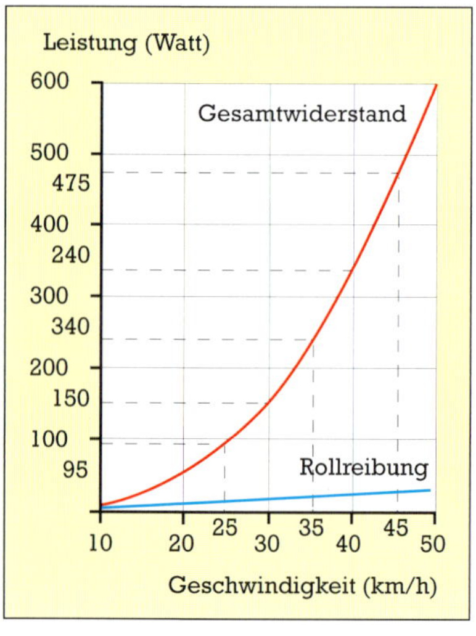

Radsportleistung in Watt

In der Technik ist es üblich, die Leistung in Kilowatt (kW) oder Pferdestärken (PS) anzugeben. Auch für die »menschliche Maschine« gelten die gleichen physikalischen Gesetze. Deswegen kann man diese Maßeinheiten auch benutzen, um die menschliche Leistung in Zahlen zu fassen.

Prinzipiell hängen diese Maßeinheiten wie folgt zusammen:

- 1 Pferdestärke (PS) = 735 Watt (W) oder
- 1 Pferdestärke (PS) = 0,735 Kilowatt (kW)
- 1 Kilowatt (kW) = 1000 Watt (W)
- 1 Kilowatt (kW) = 1,36 Pferdestärken (PS)
- 100 Watt (W) = 0,136 Pferdestärken (PS)

Untrainierte leisten im Alter von 20–30 Jahren etwa 2–3 Watt pro Kilogramm Körpergewicht, also etwa 150–250 Watt.

Für die tägliche Hausarbeit braucht man etwa eine Leistung von 100–120 Watt.

Wer zügig Treppen hinaufsteigt, leistet etwa 120–150 Watt.

Ein langsamer Dauerlauf bedeutet etwa eine Leistung von 120–180 Watt.

Radtourenfahrer mit einer Durchschnittsgeschwindigkeit von 25–30 km/h leisten etwa 180–220 Watt.

Radrennfahrer der Seniorenklasse mit einem durchschnittlichen Körpergewicht von 70 kg bringen ungefähr eine Leistungsfähigkeit von 300–350 Watt auf, um eine Durchschnittsgeschwindigkeit von 40 km/h zu erreichen.

Straßenradrennfahrer der Nationalmannschaft müssen eine Leistungsfähigkeit von mehr als 400–450 Watt besitzen.

Radprofis schließlich liegen noch darüber, meist über 500 Watt!

Kurzfristig, für einige Pedalumdrehungen, kann ein Radsprinter auch 1000 oder 1500 Watt aufbringen.

Man sieht, in welch großem Bereich die menschliche Leistungsfähigkeit je nach Trainingszustand variieren kann. Man erkennt aber auch, welche biologischen Voraussetzungen notwendig sind, um bestimmte Leistungen zu erreichen.

Fahrgeschwindigkeit, Körperhaltung und Leistung

Inzwischen kann man mit Computer-Trainingssystemen auch die Wattleistung während der Fahrt auf dem Rennrad messen. Wenn man von individuellen Unterschieden absieht, kann man etwa folgende Messwerte für die Wattleistung bei unterschiedlichen Geschwindigkeiten feststellen:

Für eine Geschwindigkeit von 30 km/h in der Ebene ohne Gegenwind muss man bei mittlerer Körperhaltung eine Leistung von etwa 150–180 Watt aufbringen, für 35 km/h eine von 220–250 Watt, und für 40 km/h schon eine Leistung von 300 Watt und darüber!

Das bedeutet: Ein durchschnittlich trainierter Radsportler mit einer Höchstleistung von 250 Watt vermag im Training in der Ebene maximal eine Geschwindigkeit von 30–35 km/h zu erreichen. Damit sollte er auch zufrieden sein. Wenn er schneller fahren möchte, muss er sich zwischenzeitlich im Windschatten eines Vordermannes ausruhen können, um dann kurzfristig über wenige Minuten seine Höchstleistung von 240–250 Watt als Führender zu erbringen.

Daraus kann man ermessen, welche Leistungen z. B. Radrennfahrer beim Zeitfahren aufbringen müssen, wenn sie allein, ohne Windschatten eines Vordermannes, gegen die auftretenden Widerstandskräfte ankämpfen müssen.

Für eine Alleinfahrt mit einer Durchschnittsgeschwindigkeit von 40 km/h braucht man nämlich eine Leistungsfähigkeit von ca. 300 Watt, die man als Dauerleistung über längere Zeit bringen muss. Ein Radprofi, der im Zeitfahren heute einen Schnitt von über 48–50 km/h erreicht, muss an die 500 Watt erbringen, und zwar als Dauerleistung!

Das kommt schon in die Nähe der Stärke eines Pferdes; denn 500 Watt sind mehr als zwei Drittel einer Pferdestärke (PS)!

Der gute Fahrstil

Bei geringen Geschwindigkeiten spielt es also keine Rolle, wie man auf seinem Fahrrad sitzt – möchte man meinen. Doch gerade ein guter Fahrstil ist die Voraussetzung dafür, dass einem das Radfahren richtig Spaß macht; denn durch einen guten Fahrstil kann man ohne zusätzliches Training seine Leistung bereits deutlich verbessern – und damit die Lust am Radfahren vergrößern.

Für den Radrennfahrer ist ein guter Fahrstil geradezu eine Voraussetzung seines Erfolges. Er muss versuchen, die auftretenden Widerstandskräfte möglichst niedrig zu halten und sie dann mit möglichst ökonomischem Krafteinsatz zu bewältigen. Der Fahrstil kann sogar zu einem persönlichen Merkmal eines Radrennfahrers werden: Wie es nicht zwei Menschen gibt, die einen völlig gleichen Gang haben, so gibt es auch kaum Radsportler, die in ihrem Fahrstil völlig übereinstimmen. Der Kundige sieht von weitem, wer da fährt, auch wenn er noch keine genaueren Einzelheiten erkennen kann. Jeder Mensch hat seine individuellen Eigenheiten in Kör-

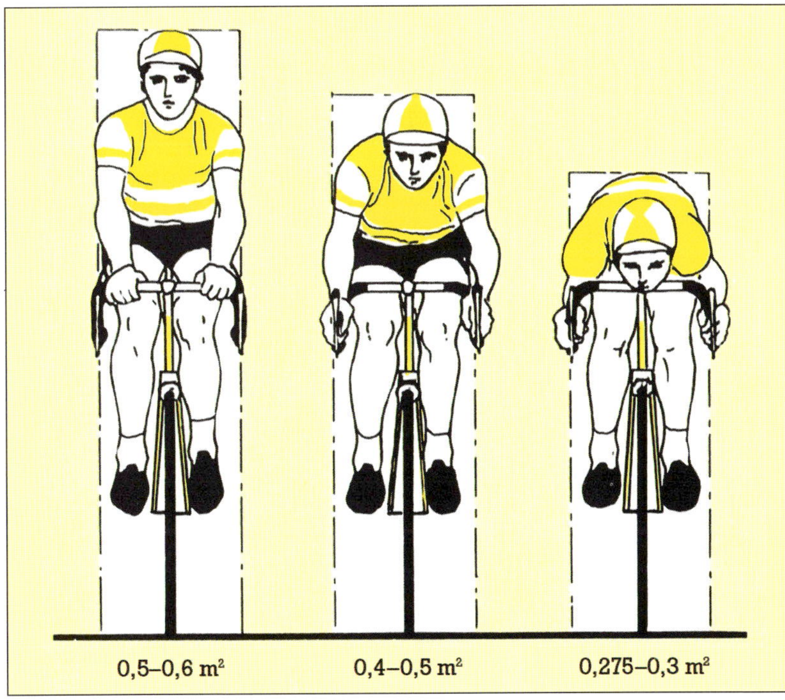

Windangriffsflächen bei unterschiedlichen Körperhaltungen auf dem Rennrad

Die aerodynamische Körperhaltung ist vor allem beim Zeitfahren ein wichtiger Faktor.

perbau, Temperament und Bewegungsablauf – und doch gibt es allgemeine Gesetzmäßigkeiten, die einen guten Fahrstil kennzeichnen, nämlich die Körperhaltung und die Beinarbeit.

Körperhaltung

Der Luftwiderstand wächst mit dem Quadrat der Geschwindigkeit, das heißt, wenn man doppelt so schnell fährt, muss man den vierfachen Luftwiderstand überwinden. Daher muss mit zunehmender Geschwindigkeit die Körperhaltung auf dem Fahrrad immer aerodynamischer werden. Bei geringer Geschwindigkeit mit dem Alltags- oder Tourenfahrrad, aber auch beim Spazierenfahren mit dem Rennrad kann man ohne großen Nachteil eine hohe Körperhaltung einnehmen.

Bei mittlerer Geschwindigkeit (20–30 km/h) wird man schon eher wegen des zunehmenden Luftwiderstands eine mittlere Körperhaltung bevorzugen.

Schließlich ist es bei weiter zunehmender Geschwindigkeit (30–40 km/h oder mehr) geradezu notwendig, in eine tiefe Körperhaltung überzugehen.

Ein guter Fahrstil ist ein Gütezeichen eines guten Radrennfahrers.

Die verschiedenen Körperhaltungen unterscheiden sich durch ihre unterschiedlichen Windangriffsflächen (siehe Abb.). Bei fast aufrechter, hoher Körperhaltung mit oberer Lenkergriffhaltung (»Oberlenkerhaltung«) beträgt die Windangriffsfläche etwa 0,5–0,6 m^2. In dieser Haltung kann auch der Untrainierte gut durchatmen – auch wenn das Bauchfett (noch) etwas vermehrt ist. Bei der mittleren Körperhaltung beträgt die Windangriffsfläche etwa 0,4–0,5 m^2. Der Oberkörper ist etwas nach vorne gebeugt. Rennradfahrer umfassen in dieser Stellung mit den Händen die Bremsgriffe von oben (»Bremsgriffhaltung«). Auch diese Haltung ist noch recht locker. Bei der tiefen Körperhaltung vermindert sich die Windangriffsfläche bis auf 0,275–0,3 m^2. Die Kopffläche verschwindet ganz in der Fläche des Rumpfes. Der zeitfahrende Radprofi spürt die auftretenden Luftwirbel im Nacken, wenn er den Kopf zu weit hebt. In dieser Haltung umfasst man den Lenkerbügel an den Lenkerbögen (»Unterlenkerhaltung«). Falls man noch zu viel Bauchfett hat, wird in dieser Haltung die Atmung möglicherweise behindert.

Wenn zum Beispiel ein durchschnittlich trainierter Radsportler eine maximale Leistungsfähigkeit von 200–250 Watt besitzt, kann er in der Ebene in hoher Körperhaltung etwa 30–32 km/h erreichen, in mittlerer Körperhaltung aber bereits 33–36 km/h und bei tiefer Körperhaltung vielleicht sogar 38–40 km/h.

Außer der Körperhaltung ist auch der Bewegungsablauf auf dem Fahrrad ein wichtiges Kennzeichen eines guten Radsportlers: Der Oberkörper sollte in den verschiedenen Körperhaltungen beim Tretvorgang völlig ruhig gehalten werden und auch bei größerem Krafteinsatz nicht hin- und herpendeln. Am besten ist der Fahrstil, wenn sich der Oberkörper beim Treten überhaupt nicht bewegt. Nur dann kann der Lenker völlig ruhig gehalten werden, und nur so kann man ruhig und zuverlässig geradeaus fahren, ohne seitliche »Wellen«. Während der Fahrt sind die Arme leicht gebeugt, um Stöße und Erschütterungen abzufangen. Dabei sollte man immer das Gefühl haben, völlig locker auf dem Fahrrad zu sitzen und es souverän zu beherrschen. Während der Fahrt sollte man die Muskeln der Arme, des Schultergürtels und des Nackens immer wieder, fast automatisch, entspannen. Es ist ganz besonders wichtig, diesen ruhigen Fahrstil immer wieder weiter geduldig zu vervollkommnen – vor allem am Anfang; denn Fehler, die sich am Anfang einschleichen, sind später kaum mehr auszumerzen. Schnell und unruhig mit großen Gängen zu fahren, ist keine Kunst – man sollte aber zunächst lernen, langsam, locker und in möglichst gutem, eleganten Fahrstil zu trainieren. Nicht ausgemerzte Fehler im Fahrstil können nämlich verhindern, dass man seine persönliche Leistungsgrenze jemals erreicht.

Beinarbeit

Die Beine sollen sich beim Radfahren wie zwei Pleuelstangen in zwei zum Rahmen parallelen Ebenen bewegen, die Knie dicht am Oberrohr des Rahmens. Diese ideale Beinarbeit ist nur möglich, wenn die Füße richtig in den Pedalen fixiert sind: Das Großzehengrundgelenk möglichst genau über der Pedalachse, die Längsachse der Radsportschuhe senkrecht zur Pedalachse und damit parallel zum Rahmen. Niemals sollten die Schuhspitzen nach außen zeigen, eher noch etwas nach innen. Nur dann können die Füße richtig parallel zur Ebene des Rahmens arbeiten – eine wichtige Voraussetzung für einen vollkommenen Fahrstil.

Auch wenn man auf dem Alltags- oder Tourenrad fährt, sollte man sich um einen guten Fahrstil mit paralleler Beinführung bemühen, nicht nur weil es gut aussieht, sondern auch weil es biomechanisch für den Bewegungsablauf am günstigsten ist.

Insbesondere sind es folgende drei Punkte, auf die man bewusst achten und regelmäßig korrigieren sollte:

- Die Beine sollten immer parallel zueinander arbeiten, Beinführung betont eng am Rahmen. Zwischen Oberrohr des Rahmens und Innenkante der Knie sollte kaum ein Zwischenraum sein.
- Ein guter Stilist lässt nur die Beine arbeiten, der übrige Körper bleibt völlig ruhig. Weder Kopf noch Rumpf sollten hin und her pendeln. Ausnahmen gibt es nur bei intensiveren Belastungen, im Sprint und beim Bergauffahren.

Beinarbeit:
Beim Radfahren arbeiten die Beine wie zwei Pleuelstangen eng am Oberrohr des Rahmens und parallel zur Rahmenfläche.

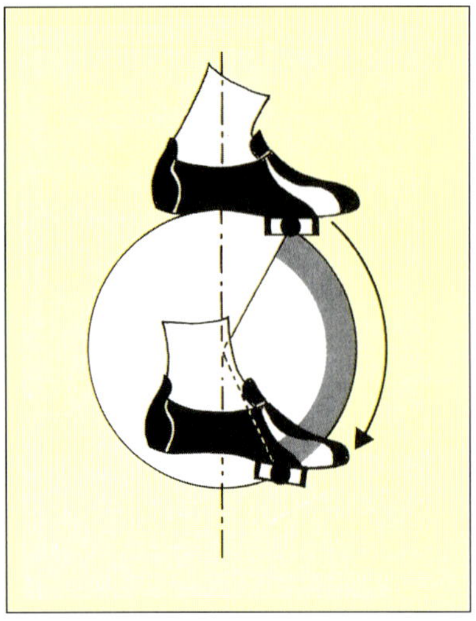

Drückt man das Pedal beim Tretvorgang nur von oben nach unten, nutzt man nur ein kleines Segment der Pedalumdrehung zur Kraftübertragung aus.

Wenn man die Beweglichkeit im Fußgelenk verbessert und beim Tretvorgang die Fußspitze hebt und senkt und schließlich noch den Fuß nach hinten oben zieht, kommt der »runde Tritt« zustande, der die gesamte Pedalumdrehung zur Kraftübertragung ausnutzt.

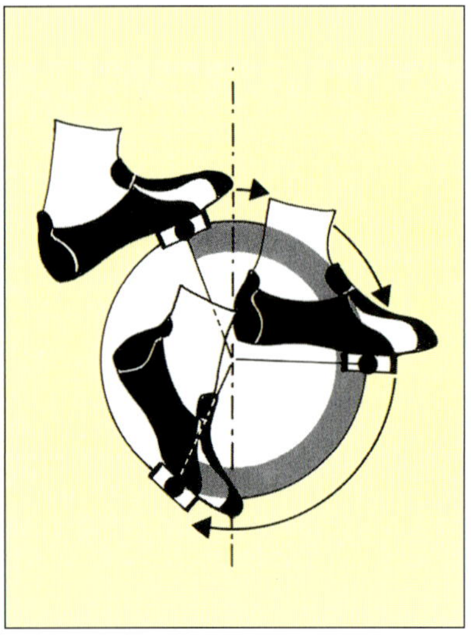

- Die Beinkraft sollte während des Tretens möglichst gleichmäßig auf die Pedale verteilt werden.

Der runde Tritt

Schließlich muss die wichtigste Fähigkeit des Radfahrers erlernt und immer wieder geübt werden: das richtige Pedalieren, den lockeren, leichten »runden Tritt«, den die Franzosen fast andächtig »la souplesse« nennen. Auch Radprofis müssen das Pedalieren zu Beginn eines jeden Jahres immer wieder aufs Neue üben. Das mag für alle Radsportler ein Trost sein und zugleich ein Ansporn, es ihnen gleichzutun.

Die Kraft, die das Fahrrad vorwärts treibt, wird von den unteren Gliedmaßen auf die Pedale übertragen und von dort über Tretkurbeln, Tretlager, Kettenblätter, Kette, Zahnkranz, Hinterradnabe und das Hinterrad. Im Wesentlichen sind es die Beine, die diese Kraft übertrage. Sie sind aus drei Segmenten zusammengesetzt: Oberschenkel, Unterschenkel und Fuß, die untereinander durch Gelenke verbunden sind und sich abwechselnd beugen und strecken, aufgrund des Zusammenspiels der entsprechenden Muskeln, die sich abwechselnd zusammenziehen und entspannen. Rein technisch gesehen ist das Pedalieren ein Zusammenspiel von drei Hebeln.

Der erste Hebel ist der Oberschenkel. Durch das Hüftgelenk ist er mit dem Becken verbunden, das im Sitzen auf dem Sattel einen fixen Punkt darstellt, von dem die Bewegung ausgeht. Beim Pedalieren führt der Oberschenkel durch Beugung und Streckung im Hüftgelenk eine rhythmische Bewegung von oben nach unten und von unten nach oben aus.

Der zweite Hebel ist der Unterschenkel, der oben im Kniegelenk und unten im Sprunggelenk endet. Der dritte Hebel ist der Fuß, der im Sprunggelenk mit dem Unterschenkel verbunden ist. Die Kraft wird über das Großzehengrundgelenk auf den Schuh und das Pedal übertragen. Dabei führt der Fuß eine lockere Auf- und Abbewegung im Sprunggelenk aus.

Die Beine wurden von der Natur eigentlich für das Laufen und Gehen geschaffen – aber sie eignen sich auch vorzüglich zum Pedalieren, das man genauso wie das Laufen durch ständige Übung lernen muss, um mit möglichst wenig Kraftverlust möglichst viel Energie in die mechanische Energie der Vorwärtsbewegung umwandeln zu können. Diese ideale Fähigkeit wird nur erreicht, wenn die Regeln eines guten Fahrstils beachtet werden. Wenn man diese beherrscht, kommt nun ein sehr wichtiger Punkt hinzu, nämlich die Fähigkeit, die Kraft während der gesamten Pedalumdrehung gleichmäßig von den Füßen auf die Pedale zu übertragen, möglichst während der ganzen 360° der Pedalumdrehung. Wer die Pedale nur von oben nach unten drückt, nutzt nur ein kleines Segment von etwa 90° statt der gesamten 360° aus (siehe Abb.). Außerdem ergibt sich daraus ein unruhiger, hackender Stil, der völlig unökonomisch ist. Beim eleganten Pedalieren werden Druck und Zug während des Tretvorgangs gleichmäßig und möglichst senkrecht zur Tretkurbel ausgeübt (siehe Abb.). Dieses technische Idealbild kann man zwar nicht vollkommen erreichen, aber der gute Pedaleur kann sich diesem Idealbild möglichst weit annähern, wenn er es kennt: In der Abbildung rechts sind in zwölf aufeinander folgenden Pedalstellungen die auf das Pedal wirkenden Kräfte in Form von Kräfteparallelogrammen eingezeichnet. Die ideale Kraftrichtung ist jeweils durch den kräftigen Pfeil A–B senkrecht zur jeweiligen Tretkurbelstellung gekennzeichnet. Diese ideale Kraft resultiert aus den beiden Kräften A–C (Vertikalkraft) und A–D (Horizontalkraft). Vertikalkräfte werden durch Druck nach unten oder durch Zug nach oben, Horizontalkräfte durch Druck und Zug nach vorne oder hinten wirksam. Man sollte sich die Kräfte der verschiedenen Phasen des Tretvorgangs immer wieder bewusst machen, um seinen runden Tritt immer weiter zu verbessern.

Der wichtigste Körperteil beim Pedalieren ist der Fuß: Um die Achse des oberen Sprunggelenks führt er ständig eine lockere Auf- und Abbewegung aus. Dabei zeigt die Fußspitze während des Tretvorgangs abwechselnd nach oben und nach unten. Damit dies möglich ist, muss der Fuß im Sprunggelenk locker und ausreichend beweglich sein. Am extremsten ist diese Bewegung, wenn man eine große Übersetzung in der Ebene oder im Sitzen bergauf fährt. Je schneller die Tretgeschwindigkeit wird, umso weniger Zeit bleibt, die Fußspitze in der Nähe des oberen toten Punktes anzuheben. Der Fuß wird an dieser Stelle zunehmend waagerecht und ist schließlich bei sehr hohen Tretfrequenzen ständig nach unten gerichtet, der Tritt wird »spitzer« (siehe Abb.).

Am Anfang lernt man die Auf- und Abbewegungen im Sprunggelenk am besten mit langsamer Tretfrequenz und niedrigem Krafteinsatz, um dem Bewegungsablauf bewusst folgen zu können. Dann wird die Umdrehungszahl gesteigert, wobei man versucht, dieses lockere Spiel im Sprunggelenk beizubehalten, und das geht wirklich nur, wenn sich der Fuß im Sprunggelenk tatsächlich völlig locker auf- und abbewegt.

Eine gute Übung ist es, dieses Gefühl für den runden Tritt zunächst getrennt jeweils nur mit einem Bein zu üben. Man nimmt z. B. den linken Fuß aus dem Pedal und tritt allein mit dem rechten. Dabei versucht man, das Pedal gleichmäßig rund in Bewegung zu halten. Bei dieser Übung spürt man, welche Kräfte dabei notwendig sind. Vor allem muss man das Pedal nach Überwindung des unteren toten Punktes aktiv nach hinten oben ziehen. Nach einigen hundert Metern wechselt man und übt mit dem linken Fuß. Wenn man anschließend wieder mit beiden Füßen tritt, wird man bemerken, wie sich das Gefühl für den runden Tritt verbessert hat. Sobald

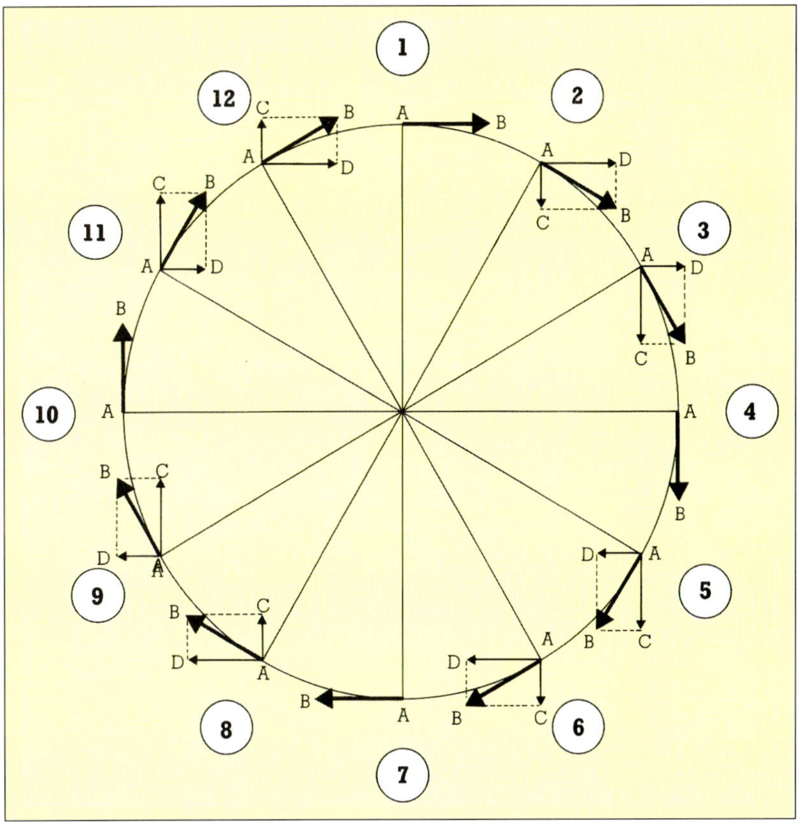

Kräfte bei der Pedalumdrehung: Bei jeder Phase des Tretvorgangs müssen Horizontal- (A–D) und Vertikalkräfte (A–C) in einem bestimmten Verhältnis zueinander stehen, damit die resultierende Tretkraft (A–B) möglichst groß wird. Die Länge der Pfeile gibt die Größe der Kräfte an. Man erkennt, dass der günstigste Hebelarm der Tretkraft immer senkrecht zur Tretkurbel gerichtet ist.

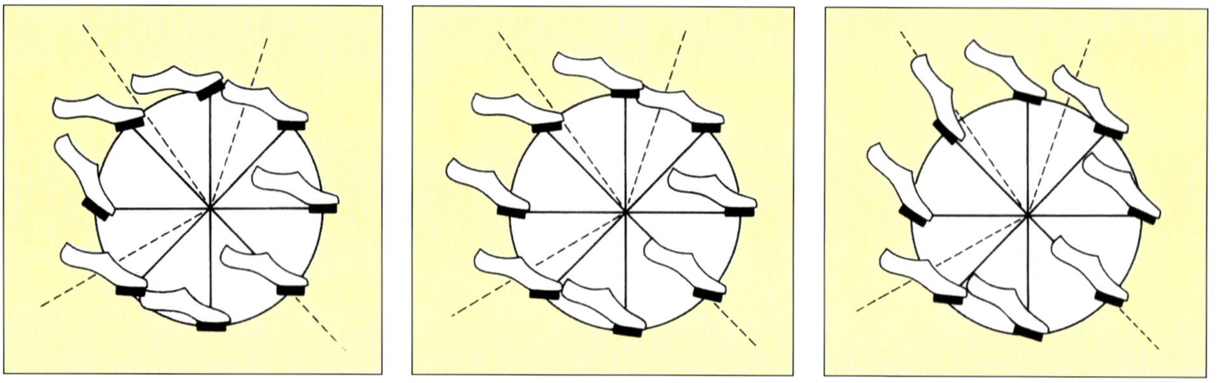

Mit zunehmender Tretfrequenz wird der Tritt »spitzer«, aber er bleibt »rund« und verteilt die Kraft möglichst gleichmäßig über die gesamte Pedalumdrehung.

man das Pedalieren mit jedem Fuß einzeln beherrscht, sollte man nun das Zusammenspiel beider Beine trainieren und darauf achten, dass das Bein, das den Zug nach oben ausführen soll, auch wirklich angehoben wird. Denn ein Bein wiegt immerhin 12–15 kg – also fast 20% des Körpergewichts. Man kann sich vorstellen: Wenn man das gegenüberliegende Bein beim Tretvorgang mit hochdrücken muss, weil es sich nicht aktiv anhebt, geht viel Tretkraft verloren.

Es ist also wirklich wichtig, den Fuß auf dem von unten nach oben gehenden Pedal nicht passiv ruhen zu lassen, sondern tatsächlich einen aktiven Zug nach oben auszuüben. Das geht aber nur, wenn der Fuß auf dem Pedal fixiert ist.

Die Klasse eines Radsportlers liegt weniger in der absoluten Kraft, mit der er die Pedale nach unten drücken kann, sondern in seiner Fähigkeit, die Pedalumdrehungen locker, rund und mit hoher Umdrehungszahl (Tretfrequenz) ausführen zu können. Nur so kann er seine Ausdauerleistungsfähigkeit voll entfalten und bei Radrennen auf das wechselnde Tempo und Attacken ohne Ermüdung der Beine locker reagieren. Auch wenn zusätzliche Kraftkomponenten hinzukommen – z. B. bei Sprints, Ausreißversuchen und beim Bergauffahren –, sollte die Lockerheit gegenüber der reinen Kraft im Vordergrund stehen.

Diese Fähigkeit, mit hoher Tretgeschwindigkeit locker, rund und ökonomisch zu treten, muss man sich durch lange, geduldige Übung aneignen. Dazu gibt es mehrere Methoden. Die üblichste ist, lange Strecken mit kleinen Übersetzungen zu fahren. Auch Spitzenradsportler und Radprofis üben diesen runden Tritt mit kleinen Übersetzungen (z. B. 42/17 oder 42/16) während der Vorbereitungsperiode und im Frühjahr, wobei sie mit dieser Technik mehrere tausend Kilometer, meist in südlichen Ländern in flachem Gelände an der Meeresküste, zurücklegen, bevor sie ins offizielle Trainingslager gehen und dort weiter den lockeren runden Tritt trainieren. Allerdings werden bei den Profis heute schon sehr frühzeitig (schon im Januar) auch »Programme« mit größeren Übersetzungen und hoher Tretfrequenz absolviert. Man kann aber hohe Übersetzungen mit hoher Tretfrequenz nur dann wirklich rund und locker treten, wenn man es vorher mit kleinen Übersetzungen genügend lange geübt hat.

Einige Profis trainieren auch gerne gelegentlich hinter einem Moped, um ihren »Tritt« zu verbessern. Nach ihrer Erfahrung fühlt man sich dabei mit hohen Gängen (z. B. 53/14) hinter dem Moped in den Beinen erst richtig wohl, wenn der Tritt richtig »rund« wird und die Tretfrequenz 100–105 Pedalumdrehungen pro Minute erreicht.

Es gibt noch ein weiteres altbewährtes Rezept aus früheren Zeiten, das man nicht ganz vergessen sollte, weil es auch heute sehr nützlich sein kann, um sich einen runden Tritt anzueignen: das Training mit der »starren Nabe«, das heißt mit einer Nabe, die keinen Freilauf hat. Mit einer solchen Hinterradnabe muss man daher ständig ohne Pause treten, auch bergab. Die notwendige Folge ist, dass man unbedingt rund treten muss, da sonst die Fahrweise unruhig wird und man auf dem Sattel zu »hüpfen« beginnt. Prinzipiell kann jedes Fahrrad mit einer starren Hinterradnabe ausgestattet werden. Dazu wird auf dem Hinterrad ein geeigneter Zahnkranz (z. B. 17 Zähne) montiert. Die Kette wird gekürzt, damit sie gerade lang genug ist, wenn sie vorne über das kleine Blatt (42 Zähne) läuft. Wer mit einer solchen starren Nabe 1000–1500 km zurückgelegt hat, wird zumindest das Gefühl für den runden Tritt erworben haben. Danach kann der Bewegungsablauf mit der gewohnten Leerlaufnabe weiter vervollkommnet werden. Besonders für Jugendliche ist das Training mit starrer Nabe zu Beginn des Frühjahrstrainings zu empfehlen, weil eine starre Nabe eine gewisse Geschicklichkeit verlangt (man muss immer treten, teils mit sehr hohen Tretfrequenzen, auch bergab), und weil gerade Jugendliche den runden Tritt frühzeitig lernen sollten, damit er in Fleisch und Blut übergeht.

Man sieht, das Pedalieren oder der runde Tritt (wie auch die optimale Tretgeschwindigkeit, siehe S. 95) sind ein wichtiger Bestandteil der hohen Kunst des Radfahrens. Es bedarf geduldiger, bewusster und ausdauernder Übung, um diese Fähigkeit zu erlernen, bis man sie im Unterbewusstsein beherrscht – und erst dann kann man von sich behaupten, Rad fahren zu können.

Ein guter Fahrstil und lockeres Pedalieren – auch bei großen Gängen – zeichnet die Großen des Radsports aus.

Die optimale Fahrtechnik

Wenn man die richtige Sitzposition eingestellt, sich um einen guten Fahrstil bemüht und gelernt hat, die auftretenden Widerstandskräfte möglichst optimal zu überwinden, sollte man auch seine Fahrtechnik immer weiter verbessern. Dazu ist es notwendig, stets wachsam die immer neuen Gegebenheiten von Straßenverlauf, Straßenbeschaffenheit (Schlaglöcher!) und Gelände zu beherrschen. Man muss auch lernen, richtig bergauf und bergab zu fahren und sich in einer Gruppe richtig zu verhalten, bei unterschiedlichen Wind- und Wetterbedingungen. Eine gute Fahrtechnik ist zur optimalen Leistungsentfaltung, aus Gründen der Sicherheit und zur Unfallverhütung äußerst wichtig, denn Unfälle im Radsport ereignen sich meist nicht aufgrund von Materialdefekten, sondern aufgrund menschlichen Versagens.

Kurvenfahren

Mit dem Fahrrad sind hohe Geschwindigkeiten möglich, vor allem beim Bergabfahren. Wenn man zu schnell in eine Kurve fährt, kann man leicht aus ihr hinausgetragen werden, weil man die physikalischen Fliehkräfte unterschätzt hat. Auch kann man stürzen, wenn das kurveninnere Pedal den Boden berührt oder wenn man in einer Kurve Sand oder Schotter übersieht. Es kann auch gefährlich werden, zum falschen Zeitpunkt in der Kurve zu bremsen. Bremsen sollte man jeweils vor der Kurve, nicht in der Kurve.

Der Radrennfahrer muss lernen, jede Kurve mit optimaler Geschwindigkeit zu durchfahren. Allein wegen der Häufigkeit – und auch wegen ihrer Gefährlichkeit – sollten Kurven niemals unterschätzt werden. Die richtige Kurventechnik ist sehr wichtig, ab einer gewissen Geschwindigkeit sogar lebenswichtig.

In den Kurven wirkt die Zentrifugalkraft nach außen. Dabei sind folgende Kräfte wirksam:

- m = Masse (Gewicht), gemessen in Kilogramm
- r = Radius der Kurve
- w = Winkelgeschwindigkeit in der Kurve. Die Zentrifugalkraft Fz hängt mit den genannten Faktoren wie folgt zusammen: $Fz = m \times w^2 : r$

Aus dieser Formel lassen sich folgende Grundsätze für die Größe der Zentrifugalkraft ableiten:

- Sie wird umso größer, je größer das Gesamtgewicht von Radsportler und Rennmaschine ist.
- Sie wächst mit dem Quadrat der Geschwindigkeit.
- Sie ist umso größer, je kleiner der Kurvenradius ist, je stärker die Kurve gekrümmt ist.

Durch die richtige Fahrtechnik muss man der Fliehkraft in der Kurve entgegenwirken, um nicht aus der Kurve hinausgetragen zu werden. Zunächst muss man Körper und Rennmaschine nach der Seite der Kurve neigen und seine Posi-

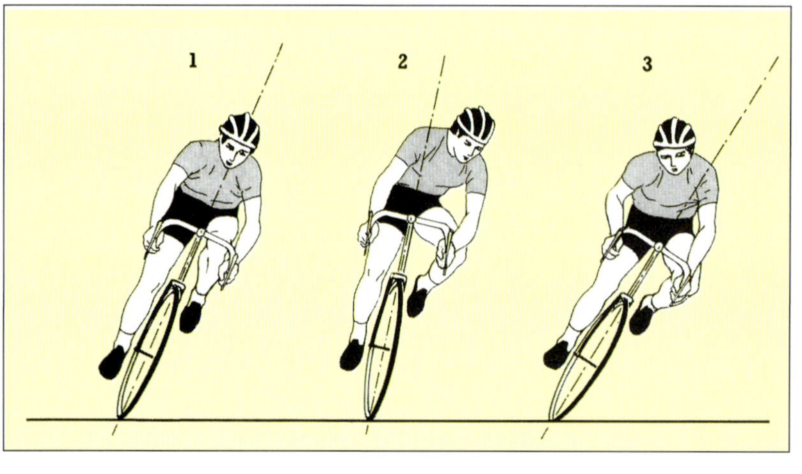

Fahrtechniken in der Kurve:
1 Rumpf und Rennrad in gleicher Schräglage
2 Rumpf stärker in die Kurve geneigt als das Rennrad
3 Rennrad stärker in die Kurve geneigt (»gekippt«) als der Rumpf

In allen Techniken kann zusätzlich das kurveninnere Knie hinausgestellt werden, um der Fliehkraft entgegenzuwirken.

tion auf dem Fahrrad stabilisieren. Dazu wird das kurvenäußere Bein durchgestreckt, um durch Druck auf das kurvenäußere Pedal die Stabilität zu vergrößern. Zusätzlich wird die Stabilität auf dem Rennrad in der Kurve vergrößert, wenn man in der unteren Lenkergriffhaltung fährt und das Gewicht auf dem Sattel nach hinten verlagert, um das Hinterrad stärker zu belasten und dadurch seine Bodenhaftung zu vergrößern. Der Lenkereinschlag wird umso geringer, je höher die Geschwindigkeit wird. Auch aus diesem Grund muss bei höherer Geschwindigkeit die Neigung von Mensch und Fahrrad zur Kurveninnenseite entsprechend verstärkt werden. Die maximale Neigung, die man mit dem Rennrad auf trockenem Asphalt einnehmen kann, beträgt etwa 73°, auf Beton etwa 80°. Bei stärkerer Neigung besteht die Gefahr, dass die Laufräder wegrutschen.

Im Idealfall sollen Mensch und Fahrrad in der Kurve die gleiche Schräglage haben. Es gibt aber auch eine Kurventechnik, in der der Oberkörper aufrechter bleibt und das Fahrrad stärker geneigt wird. Auch kann man sich mit dem Oberkörper nach der Kurveninnenseite neigen und das kurveninnere Bein hinausstellen. Diese Technik kann auch als Reserve dienen, wenn man erst in der Kurve feststellt, dass man doch zu schnell in sie hineingefahren ist.

Beim Bergabfahren ist auch zu bedenken, dass die Haftungskräfte mit sehr stark aufgepumpten Reifen vermindert sind, ebenso wenn die Fahrbahnfläche durch Regen oder Sand rutschig wird.

Die Zentrifugalkraft kann vermindert werden, wenn man die Fahrlinie in der Kurve so legt, dass der Radius der Kurvenkrümmung größer wird. Das wird auch als »Schneiden« der Kurve bezeichnet. Kurven dürfen nur geschnitten werden, wenn während eines Radrennens die Straße vollkommen gesperrt ist. Auf öffentlichen Straßen dürfen Linkskurven höchstens bis zum Mittelstreifen geschnitten werden. Trotzdem sollte man bei jeder Kurve immer noch mindestens einen Sicherheitsspielraum von einem Meter haben, um Hindernissen ausweichen zu können. Sieht man plötzlich Sand oder Rollsplitt vor sich, muss man sich kurz aus der Schräglage aufrichten, etwas mehr geradeaus fahren und dann mit beiden Bremsen abbremsen; denn es ist sehr gefährlich, in der Schräglage zu bremsen. Wer bei Radrennen in einer Gruppe fährt, sollte versuchen, vor der Kurve nach vorne zu fahren, um sich die ideale Fahrlinie selbst aussuchen zu können. Falls dies nicht möglich ist, sollte man zumindest an der inneren Kurvenseite bleiben. Wer nämlich an der Außenseite fahren muss, kann durch einen abrutschenden oder stürzenden Fahrer selbst zu Fall gebracht werden.

Bei Rennrädern mit Schlauchreifen muss man sicher sein, dass beide Reifen gut aufgeklebt sind. Wenn man nach einem Defekt mit dem Ersatzschlauchreifen fährt, sollte man jede Kurve besonders vorsichtig fahren, weil der Ersatzreifen nicht so gut auf der Felge haftet.

Die Kurventechnik sollte man langsam entwickeln, um das richtige Gefühl und Selbstvertrauen zu bekommen, zum Beispiel indem man zuerst in der Ebene Wellen- und Schlangenlinien mit wechselnder seitlicher Neigung fährt. Wer diese Technik locker und sicher beherrscht, trainiert sie mit der dazugehörigen Tretbewegung und achtet darauf, jeweils das kurveninnere Pedal anzuheben. Wichtig:

Kurventechnik:
je höher die Geschwindigkeit und je kleiner der Kurvenradius, desto größer die Fliehkraft

Wenn eine Kurve unübersichtlich ist, sollte man unbedingt immer rechts fahren, keine großen »Ausholmanöver« veranstalten und die Kurve nicht »schneiden«.

Überwinden von Hindernissen

Bei der relativ hohen Fahrgeschwindigkeit beim Radfahren sollte man immer wachsam sein: Straßenverlauf, Windrichtung, Vordermann, Verkehrssituation und Beschaffenheit der Straße sollten ständig beobachtet werden. Trotzdem können unvermittelt Hindernisse auftreten: Schlaglöcher, Straßenbahnschienen, Steine, Äste, ja sogar offene Kanaldeckel hat es schon gegeben. Manche fahren ein gutes, langes Training und stürzen vor der Haustür – über den Bordstein. Daher sollte man auch speziell trainieren, wie man solche Hindernisse richtig überwindet. Schienen überfährt man schräg, ebenso breite Gräben. Kurze sandige Wegabschnitte oder sumpfige, weiche Straßenstellen durchfährt man am besten mit einem kurzen Antritt, während dem man den Lenker besonders fest hält. Wenn die Straße feucht ist, Ölflecken aufweist oder mit Laub bedeckt ist, muss man die verminderte Bodenhaftung berücksichtigen, besonders in Kurven.

Schlaglöcher, schmale Gräben, Steine, Bordsteine oder Baumwurzeln überwindet man am besten, indem man mit dem Lenker das Vorderrad gefühlvoll hochreißt: Man geht kurz aus dem Sattel, stellt die Tretkurbeln waagerecht, umfasst kräftig den Lenker und reißt ihn mit einer ruckartigen, wohldosierten Rückwärtsbewegung des Rumpfes nach oben. Man kann diese Fähigkeit am besten üben, wenn man ab und zu einen Bordstein hinauf- und hinunterfährt. Auch das Hinterrad kann angehoben werden, wenn das Körpergewicht nach vorne über den Lenker verlagert wird und beide Pedale mit den Füßen nach oben gerissen werden. Wenn man diese beiden Bewegungen – Hochreißen des Lenkers und des Hinterrades – gleichzeitig ausführt, kann man mit dem Rennrad bei einer Geschwindigkeit von etwa 35 km/h durchaus Sprünge von 1,5–2 m Weite ausführen. Dabei hebt sich das Fahrrad ca. 25–30 cm vom Boden. Wichtig ist, den Lenker fest und ganz gerade zu halten, damit man ihn bei der Landung nicht seitlich verreißt und so zu Fall kommt. Am besten übt man auch diese Technik zunächst im Schritttempo, so dass bei langsamer Fahrt Sprünge von 10–15 cm Weite zustande kommen.

Das Hochreißen des Vorderrads und das Ausführen kleiner Sprünge mit dem Rennrad gehören zu einer vollkommenen Technik des Radfahrens: Man verbessert seine Körperbeherrschung, wird mit dem Fahrrad besser vertraut und hat das sichere Gefühl, dass man bei unvermittelt auftretenden Gefahren schnell und sicher reagieren kann.

Freihändigfahren

Es wird hier nicht empfohlen, im normalen Straßenverkehr freihändig zu fahren. Jedoch bei freier Straße ist es durchaus nutzlich, ab und zu die Hände vom Lenker zu lösen, um aufrecht im Sattel sitzend die Arme locker neben dem Körper hängen zu lassen. Das dient der Erholung während einer längeren Fahrt, entlastet die Rückenmuskulatur und trainiert

Überwinden von Hindernissen: Durchfahren eines Grabens 1 richtig, 2 falsch

gleichzeitig das Gleichgewichtsgefühl. Außerdem kann man freihändig aufrecht fahrend besser durchatmen. Die Dehnbarkeit des Brustkorbes ist in aufrechter Haltung mit herabhängenden Armen am größten – größer noch, als wenn man die Arme, wie meist bei Atemübungen empfohlen, über den Kopf nach oben hebt. Außerdem kann man in dieser freihändigen Haltung mit herabhängenden Armen die Muskulatur der Arme, des Schultergürtels und des Nackens lockern. Schließlich muss man auch bei Radrennen freihändig fahren können, wenn man Verpflegung annimmt, sich die Regenjacke anzieht, oder als Sieger über die Ziellinie fährt.

Das Freihändigfahren muss man geduldig und vorsichtig auf einer geraden, nicht befahrenen Straße üben. Zunächst sollte man versuchen, nur kurz und nur einige Meter freihändig zu fahren und nur geradeaus. Dabei wird ein stabileres Fahrverhalten erreicht, wenn man die Tretkurbeln waagerecht stellt und die Knie an den Rahmen anlegt. Wenn man sich sicherer fühlt, kann man später versuchen, auch kleine Bögen und Kurven freihändig zu fahren. Man bekommt durch das Freihändigfahren auch ein immer besseres Gefühl für das Fahrverhalten des Fahrrads.

Bergfahren

Hangabtriebskraft

Beim Bergauffahren werden Luftwiderstandskraft und Rollreibungskraft geringer, weil man langsamer fährt als in der Ebene. Jetzt muss man vor allem gegen die Hangabtriebskraft kämpfen. Das beim Bergauffahren erzielbare Tempo hängt von folgenden Faktoren ab:

- Steigung
- biologische Leistungsfähigkeit des Fahrers
- Gesamtgewicht von Fahrer und Rennmaschine

Es ist klar, dass das Tempo umso langsamer wird, je steiler die Steigung ist. Was die biologische Leistungsfähigkeit des Radsportlers betrifft, so ist ihr Bruttokriterium die maximale Sauerstoffaufnahmefähigkeit des Athleten – und zwar umgerechnet pro Kilogramm Körpergewicht, das heißt, bei gleicher Leistungsfähigkeit ist der Radsportler mit dem geringeren Körpergewicht beim Bergauffahren im Vorteil. Daher sind gute Bergfahrer meistens nur »Haut und Knochen« oder zumindest sehr schlank, mit dünner Muskulatur und mit minimalem Körperfettanteil. Anders ausgedrückt: Wenn man ein guter Bergfahrer werden will, muss man eine hohe Sauerstoffaufnahmefähigkeit durch aerobes Training aufbauen und gleichzeitig ein möglichst geringes Körpergewicht anstreben.

Beim Bergabfahren wird man für seine Mühe belohnt: Die Hangabtriebskraft wird wieder frei und verleiht einem eine unter Umstän-

Freihändigfahren zur Lockerung der Rumpf-, Nacken- und Armmuskulatur (links) – und als Sieger im Ziel (unten)

Bergabfahren: Nach Überwinden der Bergkuppe tritt der Rennfahrer voll durch und »stürzt« sich in aerodynamischer Haltung mit festem Griff am Lenker in die Abfahrt.

Bergauffahren in Bremsgriffhaltung

Bergauffahren in Oberlenkerhaltung

den sehr hohe Geschwindigkeit. Dabei kommt die Luftwiderstandskraft wieder zur Geltung, da sie mit dem Quadrat der zunehmenden Geschwindigkeit ansteigt. Dabei gelten folgende Gesetzmäßigkeiten:

- je größer das Gefälle, umso größer die frei werdende Hangabtriebskraft
- je größer das Gewicht des Fahrers einschließlich Rennrad, umso größer die Geschwindigkeit beim Bergabfahren
- je aerodynamischer die Haltung, umso geringer der Luftwiderstand
- und umso höher die Geschwindigkeit

Die Technik des Bergauffahrens

Bergauf kann man im Sitzen oder im Stehen fahren. Man kann auch von einer Technik zur anderen wechseln. Das hängt von den eigenen individuellen Eigenschaften ab und wie man sich in seinem eigenen Rhythmus bergauf am wohlsten fühlt. Im Sitzen kann man den Lenker am oberen Lenkerbügel oder an den Bremsgriffen fassen, im Stehen fährt man in Bremsgriffhaltung im Wiegetritt.

Bergauffahren in Oberlenkerhaltung

Wenn man den oberen Lenkerbügel von oben mit beiden Händen umfasst, kann man einen kräftigen Zug am Lenker ausüben. Dabei sitzt man im Sattel entweder weiter hinten oder weiter vorne als gewöhnlich, um einen guten Druck auf die Pedale ausüben zu können. Der Tritt wird langsamer, der Krafteinsatz höher. Schon vor dem oberen toten Punkt der Pedalumdrehung wird die Fußspitze gehoben, um das Pedal kraftvoll nach vorne und unten zu schieben. Die Atmung soll locker und rhythmisch bleiben. Man fährt im eigenen Tret- und Atemrhythmus, bis man die Kuppe erreicht hat.

Bergauffahren in Bremsgriffhaltung

Meistens bevorzugt man die Bremsgriffhaltung bei mittleren Steigungen. Man kann mit dieser Griffhaltung ebenfalls einen starken Zug am Lenker ausüben. Die Armhaltung ist breiter, so dass die Atmung etwas freier sein kann als bei der oberen Lenkergriffhaltung. Außerdem kann man aus der oberen Bremsgriffhaltung jederzeit in den Wiegetritt übergehen, ohne die Griffhaltung am Lenker zu ändern.

Bergauffahren im Wiegetritt

Im Wiegetritt wird der gesamte Körper allgemein-athletisch beansprucht, besonders die Muskulatur der Arme und der Lendenwirbelsäule. Mit den Händen meist an den Bremsgriffen geht man aus dem Sattel und verlagert das Körpergewicht abwechselnd auf das jeweils gestreckte Bein, während man gleichzeitig mit Armen und Rumpf einen Gegenzug am Lenker ausübt. Dadurch wird die Rennmaschine zur entgegengesetzten

Seite gekippt. Der Rumpf bleibt – trotz der »wiegenden« Hin- und Herbewegung des Rennrads – immer senkrecht. Besonders bei sehr steilen Anstiegen ist man auf diese Technik angewiesen. Auch Fahrer mit relativ hohem Körpergewicht bevorzugen den Wiegetritt. Bergspezialisten können sehr lange Bergstrecken im Wiegetritt zurücklegen. Manche Bergfahrer wechseln bei langen Passfahrten regelmäßig zwischen den verschiedenen Techniken, dem Wiegetritt und dem Tritt in sitzender Position. Vor allem für den Wiegetritt braucht der Radsportler eine hohe dynamische Kraftausdauer in der Arm-, Oberkörper-, Rumpf- und Rückenmuskulatur (siehe auch S. 140 ff.).

Die Technik des Bergabfahrens

Ein guter Bergfahrer findet während des Bergauffahrens seinen Rhythmus, behält ihn bei und steigert sich noch einmal im letzten Drittel der Steigung. Oben angelangt, fasst er die Bergkuppe ins Auge und tritt noch einmal kräftig an, während andere an diesem Punkt bereits »die Beine hängen lassen«.
Durch diesen letzten Antritt über die Bergkuppe gewinnt man oftmals wichtige Meter. Auf der Kuppe schaltet man auf eine größere Übersetzung und tritt mit voller Kraft in möglichst aerodynamischer Haltung in die Abfahrt hinein. Man umfasst dabei die unteren Lenkerbögen, nimmt die Ellenbogen nach innen, stellt die Tretkurbeln und die Pedale mit den Füßen waagerecht. Der Kopf wird in den Nacken genommen, damit man die Strecke genau übersehen kann. Wenn die Geschwindigkeit so groß ist, dass sie durch weiteres Treten nicht mehr erhöht werden kann, kann man sich etwas ausruhen und neue Kräfte für die Fahrt in der Ebene sammeln. Doch bei aller Entspannung muss man bei den hohen Geschwindigkeiten in der Abfahrt – oft bis zu 90 km/h – stark konzentriert bleiben, um Hindernisse, Straßenunebenheiten, Sand und Rollsplitt rechtzeitig zu erkennen. Die Kurven müssen mit einwandfreier Technik durchfahren werden. Durch gefühlvolles Bremsen muss die Geschwindigkeit an die Kurvenkrümmung bereits vor der Kurve angepasst werden. Die Beinmuskulatur lockert man, indem man sie ab und zu durchschüttelt und leichte Tretbewegungen nach vorwärts oder rückwärts ausführt. Bergabfahren ist außerdem auch ein mentales Problem: Oft beeilen sich Bergfahrer so, den Gipfel mit einem Vorsprung zu erreichen, weil sie Angst vor der Abfahrt haben. Kräftigere und aggressivere Fahrer wiederum vertrauen darauf, die leichteren und vorsichtigeren Fahrer bei der Abfahrt wieder einzuholen. Manchmal geht die Rechnung auf, manchmal nicht. Auf jeden Fall bilden sich im Rennen in der Abfahrt meist neue Gruppen, die dann gemeinsam dem Ziel entgegenstreben.

Fahren in der Gruppe

Fahren im Windschatten (Hinterradfahren)

Der in einer Gruppe führende Radsportler muss den gesamten Luftwiderstand überwinden, der, wie erwähnt, mit dem Quadrat der Geschwindigkeit wächst. Dabei erzeugt er mit seinem Körper und seinem Rennrad hinter sich einen Raum, in dem ein deutlich geringerer Luftwiderstand besteht – der »Windschatten«.

Bergauffahren im Wiegetritt

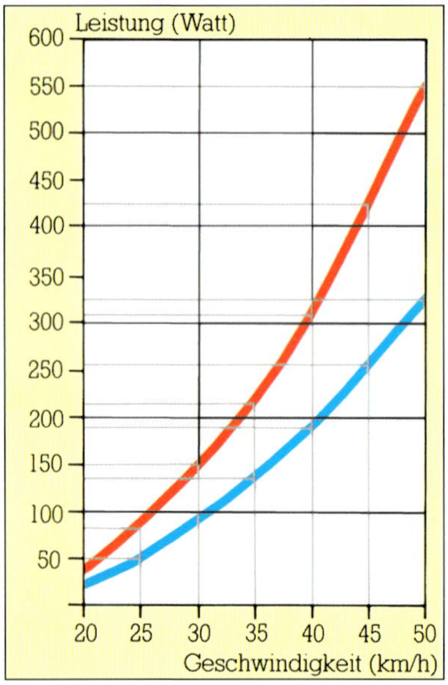

Der Nutzen des Windschattenfahrens:
Der führende Fahrer (obere Kurve) muss eine deutlich größere Leistung erbringen als der in seinem Windschatten Fahrende (untere Kurve).

»Hinterradfahren«:
Die Fahrer fahren im »Windschatten« seitlich versetzt zum Vordermann.

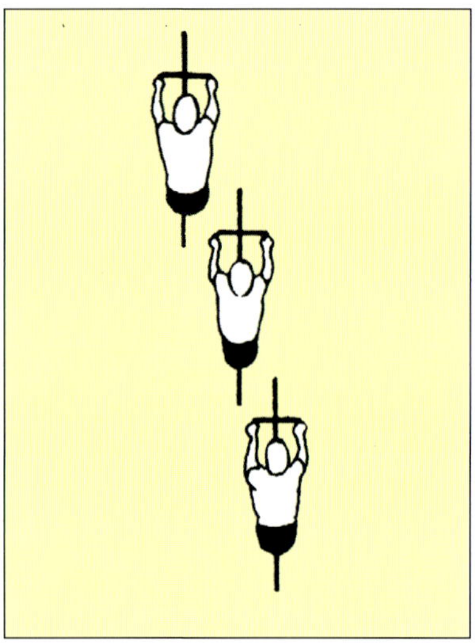

Der Fahrer in diesem Windschatten spart, je nach Windverhältnissen, gegenüber dem Führenden bis zu 40% und mehr (siehe Abb.) an Leistung! Oder umgekehrt: Der Führende muss gegenüber dem hinter ihm fahrenden Feld 60–70% mehr an Leistung aufbringen – bei gleicher Geschwindigkeit! Das sind Zahlen, die erstaunlich klingen, aber sie sind durch wissenschaftliche Untersuchungen belegt.

Das Phänomen des Windschattens ist ein radsportspezifisches Phänomen, das es in anderen Sportarten so nicht gibt, und es erklärt, warum relativ leistungsschwächere Radrennfahrer manchmal recht gute Erfolge aufweisen können, wenn es ihnen gelingt, bis zum Ziel im Windschatten anderer Fahrer zu bleiben, um dann im Sprint vielleicht sogar zu gewinnen. Rein »defensive« Hinterradfahrer sind daher verständlicherweise nicht sehr beliebt. Fairerweise wird erwartet, dass man sich in einer Gruppe regelmäßig ablöst. Wenn ein Sprintertyp in einer Gruppe mitrollt und ohne Grund keine Führungsarbeit leistet, so wird man versuchen, ihn abzuschütteln, da er sonst infolge seiner Sprinterqualitäten am Ziel als Sieger hervorgehen würde, ohne die entsprechende Vorarbeit geleistet zu haben.

Meistens haben Sprinter relativ schnellere Muskelfasern und daher entsprechend weniger »langsame« Ausdauerfasern (siehe S. 111 ff.), so dass es ihnen nicht immer möglich sein wird, alleine das hohe Tempo zu fahren, wenn sie den Windschatten verloren haben. Wegen der hohen Leistungsersparnis durch den Windschatten ist es allerdings meistens nicht möglich, einen Hinterradfahrer in der Ebene bei Windstille – und schon gar nicht bei Gegenwind – abzuschütteln. Der mitdenkende Leser wird jedoch selbst ahnen, wann dies möglich sein wird, nämlich dann, wenn die Bedeutung des Luftwiderstands und damit auch des Windschattens abnimmt – also beim Bergauffahren, vor allem bei längeren Steigungen und manchmal auch bei Rückenwind. Man kann auch versuchen, einen unerwünschten Hinterradfahrer zu ermüden und zu entnerven, indem man ihm immer wieder den Windschatten entzieht und ihn dem Fahrtwind aussetzt, indem man blitzschnell nach rechts oder links seitlich ausweicht – oder im Rennfahrer-Jargon ausgedrückt: Man fährt »Wellen«, um den »Hinterradlutscher« im Wind »stehen zu lassen«. Das kostet diesen immer wieder Kraft, die er vielleicht nicht hat.

Die Bedeutung des Windschattens ist so groß, dass er weitgehend die Taktik während eines Radrennens bestimmt, je nachdem wie Wind- und Streckenverhältnisse sind, welche Mannschaft welche Ziele verfolgt und welche Fahrer sich in der führenden Gruppe und hinten im Feld befinden.

Beim Hinterradfahren sollte man immer einen Sicherheitsabstand zum Vordermann einhalten. Dieser hängt von der Übung und Erfahrung des Radsportlers ab. Erfahrene Radsportler können fast millimetergenau am Hinterrad fahren, halten aber doch einen Sicherheitsabstand von ca. 20–40 cm ein, Anfänger noch besser einen von 50–60 cm.

Sehr wichtig ist auch, ca. 5–20 cm seitlich versetzt zum Vordermann zu fahren (siehe Abb.); denn nur so hat man genügend Sicht nach vorne. Auch kann man Tempounregelmäßigkeiten des Vordermannes auf diese Weise besser ausgleichen, ohne bremsen zu müssen; denn ständiges Bremsen und Wie-

derantreten bedeutet Kraftverlust, ermüdet die Beine und verhindert eine gleichmäßige Fahrweise.
Das Hinterradfahren erfordert also ständige Aufmerksamkeit. Man sollte daher nicht starr vor sich hinschauen und dabei »einschlafen« oder träumen (das führt manchmal zu »Auffahrunfällen«, auch bei Profis), sondern man sollte immer hellwach sein und seinen Blick wandern lassen: zum Beispiel von der Schaltung des Vordermannes über den Zahnkranz, das Hinterrad, das Tretlager, die Beine, den Rücken usw., oder man verfolgt aufmerksam seinen Bewegunsablauf. Aus geringsten Reaktionen des Vordermannes kann man oft blitzschnell auf Gefahren schließen und schnell reagierend einen Sturz vermeiden. Mit zunehmender Übung wächst die Sicherheit, so dass sich der Abstand zum Vordermann von selbst verkürzt – aber den seitlichen Abtand sollte man immer beibehalten, um sich eine gewisse Handlungsfreiheit zu bewahren.

Fahren in der Gruppe – spezielle Techniken

Wegen des Windschattenphänomens ist das Fahren in der Gruppe im Radsport viel wichtiger als das Gruppentraining in anderen Sportarten, obwohl selbstverständlich auch im Radsport das Gruppenerlebnis Spaß und Freude bereitet; denn auch Radsportler mit geringerer Leistungsfähigkeit können in der Gruppe ein relativ hohes Tempo mitfahren. Die Anordnung der in der Gruppe fahrenden Fahrer wird durch Windrichtung und Leistungsfähigkeit bestimmt. Radsportler fahren nämlich in der Windrichtung gestaffelt hintereinander, um tatsächlich in den Genuss des Windschattens zu kommen, den ihnen der Vordermann bietet. Der Führende muss nicht nur den Luftwiderstand allein überwinden, sondern gleichzeitig die Straße und ihren Verlauf recht genau beobachten, da er gewissermaßen die Verantwortung für die hinter ihm fahrenden Radsportler trägt. Hindernisse oder Schlaglöcher sollte der Führende der Gruppe rechtzeitig durch Heben der Hand anzeigen und sie in einem weiten Bogen umfahren, damit dies auch die Gruppe tun kann. Nach Ende der Führungsarbeit geht der Führende in der Windrichtung seitlich weg und lässt sich an das Ende der Gruppe zurückfallen. Da sich manchmal Missverständnisse über die tatsächliche Windrichtung und das davon abhängige seitliche Weggehen ergeben, oder die Windrichtung während der Fahrt auch wechseln kann, hat es sich bewährt, dass der Zweite in der Gruppe zum Führenden einen gewissen Sicherheitsabstand (nach vorne und seitlich) lässt. Die Dauer der Führungsarbeit richtet sich nach der Leistungsfähigkeit des Führenden, den Windverhältnissen und dem gefahrenen Tempo. Je höher das Tempo der Gruppe, desto höher ist die Belastung des Führenden und desto kürzer kann und sollte er führen. Er sollte sich auch nicht so verausgaben, dass er beim Zurückfallen in die Gruppe dieser nicht mehr folgen kann. Durch regelmäßigen Führungswechsel in entsprechend kürzeren Abständen wird das Tempo gleichmäßig aufrechterhalten. Der die Führung Übernehmende muss mit gleichem Tempo weiterfahren – also nicht ruckartig das Tempo beschleunigen oder im Tempo nachlassen –, damit die Gruppe gleichmäßig weiterrollt. Den Übergang vom Windschatten zum vollen

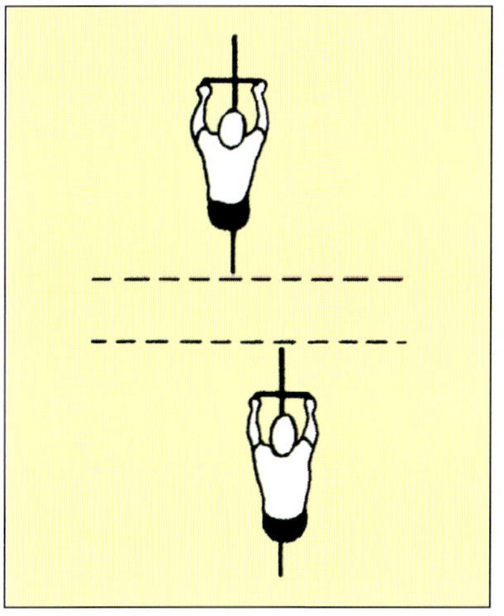

Vorsichtige Fahrer (und am besten auch Anfänger) fahren mit Sicherheitsabstand und seitlich versetzt zum Vordermann.

Staffelung der Gruppe in Windrichtung, Ablösung entgegen der Windrichtung

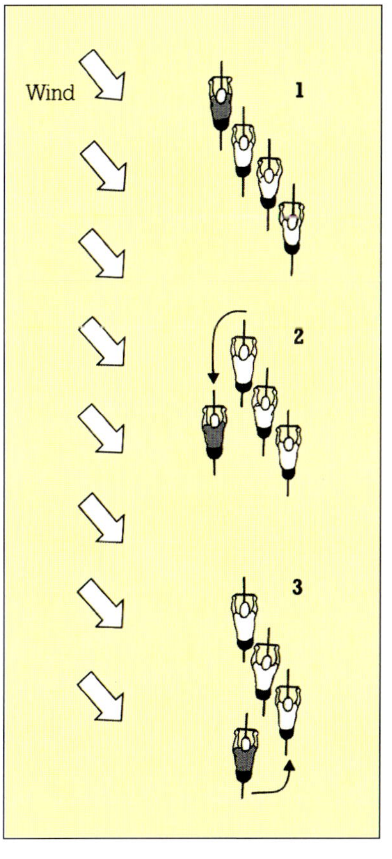

Anfänger oder schwächere Fahrer halten sich am besten am Ende der Gruppe auf und machen Platz für den, der sich jeweils aus der Führung zurückfallen lässt.

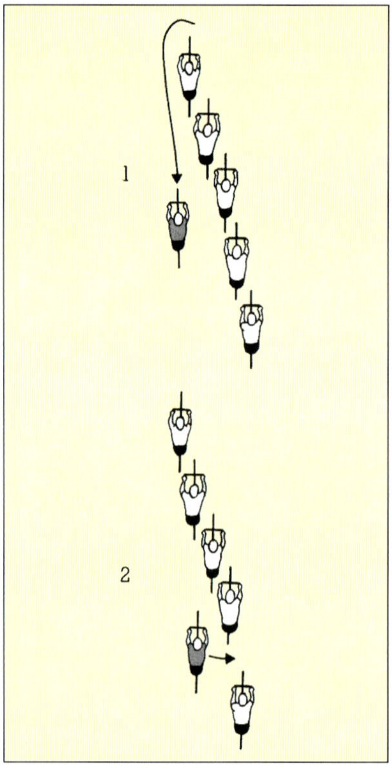

Fahren in der Gruppe:
Der Führende bereitet seine Ablösung vor. Er tritt etwas an, schaut sicherheitshalber kurz zurück und geht in Windrichtung aus der Spur.

Luftwiderstand ohne Tempoänderung durch den richtigen »Tritt« und eine angepasste Trittgeschwindigkeit zu vollziehen, erfordert eine gute Technik und ein gutes Fahrgefühl.
Ein schwächerer Fahrer sollte zunächst ganz auf die Führungsarbeit verzichten und sich am Ende der Gruppe aufhalten. Immer wenn der jeweils Führende sich ans Ende der Gruppe zurückfallen lässt, macht er ihm Platz und bietet ihm eine Lücke, damit dieser sich dort einreihen kann (siehe Abb.). So kann man sich langsam an das Tempo und die Gruppenarbeit gewöhnen.

Doppelreihe

Bei einer Doppelreihe fahren jeweils zwei Radsportler nebeneinander, so dass eigentlich zwei nebeneinander fahrende Einzelreihen entstehen, wobei man sich aber am Nebenmann orientiert. Es gelten die gleichen Regeln wie für das Windschattenfahren in einer Einzelreihe. Die Ablösung an der Spitze erfolgt jedoch anders: Auf ein Zeichen (Kopfnicken, Heben des kleinen Fingers u. a.) lösen die beiden Führenden nach außen ab, d. h., der auf der rechten Seite Fahrende lässt sich nach rechts, der auf der linken Seite Fahrende nach links an der Außenseite der Gruppe zurückfallen. Größere Trainingsgruppen (ab 8–10 Teilnehmer) fahren meistens in der Doppelreihe. Das ist auch nach den bestehenden Verkehrsvorschriften erlaubt.

Belgische Reihe (»Belgischer Kreisel«)

Die Belgische Reihe oder der »Belgische Kreisel« stellen eine Spezialtechnik des Fahrens in einer Doppelreihe dar. Nicht alle Radrennfahrer beherrschen diese Technik, weil man sie ausgiebig trainieren und sich dabei gut verstehen muss. Sie empfiehlt sich besonders für kleine Gruppen, wenn sie Tempo machen wollen. Eigentlich handelt es sich um zwei Einzelreihen, die gegeneinander versetzt in einer Kreisformation fahren, geschickt den Windschatten des Vordermannes ausnutzend. Keiner kann sich ausruhen, jeder muss im »Kreisel« aktiv sein. Es gibt nur einen Führenden, der so lange führt, bis er mit seinem Hinterrad am Vorderrad seines ehemaligen Vordermannes vorbeigezogen ist (siehe Abb.). Dann setzt er sich seitlich neben den Überholten und wird seinerseits wieder vom nächsten aktiv überholt. Diese Gruppenarbeit bedeutet, dass jeder Fahrer ständig Windschatten von seinem Vordermann bekommt, außer wenn er gerade selbst führen muss. Die Reihe, die sich zurückfallen lässt, fährt etwas langsamer als die überholende Reihe. Diese Belgische Reihe (»Belgischer Kreisel«) muss im Training gründlich geübt werden, damit sie im Rennen reibungslos funktioniert.

Fahren auf der »Windkante«

Bei seitlicher Windrichtung staffelt sich die Gruppe seitlich in der dem Wind abgewandten Richtung. Diese seitliche Staffelung hat im Rennen ihre Grenze in der Straßenbreite (wenn der Gegenverkehr gesperrt ist) und im Training in der halben Straßenbreite. Fahrer, die in der seitlich in Winrichtung gestaffelten Gruppe keinen Platz mehr finden, »stehen im Wind«. Sie haben eine sehr ungünstige Position: Der Windschatten ihres Vordermannes nützt ihnen nichts, weil dieser wegen der Windrichtung seitlich liegt, sie aber sich nicht mehr seitlich einordnen können, da hier »auf der Kante« die Straße bereits aufhört. Wenn die Gruppe vorne nun das Tempo hochhält oder sogar verschärft, werden die auf der »Windkante« fahrenden Fahrer große Probleme haben, das Tempo mitzuhalten, da ihnen nicht nur der Windschatten fehlt, sondern auch der Wind von vorne seitlich entgegenbläst. Wenn diese Fahrer »auf der Windkante« starrsinnig dabei bleiben, das Tempo trotzdem mitzuhalten, werden sie bis zur Erschöpfung fahren und dann den Anschluss verlieren. Die einzige Rettung liegt darin, »abreißen« zu lassen, eine neue Staffel zu bilden und mit ihr in gemeinsamer Arbeit den Abstand zur führenden Gruppe zu halten.

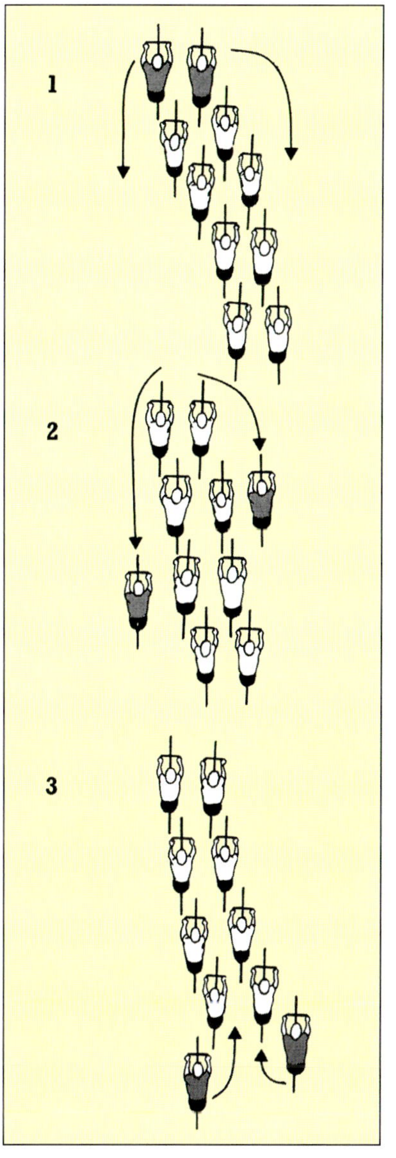

Doppelreihe:
Die führenden Fahrer lösen etwas gegeneinander versetzt nach außen ab.

In der Doppelreihe lässt es sich auch im Training gut fahren ...

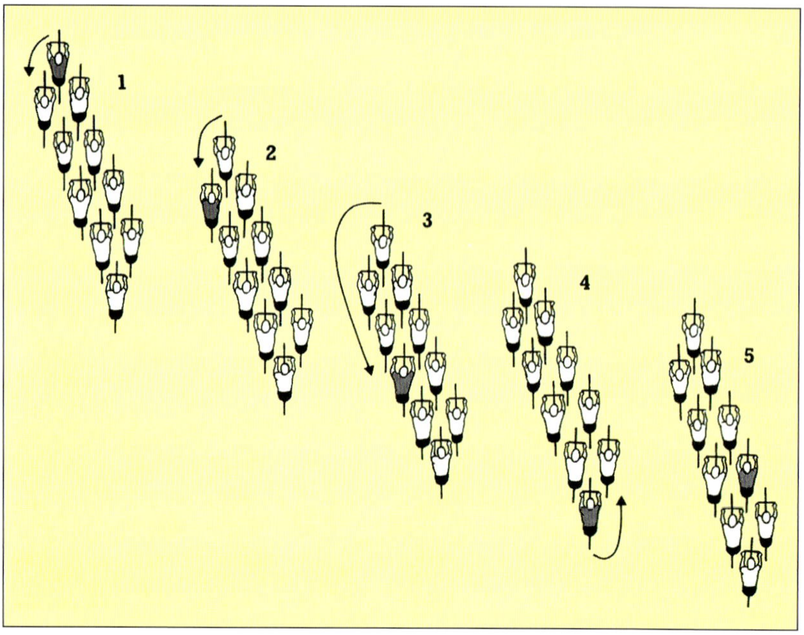

Belgische Reihe oder »Belgischer Kreisel«:
1 Der Führende überholt den Fahrer, der links neben ihm fährt ...
2 ... und lässt sich nach links zurückfallen.
3 Weiteres Zurückfallen in der linken Reihe
4 Am Ende der Reihe angelangt wechselt der Fahrer nach rechts ...
5 ... und fährt in der rechten Reihe wieder nach vorne.

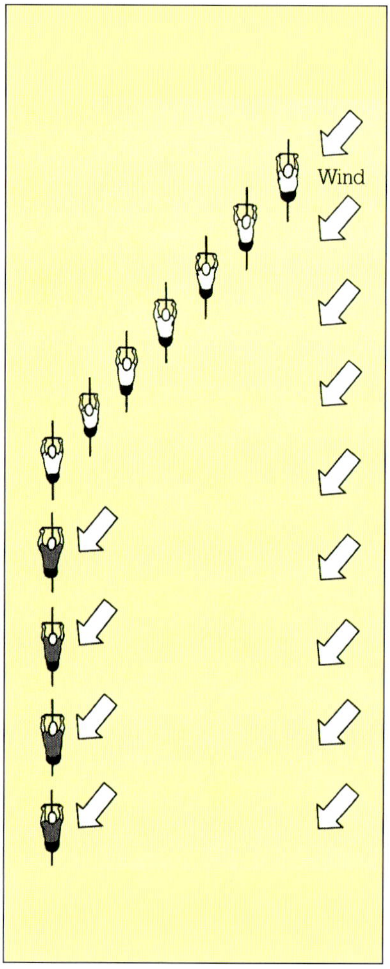

Fahren auf der »Windkante«: Der Wind kommt von rechts, die Fahrer staffeln sich nach links. Die dunkel markierten Fahrer finden keinen Windschatten mehr beim Vordermann, weil der Wind von rechts seitlich kommt. Sie »stehen im Wind« und müssen einen viel größeren Luftwiderstand überwinden als die seitlich gestaffelten Fahrer.

Verhütung von Unfällen und Verletzungen

Beim Radfahren, besonders beim Straßenradsport in Training und Wettkampf, haben Unfälle und Verletzungen häufig folgende Ursachen:

- mangelhafter Trainingszustand und mangelnde Erfahrung
- zu hohe Geschwindigkeit
- Straßenbeschaffenheit, Streckenprofil
- Wetterbedingungen
- Dichte des Fahrerfeldes oder der Gruppe
- Mängel am Material des Fahrrads (selten)

Besonders die ständige hohe Konzentration beim Hinterradfahren stellt große Anforderungen, vor allem an Anfänger. Wenn man wegen eines zu geringenTrainingszustands ermüdet, lässt auch die Konzentration nach. Daher ist für eine gleichmäßig hohe Konzentration unbedingt ein guter Trainingszustand notwendig; denn wer in einer starken Gruppe an der Grenze seiner Leistungsfähigkeit mit-

fährt, dessen Reaktion lässt mit zunehmender Ermüdung oder Erschöpfung ganz automatisch nach. Als Anfänger sollte man unbedingt auf einen ausreichenden Sicherheitsabstand zum Vordermann und vor allem auch auf einen genügend großen seitlichen Abstand achten.
Bei Stürzen kommt es der Häufigkeit nach zu folgenden Verletzungen:

- flächenhafte Hautabschürfungen
- Schlüsselbeinbrüche
- Gehirnerschütterungen

Die Hautabschürfungen sind meistens mit Straßenstaub verschmutzt. Daher sollte jeder Radsportler eine Wundstarrkrampf (Tetanus-) impfung haben. Zur Vorbeugung und zum Schutz gegen Kopfverletzungen sollte man unbedingt einen Sturzhelm tragen – vor allem als Anfänger.

Der Radsportler im Straßenverkehr

Eigentlich ist ein Rennrad ohne Beleuchtung und ohne Reflektoren in den Speichen nicht verkehrssicher. Trainierende Radsportler dürfen jedoch mit dem Rennrad offiziell trainieren, wenn sie eine gültige Lizenz besitzen. Ansonsten ist die Situation von Hobbyradsportlern in den Verkehrsvorschriften nicht eindeutig geregelt. Man sollte daher als Radsportler besonders rücksichtsvoll im Straßenverkehr fahren und ein gutes Beispiel geben. Prinzipiell sollte man vorhandene Radwege benutzen – wenn sie auch manchmal für den trainierenden Radsportler recht risikoreich sein können. Auf Radwegen spazieren gehende Fußgänger werden durch lautlos und schnell heranfahrende Radsportler erschreckt, mitgeführte Hunde springen vielleicht ebenfalls erschreckt in die Fahrbahn. Entgegenkommende Fußgänger unterschätzen meist das Tempo des auf sie zukommenden Radsportlers, und Beifahrer am Radweg parkender Autos öffnen die rechte Tür, ohne den heranhuschenden Radfahrer zu sehen.
Daher mag es manchmal schwierig sein, zu entscheiden, ob man tatsächlich auf solchen Radwegen mit erhöhten Risiken fahren sollte – oder lieber auf der Straße. Immerhin entspricht das Tempo eines Radfahrers etwa dem eines Mofafahrers. Grundsätzlich sollte aber auch ein Radsportler folgende Regeln beachten:

- Der Abstand zum Straßenrand sollte immer etwa 80 cm betragen, damit man Sicherheitsreserven hat, wenn ein Pkw oder Lkw zu dicht vorbeifährt. Man macht auch oft die Erfahrung: Je weiter man rechts fährt, umso dichter fahren die Autos an einem vorbei.
- Man sollte stets das ganze Verkehrsgeschehen überblicken, seine Aufmerksamkeit immer weit nach vorne und auch nach hinten richten.

Konsequentes und konzentriertes Fahren in der Gruppe: Profis und Geübte fahren sehr dicht am Hinterrad des Vordermannes – aber vorsichtshalber etwas seitlich versetzt.

- Bei stehenden Fahrzeugen immer frühzeitig nach links ausweichen und langsam vorbeirollen, auch wenn der Fahrer selbst seltener ohne Zurückschauen aussteigt als der Beifahrer auf der rechten Seite.
- Im Stau nur langsam an den langsam fahrenden oder stehenden Autos vorbeirollen.
- Im Gruppentraining auf belebten Straßen möglichst in Einzelreihe fahren, Doppelreihe nur auf verkehrsarmen Nebenstraßen.
- Beim Überqueren von Kreuzungen muss der Führende berücksichtigen, dass die ganze Gruppe länger dazu braucht als ein einzelner Fahrer.
- Radsportler, die mit Computer trainieren, sollten ihn erst außerhalb der Stadtgrenzen einstellen; denn sonst geraten sie in Versuchung, in der Stadt zu schnell zu fahren und Verkehrsvorschriften zu übertreten, nur um den »Schnitt« zu halten.
- Wegen der Abgase ist ein intensives Tempo in der Stadt weder besonders trainingswirksam noch gesund. Daher sollte auch der Radsportler im Stadtgebiet immer zurückhaltend fahren und Verkehrsvorschriften und -regeln beachten; denn Verkehrsvorschriften gelten auch für Radfahrer. Ampeln und Vorfahrtsregeln müssen beachtet werden. Es sollte nicht vorkommen, dass Radfahrer auf Radwegen zusammenstoßen, nur weil sie stur sind oder nicht aufpassen. Ein guter Radsportler behält immer die Übersicht, gibt lieber einmal nach, auch wenn er im Recht wäre. Was nützt es, wenn er im Krankenhaus landet, obwohl er im Recht war?
- Man muss ein Gefühl für Verkehrssituationen entwickeln. Man kann sich z. B. nicht darauf verlassen, dass man von Autofahrern, die nach rechts abbiegen, auf dem Radweg gesehen wird. An alle Kreuzungen sollte man bremsbereit heranfahren, auch wenn die Ampel grün zeigt.
- Eine häufige Unfallursache ist auch das Rechtsüberholen von Autos, insbesondere von Lastkraftwagen, die meist nicht damit rechnen. Häufig sehen sie den Radfahrer gar nicht, wenn er im toten Winkel des Seitenspiegels fährt.
- Das Umschauen während der Fahrt ist sowohl im Straßenverkehr wie auch beim Fahren in der Gruppe oder im Radrennen sehr wichtig. Im Laufe der Zeit entwickelt man ein Gefühl, was hinter einem vorgeht; trotzdem wird es häufig notwendig sein, sich durch Umschauen von der Richtigkeit seines Gefühls zu überzeugen. Auch beim Linksabbiegen sollte man sich immer umschauen und sich überzeugen, dass das Manöver gefahrlos möglich ist.

So kann der Radsportler im Straßenverkehr alle Sinne schärfen wie ein Tier in freier Wildbahn und auf diese Weise unfallfrei die freie Natur außerhalb der Stadt erreichen.

Fahren in der Gruppe – in malerischer Umgebung

Die richtige Übersetzung

Die Übersetzung in jeder Fahrsituation richtig zu wählen, ist ein wesentlicher Bestandteil einer guten Fahrtechnik. Wie bereits in den Kapiteln über Schaltung (siehe S. 40) und Beinarbeit (siehe S. 73) erwähnt, besteht der Sinn der Übersetzung darin, die biologischen Kräfte des Organismus unter optimalen Bedingungen frei zu entfalten und sie an unterschiedliches Gelände anzupassen. Auch die Windverhältnisse spielen dabei eine große Rolle. Ebenso gelingt es nur durch die Wahl der richtigen Übersetzung, die konditionellen Faktoren Ausdauer, Kraft und Schnelligkeit optimal zu entwickeln und sie in Training oder Wettkampf entsprechend umzusetzen.

Maßeinheiten der Übersetzung

In der Technik versteht man unter »Übersetzung« prinzipiell das Verhältnis zwischen der Antriebs- und Abtriebsdrehzahl eines Getriebes. Beim Fahrrad hängen Übersetzung, Pedalkraft und Pedalweg (Pedalumdrehungen pro Minute) bei einer bestimmten Leistung von folgenden Faktoren ab:

- Zähnezahl des vorderen Kettenblattes
- Zähnezahl des hinteren Zahnkranzes
- Länge der Tretkurbeln
- Durchmesser des angetriebenen Laufrads, also des Hinterrads

Der Durchmesser eines Laufrads beträgt beim Fahrrad des Erwachsenen meistens 28 Zoll (1 englischer Zoll = 2,54 cm), beim Rennrad 27 Zoll. Die Verwendung dieser Maßeinheit geht auf die Zeiten des Hochrads zurück.

Da im Lauf der Entwicklung die Rennreifen immer dünner wurden, beträgt heute der Durchmesser eines Laufrads beim Rennrad in der Realität nur noch 26,4 Zoll, das bedeutet: 26,4 x 2,54 cm = 67,06 cm.

Der Umfang eines solchen Laufrads beträgt dabei etwa 209–211 cm – je nach Reifenstärke, meistens 210 cm.

Da die Größe der Laufräder und die Länge der Tretkurbeln beim Fahrrad nur selten verändert werden, hängt die jeweilige Übersetzung eigentlich nur noch von der Größe der Kettenblätter und der Ritzel des Zahnkranzes ab.

Es gibt verschiedene Möglichkeiten, die Übersetzung in Zahlen zu fassen. Dazu sind folgende Angaben notwendig:

Z_1 = Zähnezahl des Kettenblattes
Z_2 = Zähnezahl des Zahnkranzes
d = Durchmesser des Hinterrads
u = Umfang des Hinterrads

Im Wesentlichen gibt es theoretisch vier verschiedene Möglichkeiten, die Übersetzung in Zahlen auszudrücken:

- Das eigentliche Übersetzungsverhältnis, d. h. das Ergebnis, das man erhält, wenn man die Zähnezahl des Kettenblattes durch die Zähnezahl des Zahnkranzritzels teilt

Das Antriebssystem eines Rennrads: Pedale, Tretkurbeln und Kettenblätter übertragen die Kraft über die Kette auf den Zahnkranz des Hinterrads.

- Angabe in Zoll, indem man das Verhältnis der Zähnezahl des Kettenblattes und des Zahnkranzes in Beziehung zum Durchmesser des Hinterrads (in engl. Zoll) setzt
- Angabe in Meter, die man durch eine Pedalumdrehung zurücklegt, auch »Entfaltung« genannt
- Angabe der verwendeten Zähnezahl von Kettenblatt und Zahnkranz

Übersetzungsverhältnis

Diese Angabe ergibt sich, wenn man die Zähnezahl des Kettenblattes durch die Zähnezahl des verwendeten Ritzels teilt, z. B. 52 : 13 = 4 oder 42 : 14 = 3. Diese Angabe des reinen Übersetzungsverhältnisses wird wohl in der Technik – aber nicht im Radsport verwendet.

Übersetzung in Zoll

Die Angabe der Übersetzung in Zoll wird gegenüber früher in Radsportkreisen nur noch selten, meist im Bahnradsport, benutzt. Man erhält diesen Wert nach der Formel: Übersetzung (Zoll) = $Z_1 : Z_2 \times d$ (Zoll). Dabei wird der Durchmesser d des Hinterrads in englischen Zoll (meistens 27) angegeben, zum Beispiel: Bei 42 Zähnen für das Kettenblatt, 16 Zähnen für das Ritzel und einem Laufraddurchmesser von 27 Zoll wird die Übersetzung in Zoll wie folgt errechnet:
42 : 16 x 27 Zoll = 70,88 Zoll
Auf dieser Berechnung beruhen auch heute noch die offiziellen »Übersetzungstabellen«, obwohl – wie bereits erwähnt – der Durchmesser der heutigen Laufräder bei Rennrädern infolge der dünneren Reifen nur noch bei etwa 26,4 Zoll liegt. Dazu kommt noch, dass trotz hohen Reifendrucks die Reifen durch die Gewichtsbelastung beim Fahren auf dem Boden etwas eingedellt werden, so dass sich funktionell eigentlich nur noch ein wirksamer Raddurchmesser von 26,3 Zoll ergibt. Wir haben in diesem Buch diese Realität bei allen Zahlenangaben im Text und in den Tabellen berücksichtigt.
In Wirklichkeit würde also die oben genannte Übersetzung folgendermaßen zu berechnen sein:
42 : 16 x 26,3 Zoll = 69,04 Zoll

Übersetzung in Meter

Ein weiteres Maß für die Übersetzung ist die pro Pedalumdrehung zurückgelegte Wegstrecke in Meter. In der Technik wird diese Wegstrecke als »Entfaltung« bezeichnet. Auch sie wird im Radsport praktisch kaum verwendet, allenfalls – wie auch die Werte in Zoll – um die Abstufung der Ritzel des Zahnkranzes gleichmäßig auszuwählen. Gerne benutzen sie dagegen Radsportreporter, um auszudrücken, welche »gewaltige Strecke« die Radrennfahrer momentan (meistens beim Zeitfahren) pro Pedalumdrehung zurücklegen. Diese »Entfaltung« in Meter hängt außer vom Verhältnis zwischen der Zähnezahl des Kettenblattes und der des Zahnkranzritzels vom Umfang des Hinterrads in Meter ab.

Bei zunehmender Zähnezahl der Ritzel des Zahnkranzes werden die Abstände der dadurch erreichten Übersetzung immer enger. Daher muss der Unterschied der Zähnezahl in diesem Bereich größer werden.

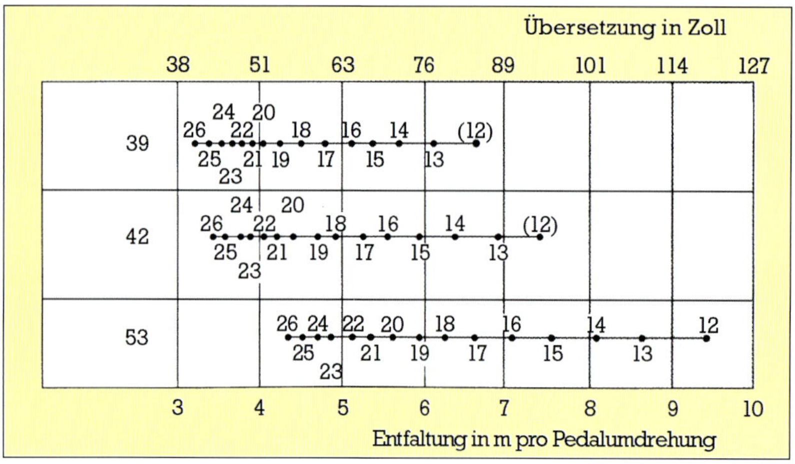

Das Verhältnis von Kreisdurchmesser zu Kreisumfang ist in der Physik durch die Konstante pi festgelegt:
pi = 3,1415926535... also rund 3,14
Die Formel für den Radumfang u heißt:
u = d x pi
Das bedeutet für den Umfang eines Hinterrads von 27 Zoll Durchmesser:
u = 27 x 2,54 cm x 3,14 = 215,3 cm.
Aber, wie gesagt, das war einmal. Die Laufräder der heutigen Rennräder haben infolge ihrer schmaleren und niedrigeren Reifen nur einen durchschnittlichen Umfang von 209–211 cm. Die Berechnungen in diesem Buch beruhen auf einem durchschnittlichen Hinterradumfang von 210 cm, wie er auch in der Realität meistens vorliegt.
Die Berechnung der Übersetzung als »Entfaltung« in Meter erfolgt durch folgende Formel:
Übersetzung (m) = $Z_1 : Z_2$ x u (m)
Beispiel: Eine Übersetzung von 42/16 entspricht folgender Wegstrecke pro Pedalumdrehung:
42 : 16 x 2,10 m = 5,51 m.
Eine Übersetzung von 69 Zoll entspricht also einer Entfaltung von 5,51 m pro Pedalumdrehung.

Angabe der Übersetzung durch Angabe der Zähnezahl

Radsportler (auch Profis) sprechen in Zähnen, wenn sie von ihrer Übersetzung reden: Zähne des Kettenblattes und des Zahnkranzritzels. Ein Profi sagt also nicht, er fährt eine Übersetzung von 5,2 m oder 65 Zoll, sondern er sagt einfach 42/17, und jeder weiß Bescheid.

Übersetzungstabelle

Damit man nicht jedes Mal bei der Zusammenstellung individueller Zahnkränze Berechnungen von Übersetzungen anstellen muss, gibt es Übersetzungstabellen sowohl in Zoll als auch in Metern pro Pedalumdrehung. Die Tabellen in diesem Buch beruhen auf den neuesten Messungen bei modernen Rennrädern: effektiver Laufraddurchmesser 26,3 Zoll, Laufradumfang 210 cm.

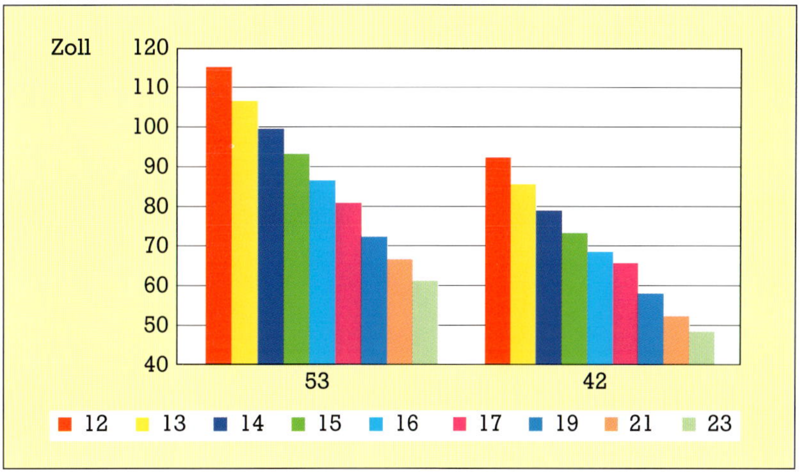

Beispiel einer harmonisch abgestuften Übersetzung: Kettenblätter 53/42, Zahnkranz 12–23

Standardzahnkränze

Bei der Zusammenstellung von Zahnkränzen kann man auf Erfahrungswerte zurückgreifen.
Bei einem doppelten Kettenblatt vorne sind folgende Kombinationen üblich: 53/42 oder 52/42 bzw. 53/39 oder 52/39. Die höchste Zähnezahldifferenz, die der Überwerfer noch einwandfrei überbrücken kann, liegt bei 13–14 Zähnen. Italienische Mannschaften fahren auch gerne ein 41er Kettenblatt (statt 42 oder 39), weil sich dadurch für die Berge Übersetzungen ergeben, die »klein« genug sind, und gleichzeitig der »Sprung« zum großen Kettenblatt nicht so groß wie beim 39er Kettenblatt ist.
Manchmal werden auch Dreifach-Kettenblätter eingesetzt, meistens in der Kombination von 52/42/32 oder 50/40/30 Zähnen.

Übersetzungstabelle in Meter *)

Ritzel	Kettenblatt 30	32	39	40	41	42	44	48	50	52	53	54	55	56
11	5,73	6,11	7,45	7,64	7,83	8,02	8,40	9,16	9,55	9,93	10,12	10,31	10,50	10,69
12	5,25	5,60	6,83	7,00	7,18	7,35	7,70	8,40	8,75	9,10	9,28	9,45	9,63	9,80
13	4,85	5,17	6,30	6,46	6,62	6,78	7,11	7,75	8,08	8,40	8,56	8,72	8,88	9,05
14	4,50	4,80	5,85	6,00	6,15	6,30	6,60	7,20	7,50	7,80	7,95	8,10	8,25	8,40
15	4,20	4,48	5,46	5,60	5,74	5,88	6,16	6,72	7,00	7,28	7,42	7,56	7,70	7,84
16	3,94	4,20	5,12	5,25	5,38	5,51	5,78	6,30	6,56	6,83	6,96	7,09	7,22	7,35
17	3,71	3,95	4,82	4,94	5,06	5,19	5,44	5,93	6,18	6,42	6,55	6,67	6,79	6,92
18	3,50	3,73	4,55	4,67	4,78	4,90	5,13	5,60	5,83	6,07	6,18	6,30	6,42	6,53
19	3,32	3,54	4,31	4,42	4,53	4,64	4,86	5,31	5,53	5,75	5,86	5,97	6,08	6,19
20	3,15	3,36	4,10	4,20	4,31	4,41	4,62	5,04	5,25	5,46	5,57	5,67	5,78	5,88
21	3,00	3,20	3,90	4,00	4,10	4,20	4,40	4,80	5,00	5,20	5,30	5,40	5,50	5,60
22	2,86	3,05	3,72	3,82	3,91	4,01	4,20	4,58	4,77	4,96	5,06	5,15	5,25	5,35
23	2,74	2,92	3,56	3,65	3,74	3,83	4,02	4,38	4,57	4,75	4,84	4,93	5,02	5,11
24	2,63	2,80	3,41	3,50	3,59	3,68	3,85	4,20	4,38	4,55	4,64	4,73	4,81	4,90
25	2,52	2,69	3,28	3,36	3,44	3,53	3,70	4,03	4,20	4,37	4,45	4,54	4,62	4,70
26	2,42	2,58	3,15	3,23	3,31	3,39	3,55	3,88	4,04	4,20	4,28	4,36	4,44	4,52
27	2,33	2,49	3,03	3,11	3,19	3,27	3,42	3,73	3,89	4,04	4,12	4,20	4,28	4,36

*) Die Angaben beruhen auf einem effektiven Laufradumfang von 210 cm bei Rennrädern (Erklärung siehe Text).

Hinten sind heute bei Rennrädern Neunfach-Zahnkränze Standard. Ihre Zähnezahl reicht von 11–21 bis 13–26 Zähne. Bei Profis ist die kleinste Übersetzung 39/23, ganz selten 39/25.

Für »normale« Radsportler wäre vielleicht in »durchwachsenem« Gelände mit flachen und bergigen Abschnitten ein doppeltes Kettenblatt (52/42 oder 52/39) in Verbindung mit einem Neunfach-Zahnkranz von 21–25 oder 12–26 zu empfehlen. Mit 42/26 oder 39/26 kommt man auch Pässe gut hinauf – die entsprechende Kondition vorausgesetzt.

Bei den Standardzahnkränzen ist bereits berücksichtigt, dass mit zunehmender Zähnezahl die Übersetzung unproportional abnimmt, das heißt, die Differenz der Zähne muss größer werden, damit die Übersetzung gleichmäßig abgestuft bleibt, z. B. 12, 13, 14, 15 und dann weiter 17, 19, 21, 23, 26.

Unterschiedliche Eigenschaften gleicher Übersetzungen

Wie aus den Übersetzungstabellen ersichtlich, gibt es verschiedene Möglichkeiten für die gleiche Übersetzung. So ist z. B. die Übersetzung 53/19 so gut wie identisch mit 42/15, nämlich rund 74 Zoll – aber auch mit anderen Übersetzungen wie z. B. 56/20, 50/18, 45/16 oder 39/14. Obwohl diese Übersetzungen alle quantitativ gleich sind, gibt es qualitative Unterschiede – die Frage ist nur: welche?

Von identischen Übersetzungen hat die mit mehr Gesamtzähnen, also die mit dem größeren Kettenblatt und dem größeren Zahnkranzritzel, folgende Vorteile:

- Die Tretkraft wird auf eine größere Zahl von Zähnen verteilt und dadurch die Tangentialkraft auf Kette, Zahnkranz und Nabe des Hinterrads herabgesetzt.

- geringere auf den Rahmen wirkende Torsionskraft
- gleichmäßiger, runder Tritt

Profis sagen: Mit dem großen Kettenblatt, z. B. 53/19, »läuft es besser« als mit dem kleinen, z. B. 42/15.

Demgegenüber sind folgende Nachteile abzuwägen:

- möglicherweise längere Kette notwendig
- größeres Gewicht des kraftübertragenden Systems
- geringere Schnelligkeit beim Antritt: er wird weicher und weniger hart

Entsprechend gelten die umgekehrten Vor- und Nachteile bei identischen Übersetzungen mit einer geringeren Gesamtzahl von Zähnen.

Aufgrund dieser Erkenntnisse und Erfahrungen wird man die Übersetzungen mit der größeren Gesamtzähnezahl für das Zeitfahren und für längere Fahrten in ebenem Gelände bevorzugen. Bei Fahrten in bergigem Gelände mit härterem Antritt und bei Radrennen, in denen es auf einen schnellen Wechsel der Fahrgeschwindigkeit ankommt, wird man eher die härtere, agilere Übersetzung mit der kleineren Gesamtzahl von Zähnen benutzen.

Auch diese Überlegungen zeigen, welche Feinheiten im Radsport eine Rolle spielen, und wie der optimale Kompromiss zwischen Zahlen und Messwerten auf der einen und der intuitiven Erfahrung auf der anderen Seite in der Praxis zum Erfolg führen.

Die optimale Tretgeschwindigkeit

Dieses Kapitel ist eines der interessantesten im Radsport überhaupt, da hier ebenfalls wissenschaftliche Untersuchungen und Erfahrungen ganzer Radsportgenerationen ineinander fließen. Es gibt auch immer wieder kontroverse Diskussionen über die optimale Tretge-

Übersetzungstabelle in Zoll *)

Ritzel	Kettenblatt													
	30	32	39	40	41	42	44	48	50	52	53	54	55	56
11	71,73	76,51	93,25	95,64	98,03	100,42	105,20	114,76	119,55	124,33	126,72	129,11	131,50	133,89
12	65,75	70,13	85,48	87,67	89,86	92,05	96,43	105,20	109,58	113,97	116,16	118,35	120,54	122,73
13	60,69	64,74	78,90	80,92	82,95	84,97	89,02	97,11	101,15	105,20	107,22	109,25	111,27	113,29
14	56,36	60,11	73,26	75,14	77,02	78,90	82,66	90,17	93,93	97,69	99,56	101,44	103,32	105,20
15	52,60	56,11	68,38	70,13	71,89	73,64	77,15	84,16	87,67	91,17	92,93	94,68	96,43	98,19
16	49,31	52,60	64,11	65,75	67,39	69,04	72,33	78,90	82,19	85,48	87,12	88,76	90,41	92,05
17	46,41	49,51	60,34	61,88	63,43	64,98	68,07	74,26	77,35	80,45	81,99	83,54	85,09	86,64
18	43,83	46,76	56,98	58,44	59,91	61,37	64,29	70,13	73,06	75,98	77,44	78,90	80,36	81,82
19	41,53	44,29	53,98	55,37	56,75	58,14	60,91	66,44	69,21	71,98	73,36	74,75	76,13	77,52
20	39,45	42,08	51,29	52,60	53,92	55,23	57,86	63,12	65,75	68,38	69,70	71,01	72,33	73,64
21	37,57	40,08	48,84	50,10	51,35	52,60	55,10	60,11	62,62	65,12	66,38	67,63	68,88	70,13
22	35,86	38,25	46,62	47,82	49,01	50,21	52,60	57,38	59,77	62,16	63,36	64,55	65,75	66,95
23	34,30	36,59	44,60	45,74	46,88	48,03	50,31	54,89	57,17	59,46	60,60	61,75	62,89	64,03
24	32,88	35,07	42,74	43,83	44,93	46,03	48,22	52,60	54,79	56,98	58,08	59,18	60,27	61,37
25	31,56	33,66	41,03	42,08	43,13	44,18	46,29	50,50	52,60	54,70	55,76	56,81	57,86	58,91
26	30,35	32,37	39,45	40,46	41,47	42,48	44,51	48,55	50,58	52,60	53,61	54,62	55,63	56,65
27	29,22	31,17	37,99	38,96	39,94	40,91	42,86	46,76	48,70	50,65	51,63	52,60	53,57	54,55

*) Die Angaben beruhen auf einem effektiven Laufraddurchmesser von 26,3 Zoll bei Rennrädern (Erklärung siehe Text).

Rennfahrer	Jahr	Rekord (km)	Übersetzung	Pedalumdr. pro Minute
Coppi	1942	45,798	52/15	105
Anquetil	1956	46,159	52/15	106
Baldini	1956	46,393	52/15	107
Riviére	1957	46,923	52/15	108
Riviére	1958	47,347	53/15	107
Bracke	1967	48,093	54/15	104
Ritter	1968	48,653	54/15	105
Merckx	1972	49,432	52/15	104
Moser	1984	50,808	56/15	106
Moser	1984	51,151	57/15	105
Obree	1993	51,596	54/12	90
Boardman	1993	52,270	53/13	102
Obree	1994	52,713	52/12	95
Indurain	1994	53,040	59/14	100
Rominger	1994	53,832	60/14	100
Rominger	1994	55,291	60/14	102
Boardman	1996	56,357	56/13	104

Stundenweltrekorde – der Prüfstein der Champions im Radsport: Fast alle Stundenweltrekorde wurden mit einer hohen Tretfrequenz erzielt.

Francesco Moser beim Stundenweltrekord 1984: Übersetzung 56/15, Tretfrequenz 106 U/min

schwindigkeit, das heißt jene Tretgeschwindigkeit, bei der man mit geringstem Aufwand die größte Wirkung erzielt, also die größte Leistung oder das höchste Tempo. Bei kardialen Leistungstests (Ergometrie) »normaler« Bürger wird meist routinemäßig gebeten, eine Tretfrequenz von 50–60 Pedalumdrehungen pro Minute einzuhalten.

Das ist jedoch für einen Radsportler viel zu wenig: Wenn sich ein gut trainierter Radsportler »seine« Tretfrequenz aussuchen soll, bei der er sich am wohlsten fühlt, wird er mit kleinen Übersetzungen (z. B. 42/17) vielleicht bei lockeren 90 Pedalumdrehungen pro Minute verweilen. Wenn der »Druck« auf die Pedale bei größeren Übersetzungen (z. B. 53/14) zunimmt, wird er sich mit einer 90er Tretfrequenz eher unwohl fühlen, die Beine werden schmerzen, der Tritt wird abgehackt und unausgeglichen – und er wird die Tretfrequenz spontan erhöhen, vielleicht auf 100–105 Pedalumdrehungen pro Minute, bis er sich wieder »wohl« fühlt. Voraussetzung ist allerdings, dass er aufgrund seines Trainingszustands in der Lage ist, diese hohe Übersetzung wirklich »rund« zu treten. Interessanterweise wurden auch fast alle Stundenweltrekorde mit einer Tretfrequenz von 100–105 Pedalumdrehungen pro Minute errungen. Auch in Radrennen treten Profis meist eine »100er Tretfrequenz«, auch bei Zeitfahrten.

Radrennfahrer aller Zeiten haben schon immer hohe Tretfrequenzen bevorzugt, auch wenn die Wissenschaft langsamere Tretfrequenzen als »ökonomischer« empfohlen hatte. Die Erfahrung lehrt, dass man im Radsport nur mit hohen Tretfrequenzen die Höchstform erreichen kann – und mit niedrigen verliert man sie. Man kann sogar folgendes Gesetz formulieren: Bei gleicher Fahrgeschwindigkeit bevorzugt der besser trainierte Radsportler die höhere Tretfrequenz und umgekehrt: Der Radsportler, dessen Leistungsfähigkeit sinkt, nimmt dagegen Zuflucht zu größeren Übersetzungen mit niedrigerer Tretgeschwindigkeit – bis er abgehängt wird. Wer zu früh und zu lange große Übersetzungen mit zu niedriger Tretfrequenz bevorzugt, dessen Leistung nimmt weiter ab und dessen Form geht verloren. Auch nach Zeitfahrten mit hohen Gängen muss der Radrennfahrer immer versuchen, in der nächsten Etappe seinen lockeren Tritt mit hoher Tretfrequenz wieder zu finden. Diese Gesetze sind von großer praktischer Bedeutung für jeden Radsportler.

Sie lassen sich durch die Zusammensetzung der Muskelfaserstruktur der Arbeitsmuskulatur in den Beinen (siehe S. 111 ff.) erklären. Aus dem einfachen physikalischen

Gesetz »Arbeit = Kraft x Weg« lassen sich zwei Schlüsse ziehen:

- Wird bei gleicher Arbeit der Weg verkürzt, das heißt, werden weniger Pedalumdrehungen pro Zeiteinheit ausgeführt, muss der Krafteinsatz vergrößert werden.
- Soll bei gleicher Arbeit der Krafteinsatz vermindert werden, muss man den Weg verlängern, also mehr Pedalumdrehungen pro Zeiteinheit ausführen.

Der »normale«, untrainierte Bürger hat ca. 50% Kraft- und 50% Ausdauerfasern in seiner Beinmuskulatur. Dafür mag eine Tretfrequenz von 50–60 Pedalumdrehungen pro Minute vielleicht günstig sein.

Der Radsportler dagegen hat in seiner Beinmuskulatur vorwiegend Ausdauerfasern (80–90%) und nur 10–20% Kraft- bzw. Schnellkraftfasern. Da der Anteil der Kraftfasern gering ist und die Krafteigenschaften von Ausdauerfasern nicht hoch sind, muss er für eine hohe Leistung den Weg verlängern – also eine hohe Pedalumdrehungsfrequenz anstreben.

Und umgekehrt: Wenn er im Training Ausdauerfasern erzeugen will, muss er das mit geringem Krafteinsatz (kleine Gänge) und noch höherer Tretfrequenz (über 100 Pedalumdrehungen pro Minute) trainieren. Erst später, wenn er sich mit den hohen Tretfrequenzen »wohl« fühlt, kann er darangehen, die so genannten »Intermediärfasern« in Kraftausdauerfasern umzuwandeln – mit höheren Gängen und weiterhin hoher Tretfrequenz.

Ausdauerfasern sind widerstandsfähig gegen Ermüdung, Kraftfasern ermüden leicht. Daher sinkt die Form, wenn man die Kraftfasern bevorzugt und zu stark ausbildet und die Entwicklung der Ausdauerfasern vernachlässigt.

Schließlich kommt noch ein weiterer Gesichtspunkt hinzu, der für eine hohe Tretfrequenz mit geringerem Krafteinsatz spricht: Nämlich die Muskeldurchblutung. Sie wird durch Anspannung der Muskulatur herabgesetzt, da die kleinen Blutkapillaren zusammengedrückt werden. Die Blutversorgung wird bereits deutlich vermindert, wenn erst 20% der maximalen Kraft eingesetzt werden. Ab 50% der maximalen isometrischen Kontraktionskraft kommt es schon zum völligen Verschluss der kleinen Blutgefäße – und die Beine schmerzen. Großer Krafteinsatz behindert also die Durchblutung, während Muskelentspannung sie fördert. Auch aus diesen Gründen sollte der Krafteinsatz beim Tretvorgang möglichst gering und kurz sein, damit die Phasen der Muskelentspannung mit guter Muskeldurchblutung häufiger sind. Das ist nur durch eine hohe Tretgeschwindigkeit gewährleistet.

Prinzipiell muss man also im Training mit höheren Drehzahlen arbeiten, um optimale Anpassungen zu erzielen. Andererseits muss ein Radrennfahrer auch im Rennen fähig sein, hohe Tretfrequenzen über lange Zeit ohne Ermüdung zu treten. Denn in einem schnellen Fahrerfeld werden viel höhere Geschwindigkeiten gefahren als bei Alleinfahrten im Training. Außerdem wechselt die Geschwindigkeit je nach den taktischen Gegebenheiten ständig, so dass man nicht immer mit der größten Übersetzung fahren kann; denn der Tempowechsel wird meistens durch Wechsel der Tretgeschwindigkeit vollzogen. Nach schweren Radrennen, vor allem wenn man überwiegend mit großen Gängen gefahren ist, muss man immer wieder Trainingsfahrten mit kleineren Gängen und hohen Umdrehungs-

Das Zeitfahren – ein möglichst optimaler Kompromiss zwischen großen Gängen und hoher Tretfrequenz

zahlen einschalten. Nur so erhält man sich seine Ausdauer in Form.
Wer immer im Training schon hohe Gänge tritt, wird vielleicht »Trainingsweltmeister«, aber er wird niemals seine Wettkampfhöchstform erreichen. Daher erfordern Training und Rennen unterschiedliche Übersetzungen und Tretgeschwindigkeiten.
Erst wer den optimalen Bewegungsablauf mühelos beherrscht und das Geheimnis der optimalen Tretgeschwindigkeit entdeckt hat, wird in die tieferen Geheimnisse des Radsports eindringen und einer Einsicht des berühmten Atomphysikers Albert Einstein beipflichten: »Logisches Denken kann uns keinerlei Wissen über die empirische Welt vermitteln. Behauptungen, die durch rein logische Mittel aufgebaut werden, entbehren jeglicher Realität.« Umgekehrt muss man jedoch sagen: Das, was man in der »empirischen Welt« durch Intuition und Inspiration erfahren hat, muss schließlich auch durch intellektuelle Methoden (Wissenschaft) nachprüfbar sein.

Kategorie		Alter (Jahre)	Übersetzungsbeschränkung Ablauflänge (Meter)	Beispiel*)
Männlicher Bereich				
Junioren	(U19)	17–18	7,93 m	52/14
Jugend	(U17)	15–16	7,01 m	52/16
Schüler	(U15)	13–14	6,10 m	42/15
Schüler	(U13)	11–12	5,66 m	42/16
Schüler	(U11)	9–10	5,66 m	42/16
Weiblicher Bereich				
Juniorinnen	(U19)	17–18	7,40 m	52/15
Jugend	(U17)	15–16	7,01 m	52/16
Schülerinnen	(U15)	13–14	6,10 m	42/15
Schülerinnen	(U13)	11–12	5,66 m	42/16
Schülerinnen	(U11)	9–10	5,66 m	42/16

*) Entscheidend für die Übersetzungsbeschränkung ist die Entfaltung in Meter (Ablauflänge), nicht die Zähnezahl.

Übersetzungsbeschränkung bei Schülern und Jugendlichen

Radsportler sind Ausdauersportler und keine Kraftsportler. Die bisherigen Ausführungen belegen, dass sich Ausdaueranpassungen bei Radsportlern am besten bei hohen Tretgeschwindigkeiten entwickeln. Ausdauer und Kraft sind miteinander konkurrierende Eigenschaften. Die Ausbildung der Fähigkeit »Kraft« konkurriert mit der Ausbildung der Fähigkeit »Ausdauer«. Deswegen ist es vernünftig und logisch, die Übersetzung bei Schülern und Jugendlichen, die erst die Grundlagen für den Radsport entwickeln sollen, nach oben zu begrenzen. Entsprechend dem Sprichwort: »Was Hänschen nicht lernt, lernt Hans nimmermehr« sollen Schüler, Jugendliche und Junioren – aber auch alle, die mit dem Radsport neu beginnen – zuerst lernen, locker und leicht mit hoher Tretfrequenz zu pedalieren. Diese Entwicklung würde durch zu hohe Übersetzungen, die schon am Anfang gefahren werden, blockiert.
Die Einteilung in die Altersklassen von Schülern, Jugendlichen und Junioren im männlichen und weiblichen Bereich mit der dazugehörigen Übersetzungsbeschränkung ist in der Tabelle ersichtlich.
Diese Übersetzungsbeschränkung sollte man schon beim Kauf eines Rennrads für Schüler und Jugendliche – auch wenn sie keine Radrennen fahren wollen – berücksichtigen. Nur dadurch erwerben Kinder und Jugendliche die erwünschten Ausdauereigenschaften, die von höchstem gesundheitlichen Wert sind – für das ganze Leben.

Training

Es ist der Geist, der sich den Körper baut!
Friedrich von Schiller

Trainingsgrundlagen

Tatsächlich kann ein Mensch, der wirklich will, auch wenn er anfangs schwächlicher Natur sein sollte, mit entsprechendem Willensaufwand den Naturgesetzen folgend einen neuen Körper aufbauen. Dabei spielen immer Geist, Seele und Körper, mentale und emotionale Kräfte, Freude und Begeisterung zusammen. Faszinierend ist, wie man das durch das Instrument »Fahrrad« erreichen kann.
Zunächst aber wollen wir uns mit den Naturgesetzen und Grundbegriffen befassen, die ein optimales Training ermöglichen.

Biologisches Grundgesetz

Eines der wichtigsten biologischen Grundgesetze lautet: »Struktur und Leistungsfähigkeit eines Organes werden bestimmt vom Erbgut sowie von der Qualität und Quantität seiner Beanspruchung.« Das heißt: Ein gewisses Erbgut (Talent) ist eine gute Voraussetzung für Gesundheit, Leistungsfähigkeit und Langlebigkeit; aber wichtiger ist es noch, das vorhandene Erbgut durch Beanspruchung innerhalb biologisch vorgegebener Grenzen zu »kneten« und zu formen; denn dadurch kann man auch bei einem ungünstigen oder »schwachen« Erbgut die Qualität aller Organe und Gewebe verbessern. Erbgut ist nur eine Neigung, für manche auch eine Ausrede. Wenn man sie fördert, kommt sie zum Ausbruch. Wenn man ihr aber entgegenarbeitet – durch richtige Beanspruchung und Lebensweise –, kann eine Schwäche auch der Grundstein für eine selbst erworbene Stärke werden.
Dieses biologische Grundgesetz hat noch eine Fortsetzung: »Je intensiver innerhalb physiologischer Grenzen ein Organ gefordert wird, desto stärker passt es sich der Belastung an und desto leistungsfähiger und widerstandsfähiger wird es.« Entscheidend ist dabei, die »physiologischen Grenzen« auszuloten und das Training richtig zu planen und zu dosieren, das heißt die individuelle und optimale Qualität und Quantität der Beanspruchung zu finden. Vor allem in der Quantität, das heißt in Intensität und Umfang des Trainings, gibt es große Unterschiede – je nach dem Ziel, das man erreichen möchte.

Breiten- und Gesundheitssport

Beim Breitensport geht es mehr um den Spieltrieb, gesellige und soziale Motive oder um die Freude an bestimmten sportarttypischen Bewegungsformen. Wer lieber läuft, soll laufen. Wer lieber Rad fährt,

Der Breiten- und Gesundheitssport fördert mit spielerischer Leichtigkeit Gesundheit und Geselligkeit sowie das Zusammenleben in der Familie.

soll Rad fahren. Die Leistungshöhe spielt dabei keine Rolle, obwohl der Mensch immer irgendwie eine möglichst gute Leistung anstrebt und sich darüber freut.
Beim Gesundheitssport dient das Training der Gesundheit, das heißt, die Motivation beruht auf gesundheitlichen Gründen. Das Interesse kann rein vorbeugend (präventiv), aber auch therapeutisch (behandelnd) oder rehabilitativ (wiederherstellend) nach erlittenen Krankheiten sein. Auch im Gesundheitssport steht die Leistung im Hintergrund – wenn man auch hier Freude über die Verbesserung des Allgemeinzustands empfindet.

Leistungssport

Auch hier spielt bei der Motivation die Freude an der Bewegung und an der Ausübung der Sportart noch eine entscheidende Rolle; in den Vordergrund tritt aber jetzt die Leistung. Qualität und Quantität der Beanspruchung werden in einem gezielten Trainingsprozess geordnet und planmäßig angewendet, um auch an Wettkämpfen teilzunehmen. Man strebt nach einer überdurchschnittlichen Leistung mit dem Ziel, immer bessere Platzierungen zu erreichen.

Der Leistungs- und Hochleistungssport entwickelt die gesamte Persönlichkeit des Menschen bis in ihre Grenzbereiche.

Hochleistungssport

Beim Hochleistungs- oder Spitzensport besteht die Motivation darin, hervorragende Leistungen nach nationalen und internationalen Maßstäben zu erreichen. Motivationen wie Freude an der Bewegung oder geselliges Beisammensein im Sport mit anderen sind nun völlig in den Hintergrund getreten. Ziele sind nur noch Platzierungen, Siege, Medaillen und Rekorde – und diesen Zielen muss sich alles andere im Alltag unterordnen. Ähnlich aber wie im Alltagsleben zählt auch hier der Erfolg, oft um jeden Preis. Deswegen spricht man im Berufssport auch vom »Erfolgssport«, der aber auch eine innere Erfüllung bringen kann, wenn man zu den wenigen Erfolgreichen im Berufssport gehört.

Der Hochleistungssport als Experimentierfeld

Da wir in einer Leistungsgesellschaft leben, sollte allen leistungsmotivierten Personen die Gelegenheit gegeben werden, sich nicht nur im geistigen, kulturellen oder literarischen Bereich, sondern auch im körperlichen Bereich bis zur persönlichen Leistungsspitze zu entwickeln. Jeder muss und darf selbst entscheiden, in welcher Kategorie der sportlichen Betätigung er sich betätigen will.
Da die Naturgesetze, die im Leistungs- und Hochleistungssport gelten, auch im Breiten- und Gesundheitssport wirksam sind, kann man den Hochleistungssport auch als willkommenes Experimentierfeld auffassen, dessen Erkenntnisse in medizinischer, psychologischer, pädagogischer und technischer Hinsicht dem gesamten Sport und damit auch jedem Bürger zugute kommen.

Die fünf motorischen Hauptbeanspruchungsformen

Die Qualität der Beanspruchung wird in Forschung, Lehre und Praxis in fünf motorische Hauptbeanspruchungsformen eingeteilt, deren Kenntnis notwendig ist, um den Trainingsprozess zu verstehen:

- Ausdauer
- Kraft
- Schnelligkeit
- Koordination (Technik)
- Gelenkigkeit (Flexibilität)

Bei diesen Begriffen stellen Ausdauer, Kraft und Schnelligkeit die »klassischen« Hauptbeanspruchungsformen dar, die man auch in dem Begriff »Kondition« zusammenfasst. Dabei ist die Zusammensetzung dieser konditionellen Faktoren in jeder Sportart spezifisch, wobei im Radsport noch die »Nebenbeanspruchungsformen« Kraftausdauer und Schnelligkeitsausdauer dazukommen.
Koordination (Technik) und Gelenkigkeit (Flexibilität) ergänzen diese motorischen Leistungsfaktoren zu einer optimalen sportartspezifischen Leistungsstruktur.

Ausdauer

Es gibt viele Formen der Ausdauer. Im Radsport geht es vor allem um die allgemeine aerobe Langzeitausdauer, unter der man die Ermüdungswiderstandsfähigkeit gegen langdauernde Belastungen versteht. Die maximale Ausdauerleistungsfähigkeit wird durch die maximale Sauerstoffaufnahmefähigkeit pro kg Körpergewicht, die Höhe der aerob-anaeroben Schwelle, die Größe der Glykogendepots (Kohlenhydratspeicher) und die Qualität der Stoffwechselvorgänge (Energie-, Kohlenhydrat-, Fettstoffwechsel) begrenzt.

Kraft und Kraftausdauer

In der Sportmedizin unterscheidet man zwischen statischer Kraft, dynamischer Kraft und Schnellkraft. Die statische Kraft ist jene Kraft, die ein Muskel oder eine Muskelgruppe willkürlich gegen einen fixierten Widerstand auszuüben vermag. Ihren Höchstwert bezeichnet man als Maximalkraft. Dynamische Kraft ist jene Kraft, die willkürlich innerhalb eines bestimmten Bewegungsablaufs zur Entfaltung gebracht werden kann. Sie ist abhängig von Maximalkraft und Schnelligkeit. Und schließlich versteht man unter Schnellkraft die dynamische Kraft, die pro Zeiteinheit willkürlich innerhalb eines bestimmten Bewegungsablaufs umgesetzt werden kann. Die Fähigkeit, dynamische Kraft und Schnellkraft über einen längeren Zeitraum ohne Ermüdung zu entfalten, bezeichnet man als Kraftausdauer. Im Radsport braucht man statische Kraft für die Haltearbeit am Lenker, dynamische Kraft, Schnellkraft und Kraftausdauer für den Tretvorgang.

Schnelligkeit und Schnelligkeitsausdauer

Unter »Schnelligkeit« werden eigentlich vier Faktoren zusammengefasst: Reaktionszeit, Geschwindigkeit einer Einzelbewegung, Bewegungsfrequenz und die Fortbewegungsgeschwindigkeit.
Unter der Reaktionszeit wird dieenige Zeit verstanden, die vom Geben eines Signals bis zum Beginn einer willkürlichen Reaktion verstreicht. Die Geschwindigkeit einer Einzelbewegung bezieht sich im Radsport auf die der Beine, die auch die Bewegungsfrequenz (Tretfrequenz) bestimmt.

Das Training der Grundlagenausdauer ist die Basis des gesamten Radsporttrainings.

In der Einzel- und Fortbewegung unterscheidet man zwischen Grundschnelligkeit und Schnelligkeitsausdauer.
Unter Grundschnelligkeit versteht man die maximal erreichbare Geschwindigkeit in einem zyklischen Bewegungsablauf (Tretvorgang). Sie wird wesentlich von der dynamischen Kraft, der Koordination (Technik) und der Kontraktionsgeschwindigkeit der beanspruchten Muskulatur bestimmt.
Unter Schnelligkeitsausdauer versteht man die anaerobe dynamische Beanspruchung großer Muskelgruppen über einen Zeitraum von ca. 20–120 Sek. – im Radsport wichtig für Tempowechsel und Sprints.

Koordination (Technik)

Koordination ist das Zusammenwirken von zentralem Nervensystem (Gehirn und Rückenmark) und Skelettmuskulatur innerhalb eines gezielten Bewegungsablaufs. Eine Verbesserung der Koordination oder Technik wird erreicht, indem man den Bewegungsablauf geduldig und ausdauernd übt. Wenn man die Koordination verbessert, ergibt sich daraus eine Einsparung an Energie für eine gegebene Leistung, eine Herabsetzung des Sauerstoffbedarfes und des Ermüdungsgrades. Damit trägt die Verbesserung der Koordination – im Radsport die des Tretvorganges oder Pedalierens – auch zur Verbesserung der Leistung bei.

Flexibilität (Gelenkigkeit)

Flexibilität bezeichnet den willkürlichen Bewegungsbereich in einem oder mehreren Gelenken. Die Verbesserung der Flexibilität oder Gelenkigkeit schafft Bewegungsreserven, die eine bessere Leistungsentfaltung ermöglichen. Oder anders ausgedrückt: Von zwei gleich leistungsfähigen Athleten wird derjenige eine bessere Leistung erbringen, der durch seine Bewegungsreserven in den Gelenken einen besseren Bewegungsablauf hat. Eine Verbesserung der Flexibilität oder Gelenkigkeit wird vor allem durch Gymnastik oder Dehnungsübungen (Stretching) erreicht.

Physiologische Grundlagen

Ein wichtiger Trainingsgrundsatz ist der »Grundsatz der Bewusstheit«. Wenn man den Trainingsprozess versteht und sein Bewusstsein auf das Trainingsziel ausrichtet, ist der Erfolg des Trainings größer und zwar bis zu 20%(!) bei gleichem Trainingsaufwand. Es lohnt sich also, zu verstehen, was im Trainingsprozess vor sich geht. Nur dann kann man sein Training auch wirklich selbst steuern. Die weitgehende Selbststeuerung des Trainings ist eine wichtige Voraussetzung für eine optimale Belastungssteuerung und diese wiederum für einen optimalen Leistungszuwachs.

Bei den vielen Kilometern extensiven und intensiven Grundlagenausdauertrainings gehen gleichzeitig auch Fahrtechnik und Koordination in »Fleisch und Blut« über.

Die »menschliche Maschine«

Man kann es auch so sehen: Fahrrad und Radsportler sind zwei Maschinen – eine technische und eine biologische –, die für eine bestimmte Leistung in optimaler Weise zusammenarbeiten müssen. Die eine Maschine, das Fahrrad, besteht aus Metall und einigen Kunststoffen, die andere, der Mensch, aus Zellen, Geweben, Organen und Organsystemen mit komplexen Stoffwechselprozessen. Zwei derart verschiedene Maschinen kann man nur dann ökonomisch zusammenarbeiten lassen, wenn man beide genau kennt. Gerade beim Radsportler macht man die Erfahrung, dass er schon am Anfang oder zumindest nach einiger Zeit mehr wissen möchte. Er möchte seinen Körper genauso gut verstehen wie die technischen Zusammenhänge bei seinem Fahrrad, gleichgültig ob Alltagsfahrrad, Tourenfahrrad, Sportrad, Mountainbike oder Rennrad.
Bau und Funktion des menschlichen Körpers können hier nur kurz gestreift werden. Der Radsportler sollte daher ständig weitere Möglichkeiten suchen, sich darin weiterzubilden. In der »menschlichen Maschine« wirken mehrere spezialisierte Organsysteme zusammen:

- Knochen- oder Skelettsystem (Knochen, Gelenke, Bänder)
- Muskelsystem (Muskeln, Sehnen, Faszien)
- Nervensystem (Gehirn, Rückenmark, periphere Nerven)
- Gefäßsystem (Blut- und Lymphgefäße)
- Herz-Kreislauf- und Atmungssystem (kardio-pulmonales System)
- Verdauungssystem (Speiseröhre, Magen, Darm, Leber, Bauchspeicheldrüse)
- System der Hormondrüsen (Hirnanhangdrüse, Schilddrüse, Nebennieren, Keimdrüsen, Bauchspeicheldrüse)
- System der Harn- und Geschlechtsorgane (Nieren, Harnleiter, Harnblase, Harnröhre)
- Hautsystem (Haut, Haare, Nägel, Talg- und Schweißdrüsen)
- System der Sinnesorgane (Augen, Ohren, Nase, Gefühl und Geschmack)

Leben bedeutet Bewegung. Bewegung bedeutet Energieverbrauch, und die Bereitstellung der Energie hängt mit den Energiereserven des Körpers zusammen, deren Freisetzung mit der Atmung zusammenhängt, mit Aufnahme von Sauerstoff und Abgabe von Kohlendioxyd.

Formen der Energiebereitstellung

Es ist auch heute noch ein nicht ganz gelöstes Geheimnis, wie Energie an biologische Strukturen gebunden und aus ihnen wieder freigesetzt werden kann. Man weiß jedoch, dass die Energie in unserem Körper in Form von ener-

FORMEN DER ENERGIEBEREITSTELLUNG:

1 Bei kurzen intensiven Leistungen bis ca. 8 Sek. Dauer (z. B. Sprints) wird die Energie ohne Sauerstoff und ohne Bildung von Milchsäure (Laktat) aus den energiereichen Phosphaten ATP und KP gewonnen (anaerob-alaktazide Energiegewinnung).

2 Bei kurzen intensiven Leistungen von ca. 40–60 Sek. Dauer (z. B. Intervalltraining) wird die Energie unter Sauerstoffmangel aus Kohlenhydraten (Glykogen) unter Bildung von Milchsäure (Laktat) bereitgestellt (anaerob-laktazide Energiegewinnung).

3 Bei länger andauernden Belastungen (2 Min. bis Stunden) wird die Energie zunehmend bis ausschließlich mit Sauerstoff ohne Milchsäurebildung aus der Verbrennung von Kohlenhydraten und Fetten gewonnen (aerobe Energiegewinnung).

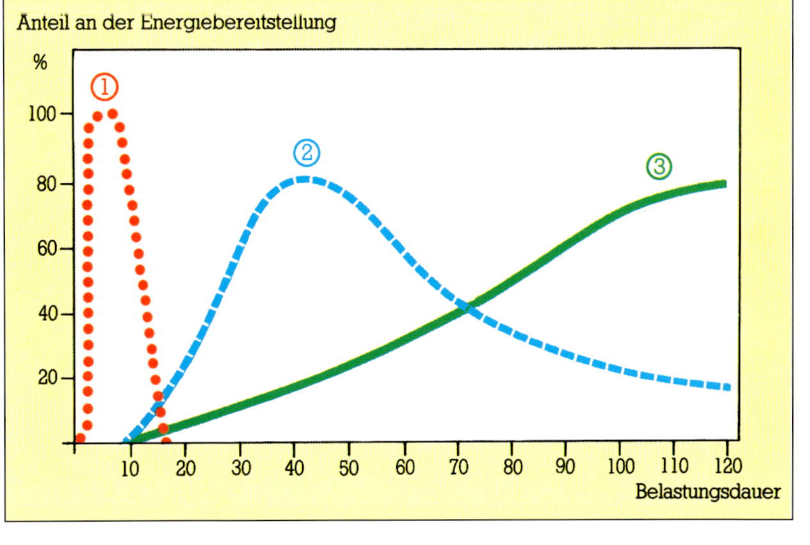

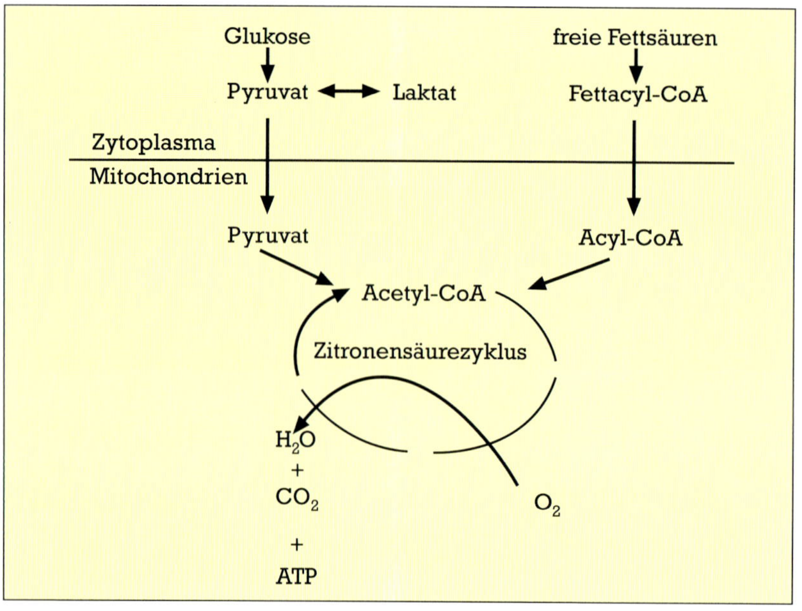

Biochemischer Zusammenhang zwischen Kohlenhydrat- und Fettstoffwechsel: Die Fette verbrennen »im Feuer« der Kohlenhydrate.

Bei einem gut ausdauertrainierten Radsportler werden mit zunehmender Belastungsdauer zunehmend Fettsäuren zur Energiegewinnung herangezogen, so dass Kohlenhydrate gespart werden können (modifiziert nach F. Brouns).

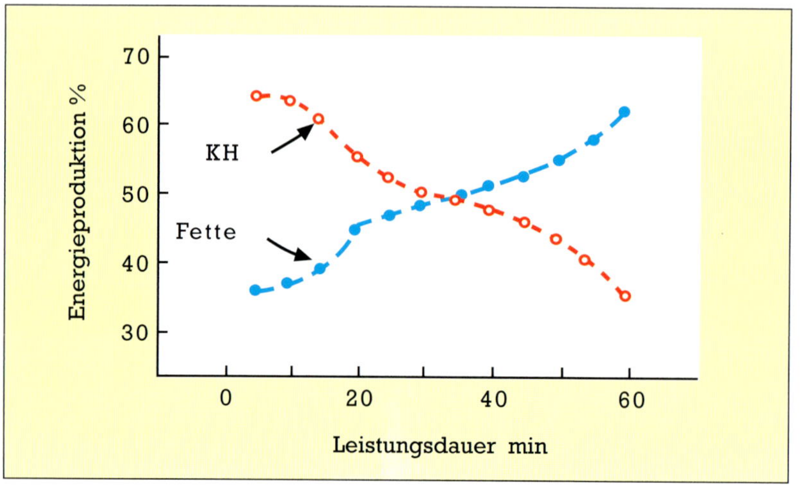

gireichen Phosphaten – Adenosintriphosphat (ATP) und Kreatinphosphat (KP) – gespeichert und aus diesen Verbindungen bei Bedarf wieder freigesetzt werden kann.

Über den Energiestoffwechsel müssen dann diese energiereichen Phosphatbindungen wieder aufgeladen werden, damit immer genügend Energiereserven für Muskelbewegungen, Organtätigkeit und alle anderen energieverbrauchenden Prozesse zur Verfügung stehen.

Insgesamt gibt es drei Wege der Energiefreisetzung, die eingesetzt werden, je nachdem wie schnell und wie lange die Energie benötigt wird und wie viel Sauerstoff zur Verfügung steht:

- Kurze, explosive Leistungen bis zu 6–8 Sek., wie z. B. ein Radsprint von 60–80 m, lassen dem Organismus keine Zeit, Energie durch langsam anlaufende Stoffwechselvorgänge zu liefern. Hier wird die akut zur Verfügung stehende, in energiereichen Phosphaten gespeicherte Energiereserve in der Arbeitsmuskulatur selbst zur Energiegewinnung herangezogen. Es bleibt auch keine Zeit, Sauerstoff in genügender Menge heranzutransportieren. Die Energiegewinnung muss also zunächst ohne Sauerstoff (anaerob) erfolgen. Da dabei auch noch keine Milchsäure (Laktat) gebildet wird, bezeichnet man diese Form der Energiegewinnung als anaerob-alaktazide Energiegewinnung.
- Maximale Leistungen bis zu 40–50 Sek. Dauer: Auch bei dieser Belastungsform ist es nicht möglich, genügend Sauerstoff heranzutransportieren und daher muss auch diese Leistung ohne Sauerstoff oder zumindest im Sauerstoffmangel, also anaerob, erbracht werden. Da die energiereichen Phosphate nur für maximal 6–8 Sek. ausreichen, müssen sie schnell durch Abbau von Glykogen (Kohlenhydratspeicher) oder Glukose (Blutzucker) regeneriert werden. Dabei entsteht unter Sauerstoffmangel Milchsäure (Laktat), die zunächst ohne genügend Sauerstoff nicht weiter abgebaut werden kann und sich daher im Blut anhäuft. Diese Form der Energiegewinnung nennt man

daher anaerob-laktazide Energiebereitstellung. Wenn der Säurewert des Blutes zu hohe Werte erreicht, wird die Muskeltätigkeit zunehmend behindert. Der Sportler »wird sauer« und muss schließlich sein Tempo vermindern. Diese Form der Energiegewinnung steht bei Radsprints von ca. 400–600 m im Vordergrund.

- Belastungen von mehr als 2 Min. Dauer können nicht mehr ohne Sauerstoff bewältigt werden. Der Organismus muss dann mit Sauerstoff (aerob) arbeiten können, das heißt, die maximale Sauerstoffaufnahmefähigkeit des Athleten bestimmt in diesem Bereich die obere Grenze der möglichen Belastungsintensität. Diese Form der Energiegewinnung nennt man aerobe Energiegewinnung. Die energiereichen Phosphate werden nun durch den oxidativen Abbau von Kohlenhydraten und Fetten regeneriert. Das Verhältnis, in dem Kohlenhydrate und Fette verbrannt werden, hängt von der Intensität der Belastung und vom Ausdauertrainingszustand ab, der durch die maximale Sauerstoffaufnahmefähigkeit gekennzeichnet ist. Die Optimierung dieser Energie-Stoffwechselwege ist das Ziel eines systematisch aufgebauten Ausdauertrainings im Radsport.

Auswirkungen des Radsports auf den Organismus

Radsport ist eine Langzeitausdauersportart mit hohem Krafteinsatz. Die Kunst der Trainingsplanung besteht darin, die miteinander konkurrierenden Eigenschaften »Ausdauer« und »Kraft« im richtigen Verhältnis zu entwickeln. Da auch bei Radrennen der Anteil der Ausdauer an der Leistung bei 95–98% liegt, ergibt sich daraus auch die Bedeutung des Ausdauertrainings im Radsport.

Die Fähigkeiten Ausdauer, Kraft, Kraftausdauer, Schnelligkeit und Schnelligkeitsausdauer werden durch die entsprechenden Trainingsreize entwickelt und zwar dadurch, dass sie Veränderungen im Organismus erzeugen, die man als Anpassung (Adaptation) bezeichnet. Dabei versteht man unter Anpassung ganz allgemein die Umstellung körperlicher und psychischer Funktionssysteme auf ein höheres Leistungsniveau und die Einstellung auf spezielle äußere Bedingungen, die sich unter dem Einfluss äußerer Belastungen vollzieht. Trainingsbelastungen rufen also funktionelle, biochemische und gestaltliche Veränderungen im Organismus hervor. Anpassungsvorgänge werden ausgelöst, wenn die Trainingsbelastung eine in Bezug auf die momentane Leistungsfähigkeit bestimmte Mindestintensität und einen bestimmten Mindestumfang erreicht.

Herz und Kreislauf

Die auf Ausdauer beanspruchte Muskulatur benötigt Sauerstoff

Durch lockeres Ausdauertraining werden Herz und Kreislauf, Stoffwechsel und Immunsystem optimal ausgebildet.

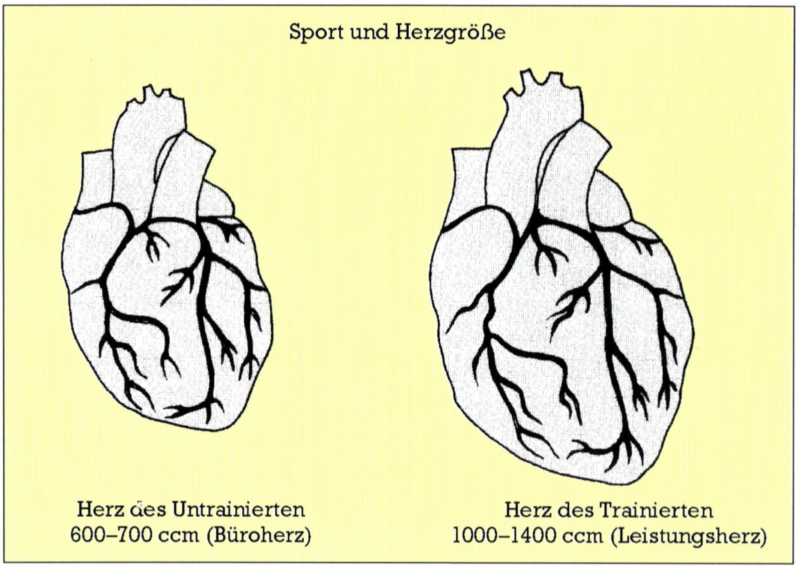

Das »Büroherz« ist ein schwaches Herz, das unökonomisch arbeitet und wenig belastbar ist.
Das »Sportherz« ist ein kräftiges, gesundes Herz, das mit reichlich Blutgefäßen versorgt wird und Belastungen viel ökonomischer bewältigt.

zur Energiegewinnung. Deswegen muss der Organismus dafür sorgen, dass möglichst viel Sauerstoff an die Muskelzellen herantransportiert wird. Das geschieht durch eine bessere Blutversorgung mit Ausbildung neuer Blutgefäße (Kapillaren) sowie durch eine ökonomischere Arbeit von Herz und Lunge. Herz und Lunge haben also eine dienende Funktion, nämlich den Bedarf der peripheren Arbeitsmuskulatur an Sauerstoff und Nährstoffen zu decken.
Im Breiten- und Gesundheitssport, in dem vorwiegend die Grundlagenausdauer ausgebildet wird, sind diese Anforderungen nicht so hoch, dass sich das Herz deswegen vergrößern muss. Es gibt also kein vergrößertes Sportherz im Breiten und Gesundheitssport! Es vergrößert sich allenfalls das Schlagvolumen des Herzens, d. h. die pro Herzschlag ausgeworfene Blutmenge, ohne dass sich das Herz äußerlich vergrößert. Erst bei höherer Trainingsintensität und höherem Trainingsumfang, wie im Leistungs- und Hochleistungssport, vergrößert sich dann allmählich auch das Herzvolumen als eine Anpassung an den stärker erhöhten Sauerstoffbedarf der Arbeitsmuskulatur. Daher haben die Sportler mit der größten und intensivsten Ausdauerleistungsfähigkeit auch die größten Herzvolumina.
Das »Sportherz« ist – entgegen der noch oftmals vertretenen Meinung – ein besonders leistungsangepasstes Herz, das weder krankhaft noch nachteilig, sondern dem normalen Herzen in vieler Hinsicht überlegen ist. Durch entsprechende intensive und lang dauernde Beanspruchung wird die Muskulatur des Herzens durch harmonisches Wachstum aller Herzabschnitte kräftiger. Mit der Längen- und Dickenzunahme der Herzmuskelfasern geht eine entsprechend verbesserte Gefäß- und Blutversorgung des Herzens einher. Dadurch wird eine weitere Vergrößerung des Schlagvolumens möglich, so dass ein trainiertes Sportherz in Ruhe und bei vergleichbaren Belastungsstufen mit viel weniger Schlägen auskommt als ein nicht trainiertes, nicht angepasstes »Büroherz« . So kommt es, dass die über den Tag gerechnete Arbeit eines trainierten Herzens im Vergleich zu dem eines untrainierten fast nur noch die Hälfte(!) beträgt. Das Herz wird also auf Dauer trotz intensiver Trainingsbelastungen geschont. Das bedeutet im Bereich des Gesundheits- und Breitensports eine deutlich geringere Sterblichkeit an Herzkranzgefäßerkrankungen im Vergleich zur »Normal«bevölkerung.
Der Puls in Ruhe (Ruhepuls) ist ein relativ guter Maßstab für den Trainingszustand. Er wird am besten morgens vor dem Aufstehen gemessen. Bei untrainierten Menschen liegt er meist zwischen 70 und 80 Schlägen pro Minute. Bei Breiten- und Gesundheitssportlern verringert sich der Ruhepuls viel-

leicht bis auf 60 Pulsschläge pro Minute oder darunter. Das ist allein schon durch die Umstellung und Beruhigung des vegetativen Nervensystems möglich. Auf diese Weise kommt der Organismus schon mit weniger Herzschlägen aus, bevor sich das Herz vergrößert. Bei einem vergrößerten Radsportherz ist der Ruhepuls noch geringer. Er liegt dann bei 40–50 Schlägen pro Minute oder darunter. Ein ungewohnt erhöhter Ruhepuls kann frühzeitig auf gesundheitliche Störungen (Infekte), Übertraining oder unvollständige Erholung hinweisen.

Nervensystem

Man unterscheidet das willkürliche und das unwillkürliche Nervensystem: Das willkürliche Nervensystem besteht aus Gehirn, Rückenmark und peripheren Nerven. Das unwillkürliche – autonome – Nervensystem besteht aus dem sympathischen und parasympathischen Nervensystem, das im Zusammenspiel die Tätigkeit der Organe und die Gesamterregbarkeit des ganzen Organismus steuert. Durch Ausdauertraining wird sowohl das willkürliche wie auch das unwillkürliche Nervensystem in seiner Funktion verbessert. Im unwillkürlichen (dem Willen nicht unterliegendem) Nervensystem findet eine Umstellung vom sympathischen zum parasympathischen Nervensystem statt. Dadurch wird der trainierte Mensch ruhiger und seine psychophysische Belastbarkeit und Stresstoleranz verbessern sich. Die Fähigkeit, sich schnell und vollständig zu erholen, nimmt zu. Die Umstellung auf das parasympathische Nervensystem (Nervus vagus) äußert sich auch in einer Herabsetzung des Ruhepulses.

Maximale Sauerstoffaufnahmefähigkeit (aerobe Kapazität)

Die maximale Sauerstoffaufnahmefähigkeit begrenzt die mögliche Intensität einer Ausdauerleistung, also das Tempo, das man über längere Zeit durchhalten kann, ohne in Sauerstoffmangel zu geraten. Die maximale Sauerstoffaufnahmefähigkeit nimmt mit zunehmendem Alter im Rahmen des biologischen Alterungsprozesses ab, pro Lebensjahr etwa um 1%.
Im jungen Alter, zum Beispiel bei einem 20- bis 30-jährigen Mann, liegt die maximale Sauerstoffaufnahmefähigkeit bei etwa 3,3 l Sauerstoff pro Minute, bei einer gleichaltrigen Frau bei etwa 2,2 l/min. Wenn man diesen Wert auf das Körpergewicht umrechnet, erkennt man, dass Mann und Frau in diesem Alter in gleicher Weise ca. 35–45 ml Sauerstoff pro Kilogramm Körpergewicht aufnehmen können.

Maximale Sauerstoffaufnahmefähigkeit (l/min) im Laufe des Lebens bei untrainierten Männern (obere Kurve) und Frauen (untere Kurve).
Zum Vergleich einzelne Werte von Leistungssportlern in der Jugend und im Alter, die viel höher liegen als die untrainierter Menschen gleichen Alters – oder so hoch wie sie einem viel jüngeren Alter entsprechen.

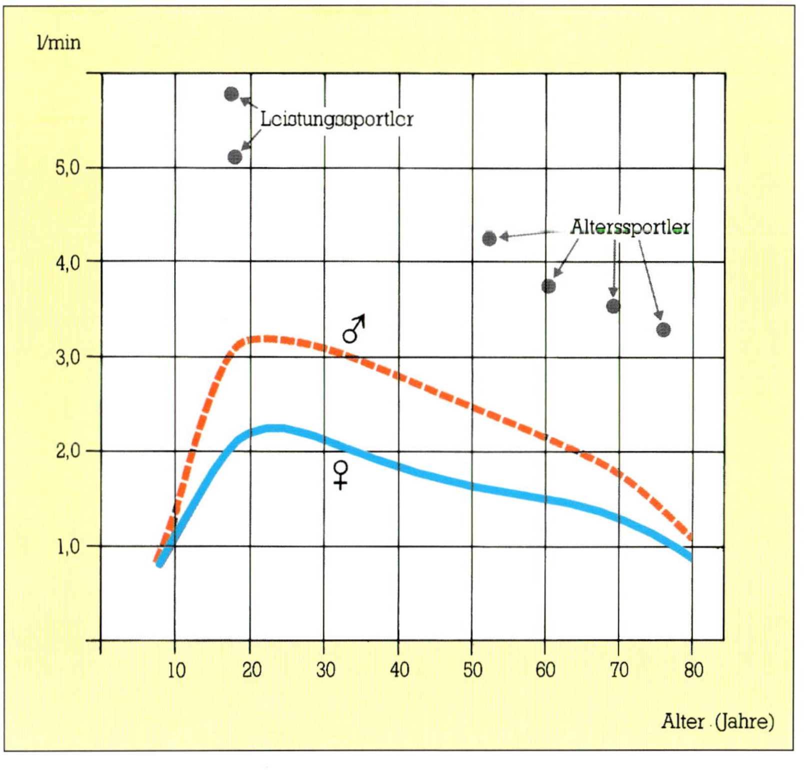

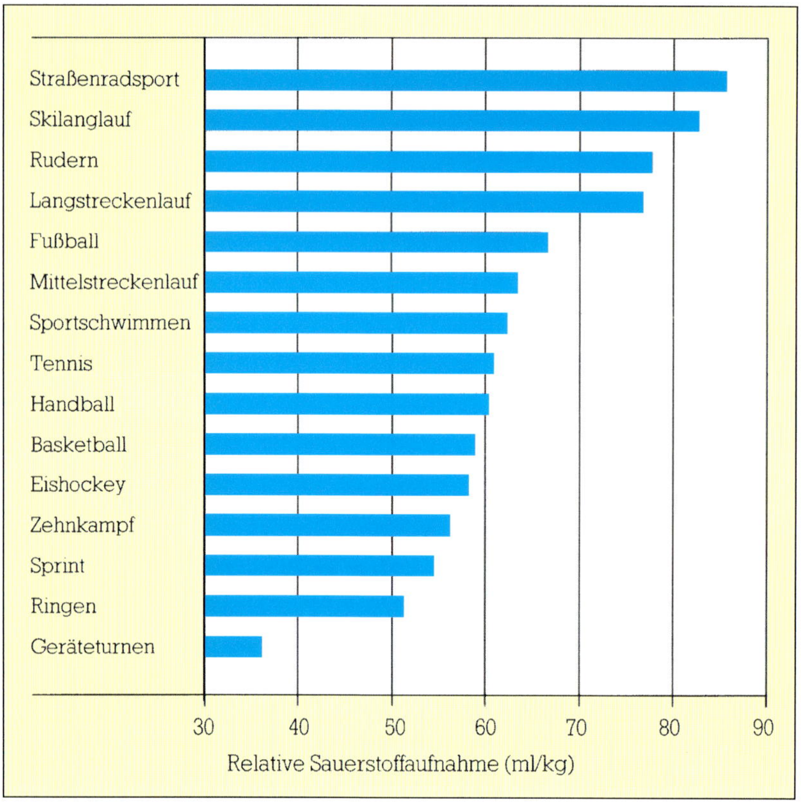

Relative maximale Sauerstoffaufnahmefähigkeit pro Kilogramm Körpergewicht bei Leistungssportlern verschiedener Sportarten: Die größte aerobe Kapazität, d. h. die größte Ausdauerleistungsfähigkeit, findet man im Straßenradsport, beim Skilanglauf, Rudern und Langstreckenlauf.

Im Laufe des Lebens geht dieser Wert kontinuierlich zurück, so dass er im 70. Lebensjahr etwa die Hälfte des Ausgangswertes erreicht. Die meisten Menschen finden sich aus Unwissenheit mit diesem Alterungsprozess ab und betrachten diesen Abbau als Schicksal. Die Sportmedizin und das Leben selbst beweisen jedoch, dass man die maximale Sauerstoffaufnahmefähigkeit durch Ausdauertraining, z. B. Radsporttraining, über viele Jahrzehnte hinweg aufrechterhalten und verbessern kann, in jedem Lebensalter. Hochtrainierte Ausdauersportler erreichen in der Jugend (20–30 Jahre) eine maximale Sauerstoffaufnahmefähigkeit von 6 l/min (und darüber), das heißt um 80–90 ml Sauerstoffaufnahme pro Kilogramm Körpergewicht.
Alterssportler im Radsport können bis zum Alter von 60 oder 70 Jahren und darüber eine maximale Sauerstoffaufnahme von 3 l/min und mehr aufbauen und erhalten – das entspricht fast den Werten eines untrainierten 30-Jährigen! Mit Radsport kann man also theoretisch bei richtig dosiertem Training biologisch 30 oder 40 Jahre lang 30 Jahre jung bleiben!
Diese verbesserte Sauerstoffaufnahmefähigkeit ist die Folge von Stoffwechselanpassungen an den Trainingsprozess – und diese sind wiederum Ausdruck einer veränderten Muskelfaserzusammensetzung in der Arbeitsmuskulatur.

Stoffwechselanpassungen

Da im Straßenradsport die Energie zu 95–98 % aerob, also mit Sauerstoff, gewonnen wird, ist vor allem die Anpassung der aeroben Stoffwechselprozesse wichtig, die diese Energiegewinnung ermöglichen. Die Energiegewinnung unter Verbrauch von Sauerstoff nennt man Oxidation oder »Verbrennung«, weil bei jeder Verbrennung der gleiche Vorgang abläuft.
Im Körper wird die Energie aerob vor allem durch Oxidation von Kohlenhydraten und Fetten gewonnen, bis zu 2 % manchmal (z. B. im Hungerzustand) auch aus Eiweiß. Kohlenhydrate sind in Form von Glykogen in Muskulatur und Leber gespeichert. Das Glykogen besteht aus verzweigten Ketten von Traubenzucker-Molekülen, die nach Bedarf abgespalten werden. Die chemische Formel des Traubenzuckers ist: $C_6H_{12}O_6$ (C = Kohlenstoff, H = Wasserstoff, O = Sauerstoff). Ein Molekül Traubenzucker bringt also sechs Atome Sauerstoff (O_6) mit. Das bedeutet: Wenn die Intensität der körperlichen Belastung so stark ansteigt, dass sie an die Grenze der maximalen Sauerstoffaufnahmefähig-

keit gelangt, muss zunehmend auf Nährstoffe zurückgegriffen werden, die Sauerstoff mitbringen – nämlich die Kohlenhydrate oder ihre Speicherform, das Glykogen. Anaerobe Leistungen können (außer durch die energiereichen Phosphate ATP und KP) nur durch den Abbau von Kohlenhydraten erbracht werden. Die Kohlenhydratspeicher sind jedoch relativ begrenzt: Sie betragen beim Untrainierten ca. 300 g (= ca. 1200 Kilokalorien oder kcal), beim Trainierten ca. 500 g (= ca. 2000 kcal). Demgegenüber bringen Fette als Kohlenwasserstoffe fast keinen Sauerstoff im Molekül mit. Sie liefern aber pro Gramm doppelt soviel Energie wie die Kohlenhydrate. Außerdem sind die Fettreserven des Organismus ungleich größer als die Glykogenreserven: Bei einem normalgewichtigen Menschen von ca. 70 kg betragen sie ca. 50 000(!) kcal – eine fast unerschöpfliche Energiequelle.

Daher sind die Glykogenreserven sehr kostbare Energiequellen für Belastungen mit sehr hoher Intensität an der Grenze der maximalen Sauerstoffaufnahmefähigkeit. Bei geringerer bis mittlerer Belastungsintensität kann der Organismus mit zunehmendem Ausdauertrainingszustand auch zunehmend mehr den Fettstoffwechsel zur Energiegewinnung heranziehen und dadurch die kostbaren Kohlenhydratreserven für hochintensive »Notfälle« (Berge, Zwischenspurts, Endspurt) aufsparen.

Der Fettstoffwechsel muss aber immer wieder aufs Neue trainiert werden, damit der Organismus ihn als Energiequelle nutzen kann. Das Training des Fettstoffwechsels erfolgt durch das Training der Grundlagenausdauer (GA) bei geringer bis mittlerer Intensität und hohem Umfang des Trainings

Energievorräte bei einem normalgewichtigen Menschen von 70 kg in Kilokalorien (kcal)

Trainingszustand	untrainiert	ausdauertrainiert
Energiereiche Phosphate (ATP, KP)	20 kcal	40 kcal
Kohlenhydrate (Glykogen)	1200 kcal	2400 kcal
Fette	50000 kcal	40000 kcal

(lange Strecken). Dieses Fettstoffwechseltraining muss unter reichlicher Sauerstoffzufuhr ablaufen, damit kein Sauerstoffmangel eintritt und der Organismus auch wirklich Fette verbrennt.

Das Training der Grundlagenausdauer ist daher die wichtigste Trainingsform im Breiten- und Gesundheitssport sowie zum Aufbau einer guten Stoffwechselgrundlage im Leistungs- und Hochleistungssport. Ein gut trainierter Fettstoffwechsel ist sozusagen das biochemische Qualitätsmerkmal eines guten Ausdauersportlers.

Diese Stoffwechselanpassung trainieren auch Radprofis jedes Jahr aufs Neue, indem sie in der Vorbereitungs- und Wettkampfphase immer wieder lange Strecken mit kleinen Übersetzungen bei geringem bis mäßigem Tempo zurück-

**Die Energiereserven eines untrainierten und trainierten Menschen im Vergleich:
Die Kohlenhydratreserven können durch Ausdauertraining verdoppelt werden. Trotzdem bleiben sie begrenzt – im Vergleich zu den fast unerschöpflichen Fettenergiereserven.**

Im Trainingslager – oder ganz allgemein im Frühjahr – trainiert man trainingsmethodisch die Grundlagenausdauer, biochemisch den Fettstoffwechsel. Dieses Stoffwechseltraining wird durch eine knappe, gesunde Kost gefördert.

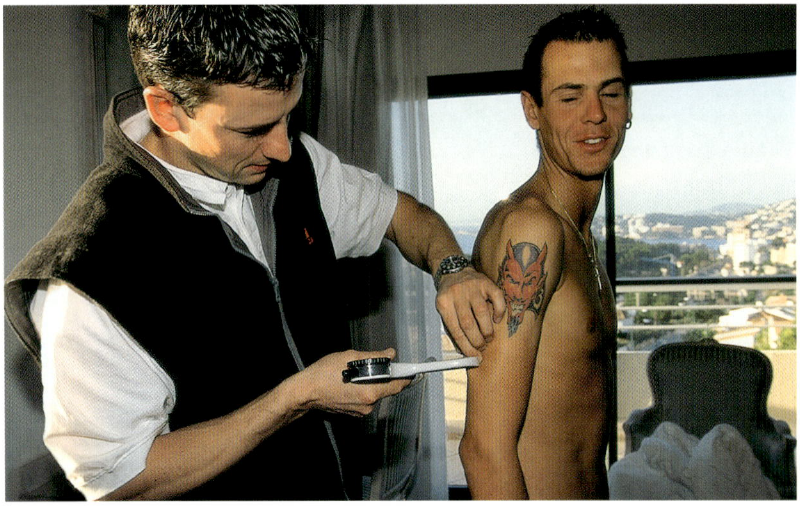

Fettfaltenmessung:
Dünne Fettfalten über der Rückseite des Oberarms und über den Schulterblättern sind ein Qualitätsmerkmal für einen guten Fettstoffwechsel und geben Aufschluss über die Körperzusammensetzung (Anteil von Fettgewebe und fettfreier Körpermasse).

Magere Rennfahrer mit geringem Körpergewicht und geringem Fettanteil sind am Berg im Vorteil, z. B. Marco Pantani.

legen. Dabei sollte das Tempo oder die Intensität etwa so bemessen sein, dass man sich noch ohne Atemnot unterhalten kann.
Das Training des Radsportlers muss also zwei wichtige Ziele erreichen:

- Erhöhung der maximalen Sauerstoffaufnahmefähigkeit
- Verbesserung der Energiegewinnung aus dem Fettstoffwechsel

Diese Anpassungsvorgänge laufen vor allem in der Arbeitsmuskulatur ab und erfordern den Aufbau einer ganz speziellen Muskelfaserzusammensetzung, welche die erforderlichen physikalischen (Ausdauer, Kraft, Schnelligkeit) und biochemischen (Kohlenhydrat-, Fettstoffwechsel) Anforderungen erfüllt.

Fettstoffwechsel und Körperzusammensetzung

Das Training des Fettstoffwechsels beeinflusst die gesamte Zusammensetzung des Körpers: Der Stoffwechselumsatz des Fettgewebes wird gesteigert, die Fettfalten der Haut werden dünner, die gesamte Fettmasse nimmt ab, und die fettfreie Körpermasse nimmt zu. Alles zusammen bedeutet das eine veränderte Körperzusammensetzung, die sich in einer größeren Ausdauerleistungsfähigkeit äußert. Bei gleicher maximaler Sauerstoffaufnahmefähigkeit bedeutet eine Gewichtsabnahme, dass die relative maximale Sauerstoffaufnahmefähigkeit pro Kilogramm Körpergewicht steigt, und das kommt einer Leistungssteigerung gleich, ohne zusätzliches Training.
Die aussagekräftigsten Fettfalten der Haut sind die an der Rückseite der Oberarme und über den Schulterblättern. Die Fettfaltendicke eines ausdauertrainierten Radsportlers beträgt an diesen Stellen meist weniger als 4 mm. An Waden und Oberschenkeln ist sie sogar fast »papierdünn«. Jeder Masseur kann das bestätigen. Und jeder gute Trainer erkennt den Trainingszustand seiner Schützlinge an der geringen Ausprägung des Fettgewebes, auch im Gesicht. Außerdem bedeutet ein geringeres Körpergewicht eine bessere Leistungsfähigkeit beim Bergfahren, weil ein hohes Körpergewicht die Hangabtriebskraft erhöht. Daher sind gute Bergfahrer im Radsport meist nur »Haut und Knochen«. Oder wissenschaftlich ausgedrückt: Ihr Body Mass Index (BMI) ist niedrig. Der BMI ist repräsentativer als das Körpergewicht bei der Beurteilung der Fettsucht. Er wird folgendermaßen berechnet:
Body Mass Index (BMI) = Körpergewicht in kg : (Körpergröße in m)^2
Zum Beispiel: Ein Körpergewicht von 70 kg bei einer Körpergröße von 1,80 m ergibt einen BMI von 70 kg : (1,80 m x 1,80 m) = 21,6 kg/m^2.
Bei einem BMI von 20–25 spricht man von Normalgewicht, bei einem von 25–30 von Übergewicht, und bei einem von über 30 von Adipositas (Fettsucht) verschiedener Schweregrade. Und wer einen BMI unter 20 aufweist ist mager. So hat z. B. Marco Pantani als

magerer Bergspezialist einen BMI von 18,2.
Radsportler machen immer wieder die Erfahrung, dass sich durch Optimierung des Fettstoffwechsels und Verminderung des Fettgewebes ein niedrigeres Körpergewicht einstellt, das mit einer höheren Ausdauerleistung einhergeht. Das Gewicht, das mit der besten Leistung verknüpft ist, bezeichnet man als Wettkampfgewicht. Am magersten sind die Rennfahrer am Ende der Tour de France, und genau dann fahren sie auch die besten Zeiten.
Profis machen eine weitere Beobachtung: Nach einer Rundfahrt kann man essen, was man will, ohne zuzunehmen. Dieses Phänomen hält etwa drei Wochen an, dann scheint der Fettstoffwechsel sich wieder umzustellen, falls man sich beim Essen nicht »hält« oder nicht weiter auf Ausdauer trainiert.

Muskelfaser-zusammensetzung

Kenntnisse über die Muskelfaserzusammensetzung sind für die sich daraus ergebenden Trainingsmaßnahmen gerade im Radsport äußerst wichtig, weil sie das Zusammenspiel zwischen Ausdauer und Kraft sowie zwischen Übersetzung und Tretgeschwindigkeit verständlich machen.
Prinzipiell unterscheidet man innerhalb des Muskels verschiedene Muskelfasertypen, wobei vor allem zwei von Bedeutung sind: Ausdauerfasern und Schnellkraftfasern. Voraussetzung für eine hohe Ausdauerleistungsfähigkeit, Belastungsverträglichkeit und Regenerationsfähigkeit ist ein hoher Anteil von Ausdauerfasern. Er kann und muss durch ein entsprechendes Training entwickelt werden.

Ausdauerfasern

Ausdauertraining baut Muskelfasern mit einer hohen Sauerstoffaufnahmefähigkeit auf, die durch einen leistungsfähigeren aeroben Energiestoffwechsel bedingt ist. Die Enzyme für den aeroben Stoffwechsel sind in den Mitochondrien, den Kraftwerken der Zelle, lokalisiert. Um mehr Sauerstoff aufnehmen zu können, enthalten diese Muskelfasern vermehrt roten Muskelfarbstoff (Myoglobin), der analog zum roten Blutfarbstoff (Hämoglobin) Sauerstoff binden kann.
Zur besseren Durchblutung sind sie von zahlreichen kleinen Blutgefäßen (Kapillaren) umgeben. Ausdauerfasern sind außerdem relativ dünn, so dass sie auch aus diesem Grund viel besser mit Sauerstoff versorgt werden können als die dickeren Kraft- und Schnellkraftfasern.
Als Energiereserven enthalten trainierte Ausdauerfasern doppelt so viel Glykogen und 2,3-mal mehr Fett als untrainierte Fasern.
Die Geschwindigkeit, mit der sie sich zusammenziehen können (Zuckungsgeschwindigkeit), und die Kraft, die sie dabei entwickeln, sind zwar geringer als bei den Schnellkraftfasern, aber als Ausgleich dafür ermüden sie nicht so schnell: Ihre Widerstandsfähigkeit gegen Ermüdung ist hoch – und das ist die Grundlage für ihre Ausdauer. Wegen dieser Eigenschaften werden Ausdauerfasern auch »langsame rote Fasern« (Muskelfasern vom Typ I) genannt.
Der ausdauerndste Muskel des Menschen ist der Herzmuskel: Er arbeitet ohne Ermüdung über viele Jahrzehnte und hat eine so große Regenerationsfähigkeit, dass er sich zwischen zwei Herzschlägen vollständig erholen kann. Genau

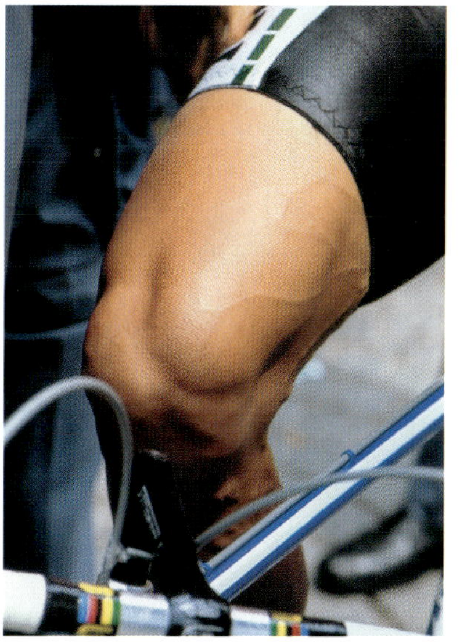

Durchtrainierte (oben) und relativ »dünne« Radsportbeine (unten) ermöglichen einen runden, lockeren »Tritt« – mit trotzdem manchmal hohem Krafteinsatz.

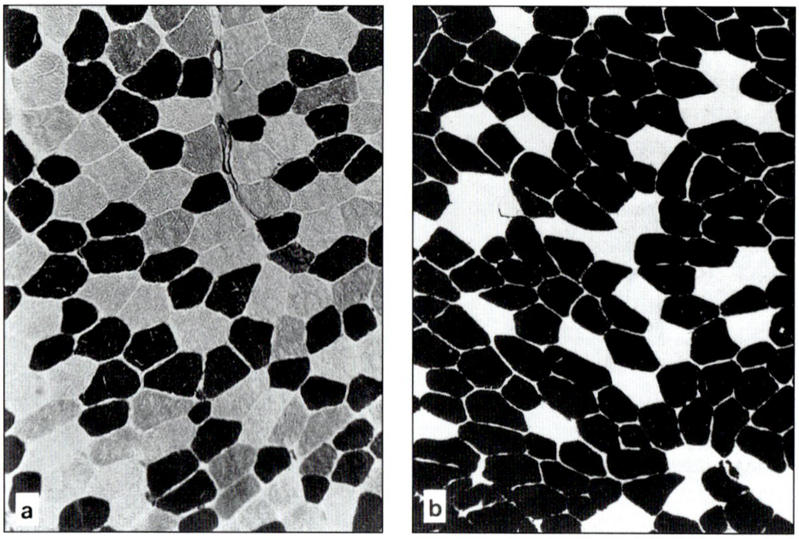

Muskelfasern und Training: Li.: ca. 50% Ausdauerfasern (schwarz) vor Beginn des Ausdauertrainings; re.: ca. 80% Ausdauerfasern (schwarz) nach 6 Wochen Radsporttraining (nach H. Howald)

wie Ausdauerfasern sind die Herzmuskelfasern dünn, gut kapillarisiert (d. h. mit reichlich kleinen Blutgefäßen versorgt), mit der Höchstzahl an Mitochondrien ausgestattet – und genau wie hoch trainierte Ausdauerfasern gewinnen Herzmuskelfasern ihre Energie zu über 70% aus dem Fettstoffwechsel.

Vergleich zwischen physikalischen und biochemischen Eigenschaften von Ausdauer- und (Schnell-)Kraftfasern

	Ausdauerfasern	Schnellkraftfasern
Faserdicke	dünn	dick
Maximale Sauerstoffaufnahme	hoch	niedrig
Roter Muskelfarbstoff (Myoglobin) für Sauerstofftransport	hoch	niedrig
Enzyme für aeroben Stoffwechsel (Mitochondrien)	zahlreich	gering
Bildung neuer Blutgefäße (Kapillarisierung)	hoch	gering
Energiespeicher:		
Energiereiche Phosphate (ATP, KP)	gering	hoch
Glykogen	hoch	hoch
Fett	hoch	gering
Anaerobe Enzyme für Bildung von Milchsäure (Laktat)	niedrig	hoch
Ermüdbarkeit	gering	hoch
Krafteigenschaften	gering	hoch

Schnellkraftfasern

Diese Muskelfasern sind besonders für den anaeroben Stoffwechsel ausgerüstet, also für die schnelle, hochintensive Energiegewinnung ohne Sauerstoff. Sie enthalten weniger Enzyme für den aeroben Energiestoffwechsel, also weniger Mitochondrien, weniger Muskelfarbstoff (Myoglobin) und weniger kleine Blutgefäße (Kapillaren).
Die Energiereserven sind auf den anaeroben Stoffwechsel ohne Sauerstoff zugeschnitten: Sie enthalten mehr energiereiche Phosphate (ATP und KP), etwa gleich viel Glykogen wie Ausdauerfasern, aber keine Fettreserven.
Ihre Zuckungsgeschwindigkeit ist schneller, ihre Kraftleistung größer als die von Ausdauerfasern, aber ihre Ermüdungswiderstandsfähigkeit sehr gering. Wegen dieser Eigenschaften werden diese Muskelfasern auch als »weiße, schnelle Fasern« (Muskelfasern vom Typ II) bezeichnet.
Schnellkraft- und Kraftfasern müssen ihre Eiweißstrukturen und ihren Querschnitt vergrößern, um für maximale Kraftbelastungen gerüstet zu sein. Sie sind dicker als Ausdauerfasern und daher in ihrer Mitte schwerer mit Sauerstoff zu versorgen, weil die Diffusionsstrecke für Sauerstoff und Nährstoffe länger ist. Das ist auch ein Grund dafür, dass sie so schnell ermüden.

Muskelfasern vom Zwischentyp

Diese Gruppe von Muskelfasern, auch Intermediärfasern oder Muskelfasern vom Typ II A genannt, stehen zwischen den beiden genannten Muskelfasertypen, sowohl was ihre Kontraktionseigenschaften als auch ihre Stoffwechselfunktionen betrifft. Je nach

Beanspruchung können sie in Schnellkraft- oder Ausdauerfasern umgewandelt werden.

Ausdauerfasern, Ausdauerleistung und Ausdauertraining

Wissenschaftliche Untersuchungen haben gezeigt, dass das Verhältnis von Ausdauer- zu Schnellkraftfasern bei der Durchschnittsbevölkerung etwa 50 : 50 beträgt. Hoch trainierte Ausdauersportler dagegen weisen in ihrer Arbeitsmuskulatur einen Anteil von Ausdauerfasern bis zu 90% auf. Untersuchungen konnten auch nachweisen, dass Intermediärfasern durch richtiges Ausdauertraining in Ausdauerfasern umgewandelt werden können. Umgekehrt entstehen aus ihnen durch Krafttraining oder hohen Krafteinsatz Kraftfasern. Ausdauerfasern bilden sich in Trainingspausen – z. B. nach Verletzungen – zurück, oder wenn die Pausen zwischen den Ausdauertrainingseinheiten zu groß sind oder die Trainingshäufigkeit zu gering ist.

Konsequenzen für den Trainingsprozess

Qualität (Ausdauer, Kraft, Schnelligkeit) und Häufigkeit der Trainingsbelastungen bestimmen also langfristig, wie die Muskelfasern zusammengesetzt sind, was wiederum die Grundlage der erreichbaren Ausdauerleistungsfähigkeit ist. Man trainiert im Trainingsprozess also primär die Peripherie, d. h. die Arbeitsmuskulatur, während Herz, Kreislauf und Atmung sich diesen Anforderungen sekundär anpassen, um die aufgebauten Leistungsstrukturen der Arbeitsmuskulatur mit genügend Sauerstoff und Nährstoffen zu versorgen.

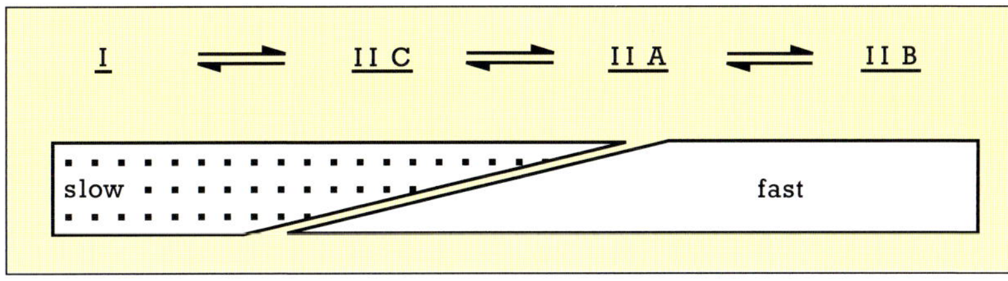

Gehalt der Muskelfasern an langsamem (slow) und schnellem (fast) Myosin. Die Pfeile weisen auf mögliche Umwandlungen der Fasertypen hin.

Optimale Trainingsbelastungen

Ausdauer und Kraft sind miteinander konkurrierende Eigenschaften, die im Radsport in einem bestimmten Verhältnis zueinander stehen müssen. Der Radsportler sollte sich zunächst bemühen, mit möglichst wenig Krafteinsatz möglichst hohe Ausdauerleistungen durch lange Trainingsstrecken zu trainieren, um die entsprechende Muskelfaserstruktur als Grundlage für weitere Leistungsverbesserungen aufzubauen. Der Anteil von Ausdauer und Kraft bei gegebenen Belastungsstufen kann im Radsport dosiert und aufeinander abgestimmt werden, indem man Übersetzung, Krafteinsatz und Tretfrequenz richtig kombiniert.

Für den Trainingsprozess im Radsport ergeben sich aus den genannten wissenschaftlichen Erkenntnissen folgende Grundgesetze:

Umwandlungsmöglichkeiten der Muskelfasertypen durch unterschiedliche Trainingsbeanspruchungen und unterschiedliche Nervenimpulse aus dem zentralen Nervensystem (nach H. Howald)

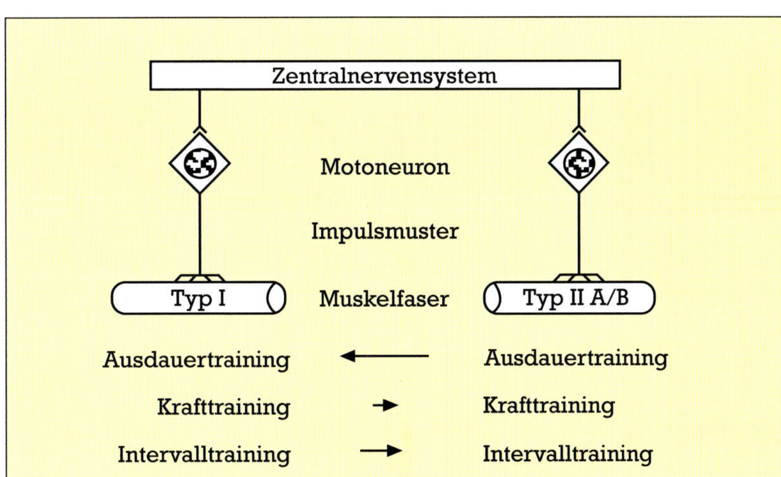

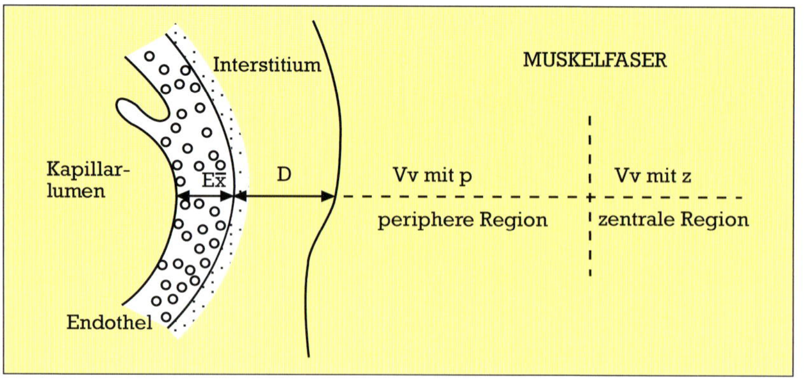

Austauschstrecken zwischen Blutkapillare und Muskelfaser: je dicker die Muskelfaser (Kraftfaser), desto weiter der Weg für Nährstoffe und Sauerstoff bis zur Mitte der Muskelfaser, desto schwieriger die Versorgung bei Höchstbelastungen und desto schneller die Ermüdung (nach K.-D. Brzank und K.-S. Pieper)

Der Einfluss rhythmischer Muskelkontraktionen auf die Muskeldurchblutung: je höher der Krafteinsatz, desto geringer, und je lockerer und entspannter die Muskeltätigkeit, desto besser die Muskeldurchblutung

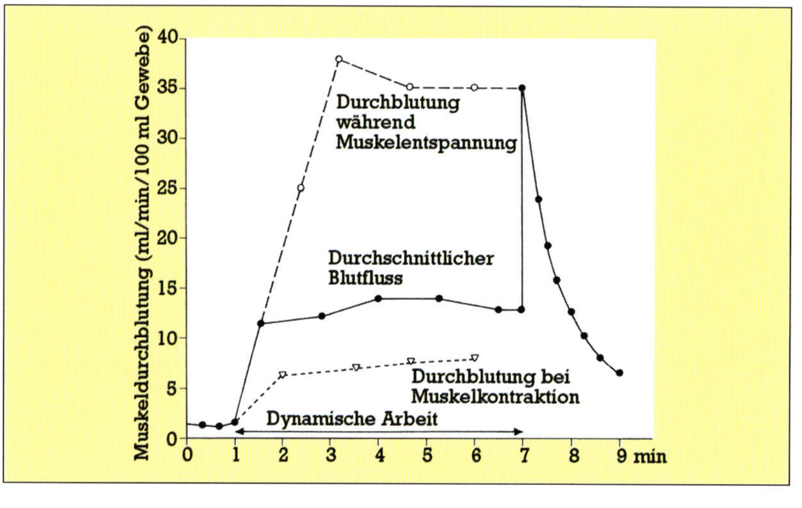

- Ausdauerfasern werden durch Ausdauerbelastungen aufgebaut, d. h., wenn man mit kleinen Gängen und hohen Umdrehungszahlen größere Strecken zurücklegt.
- Schnellkraft- und Kraftfasern werden aufgebaut, wenn man mit großen Gängen und hohem Krafteinsatz trainiert. Das kann mit hoher (Schnellkraft) oder langsamer (Kraft) Tretfrequenz erfolgen. Auch ein Training mit hohen anaeroben Anteilen fördert die Umwandlung von Ausdauerfasern in Schnellkraftfasern.
- Ausdauerfasern sind dünner als Schnellkraft- und Kraftfasern. Daher sind »dünne« Beine ein Qualitätsmerkmal einer guten Form – während »dicke« Beine einen Formverlust signalisieren. Denn »dünne« Beine können besser mit Sauerstoff versorgt werden. »Dicke« Beine dagegen ermüden schneller und leiden eher unter Sauerstoffmangel.
- Nach Trainingseinheiten oder Wettkämpfen mit großen Gängen und hohem Krafteinsatz (z. B. Zeitfahren) sollte immer ein lockeres Training mit betont hoher Tretfrequenz, geringem Krafteinsatz und kleinen Gängen angeschlossen werden, um die Umwandlung in Schnellkraft- und Kraftfasern aufzuhalten und die Rückbildung in Ausdauerfasern zu erreichen.
- Um den antrainierten hohen Anteil von Ausdauermuskelfasern aufrechtzuerhalten, sollte man häufig genug, also mindestens drei- bis viermal pro Woche, trainieren. Der Trainingsplan des Radsportlers sollte mindestens 90% Trainingseinheiten enthalten, die der Ausbildung von Ausdauerfasern dienen.
- Der Anteil von Schnelligkeits- und Intervallarbeit sollte demgegenüber gering sein, und immer wieder von Ausdauertrainingseinheiten abgelöst werden, um die erzeugten Kraft- und Schnellkraftfasern in Kraftausdauerfasern umzuwandeln.
- Kraftfasern, die durch eine langsame Tretfrequenz mit hohem Krafteinsatz (z. B. K3-Training am Berg, siehe S. 142) aufgebaut wurden, sind auch »rote« Muskelfasern, aber ohne Mitochondrien, d. h. ihnen fehlt der Ausdauer-Energiestoffwechsel. Durch anschließendes Ausdauertraining bilden aber auch diese Fasern schließlich Mitochondrien und werden so zu Kraftausdauerfasern mit einer geringeren Ermüdbarkeit und besseren Sauerstoffverwertung.

Belastungsanforderungen des Radsportlers

Wenn der Radsportler sein Ziel erreichen möchte, muss er es genau kennen. Sicher genügt es für den Hobbyfahrer, spazieren zu fahren und Grundlagenausdauer zu trainieren. Aber sobald man in die Nähe des Leistungssports gelangt, muss man planmäßig trainieren, um sich weiterentwickeln zu können. Dabei können die Erkenntnisse der »Profis« durchaus hilfreich sein, denn im Prinzip ist das Training in den Trainingsgrundsätzen das Gleiche. Der Unterschied besteht in der Intensität und im Umfang der Belastungen, aber die Zusammensetzung der Trainingsbausteine ist zumindest ähnlich in der Belastungsqualität.

Man unterscheidet im Straßenradsport weltweit folgende acht Disziplinen, in denen in allen Alters- und Leistungsklassen Wettkämpfe ausgetragen werden:

- Straßeneinzelrennen
- Einzelzeitfahren
- Paarzeitfahren
- Mannschaftszeitfahren
- Bergzeitfahren
- Kriterium
- Rundstreckenrennen
- Etappenrennen

Die für den Radsport besonders typischen Disziplinen sind Straßeneinzelrennen, Einzelzeitfahren, Bergzeitfahren und Etappenrennen.

Straßeneinzelrennen

In dieser am häufigsten ausgetragenen Disziplin spielt das Streckenprofil eine große Rolle in der Belastungsanforderung. Man unterscheidet flaches, welliges, bergiges Gelände und ein Gelände mit ausgesprochen schwierigem Bergprofil. Für jedes Gelände gibt es »Spezialisten«, aber gemeinsam ist allen Radrennfahrern die Notwendigkeit, eine hohe maximale Sauerstoffaufnahmefähigkeit (aerobe Kapazität) zu besitzen.

Untersuchungen über die Belastungsintensität zeigen, dass ca. 60% der Stoffwechselprozesse sich im oberen aeroben Bereich und zu 30–35% im aerob-anaeroben Übergangsbereich bewegen. Ein Rennfahrer wird nur dann erfolgreich sein, wenn er in der Lage ist, die in diesem aerob-anaeroben Übergangsbereich gebildete Milchsäure (Laktat) immer wieder kontinuierlich in seinem Stoffwechsel abzubauen. Er muss daher diese Fähigkeit vorher durch Training der wettkampfspezifischen Ausdauer ausgiebig und stabil aufgebaut haben. Die Herzfrequenzen in einem Radrennen, das über mehrere Stunden ausgetragen wird, liegen zwischen 100 und 180 Schlägen/min.

Einzelzeitfahren

Das Einzelzeitfahren ist die »Stunde der Wahrheit« für alle Radrennfahrer. Man ist alleine auf sich

Von allen Sportarten sind die Belastungsanforderungen im Radsport am größten. Dadurch werden Athleten geformt, wie es sie in anderen Sportarten nicht gibt.

gestellt. Der Gegner ist die Uhr. Es ist ein einsamer Kampf, mit Schmerzen und einem Gefühl verbunden, sich im Grenzbereich des Lebens zu bewegen. Nicht umsonst bekreuzigen sich manche Fahrer am Start des Einzelzeitfahrens. Die Übersetzungen sind hoch, aber auch die Tretfrequenz (um 100/min), die Haltung ist windschnittig, aerodynamisch. Die Stoffwechselprozesse verlaufen zu 90–97% im Bereich des aerob-anaeroben Übergangs, in der Nähe der anaeroben Schwelle. Die Pulsfrequenz liegt während der ganzen Strecke fast gleichmäßig um 180 Herzschläge/min. Auch diese Fähigkeit muss man lernen und trainieren. Es gibt gute Zeitfahrspezialisten – aber jeder kann das lernen, physisch, psychisch und mental.

Bergzeitfahren

Im Grunde wird, auch bei einem Straßenrennen, jeder lange Berg und erst recht jeder lange Pass als ein persönliches »Bergzeitfahren« gefahren: Man muss seinen eigenen Rhythmus finden und zwar mit der Atmung, der Übersetzung und Tretgeschwindigkeit, dem Fahrstil u. a. – mit anderen Worten: Man ist allein mit sich und dem Berg, wie beim Bergzeitfahren. Der Windschatten des Vordermannes verliert seine Bedeutung, weil die Geschwindigkeit gering ist. Allenfalls hätte der Vordermann eine psychische Bedeutung, der einem den Anreiz gibt, »dranzubleiben«. Beim Bergzeitfahren ist aber auch das nicht der Fall. Der Hauptgegner ist die Hangabtriebskraft, die man überwinden muss, am besten mit einem geringen Körpergewicht und einer hohen relativen maximalen Sauerstoffaufnahmefähigkeit (VO_2max pro kg Körpergewicht). Außerdem ist eine optimale Entwicklung der Krafteigenschaften wichtig: Es werden zwar kleine Gänge, aber mit hohem Krafteinsatz und langsamerer Tretfrequenz getreten. Der gesamte Körper wird, vor allem im Wiegetritt, in allgemein-athletischer Weise beansprucht. Der Wiegetritt geht ins »Kreuz«. Man braucht dazu eine gut trainierte Lendenmuskulatur, aber auch Zugkräfte, die von der Arm-, Schulter- und Brustmuskulatur ausgeübt werden.

Wichtig ist auch eine optimale Atemtechnik, um in der Nähe der anaeroben Schwelle bei einer Herzfrequenz um 180 Schläge/min genügend Sauerstoff aufzunehmen und die entstehende Milchsäure in Schach zu halten, d. h. während der Belastung die Bildung und den Abbau von Milchsäure (Laktat) in ein optimales Gleichgewicht zu bringen.

Etappenrennen oder die großen klassischen Radrennen – oft unter widrigsten äußeren Bedingungen – sind die Krone des Radsports.

Etappenrennen

Bei Etappenrennen findet man alle Belastungsstrukturen des Straßenradsports vereint: Flachetappen, Bergetappen, Zeitfahren. Außerdem braucht man eine höchst entwickelte Regenerationsfähigkeit. Man hat nur wenige Stunden Zeit für die Erholung bis zum nächsten Wettkampf. Das gibt es in keiner anderen Sportart. Außerdem muss man sowohl einen hoch entwickelten Energiestoffwechsel sowie eine hohe Kapazität des Verdauungssystems besitzen. Ein Etappenrennfahrer muss fähig sein, täglich an die acht Stunden leistungsmäßig zu fahren – und irgendwie trotzdem die notwendige Nahrungsenergie (6000–10 000 kcal) aufzunehmen. Das kann nicht jeder Radrennfahrer. Daher gibt es auch typische Etappenradrennfahrer und andere, die lieber Einzelrennen fahren, weil sie mehr Zeit für die Regeneration brauchen und die Kapazität des Verdauungssystems nicht so groß ist, wie es bei Etappenrennen notwendig ist.

Allerdings werden Etappenrennen nicht immer mit maximaler, sondern eher mit submaximaler Intensität gefahren. Extreme Intensitäten werden wohl dosiert verteilt, was auch eine besondere Fähigkeit des Etappenrennfahrers ist.

Etappenrennen werden auch als Trainingsmittel eingesetzt, um vor wichtigen Wettkämpfen in die richtige »Form« zu kommen. Diesen letzten Schliff an der Form eines Radrennfahrers kann man durch andere Trainingsmittel nicht erreichen.

Die ganzheitliche Entwicklung des Radsportlers

Die Belastungsanforderungen im Wettkampf bestimmen Qualität (Ausdauer, Kraft, Schnelligkeit, Technik, Gelenkigkeit) und Quantität (Intensität und Umfang) des Trainings. Die Qualität der Trainingswirkungen werden entscheidend von der Persönlichkeit des Radsportlers mitbestimmt (Qualitätsgesetz) – und umgekehrt: Wenn man bestimmte Trainingsbelastungen und Wettkämpfe übersteht, wird auch die gesamte Persönlichkeit geprägt.

Die biologische Leistungsfähigkeit eines Radsportlers wird von seinen physiologischen Leistungsparametern (maximale Sauerstoffaufnahmefähigkeit, konditionelle Faktoren) bestimmt – aber ob er diese biologische Leistungsfähigkeit auch freisetzt und entfaltet, hängt von seinen psychischen und mentalen Fähigkeiten ab.

Physiologische Kennziffern des Radsportlers

Radsporttraining führt zu anatomischen und physiologischen Anpassungen, die bereits im Breiten- und Gesundheitssport von großer gesundheitlicher Bedeutung sind. Die Anpassungen sind umso stärker ausgeprägt, je intensiver und umfangreicher das Radsporttraining ist. Folgende biologische Parameter nehmen also vom Breiten- und Gesundheitssport bis zum Leistungs- und Hochleistungssport zu: Die maximale Leistung in Watt, die maximale Sauerstoffaufnahmefähigkeit (sowohl absolut als auch relativ pro kg Körpergewicht), das Herzvolumen (ebenso sowohl absolut als auch relativ pro kg Körpergewicht), das Fassungsvermögen (Vitalkapazität) der Lungen u. a.

Die maximale Leistung in Watt kann durch Fahrradergometrie, die Vitalkapazität der Lungen durch Lungenfunktionsprüfung bei fast jedem Arzt getestet werden. Die maximale Sauerstoffaufnahmefähigkeit lässt sich aus der Pulsfrequenz für verschiedene Watt-Belastungen bei der Fahrradergome-

Eine Radsportpersönlichkeit wird im Laufe der Jahre durch die Belastungen in Training und Wettkampf, durch Siege und Niederlagen, durch Charakterstärke und Willenskraft geformt.

Kategorie der sportlichen Betätigung	Max. Leistung (Watt)	Max. Sauerstoffaufnahme (l/min)	Max. Sauerstoffaufnahme pro kg Körpergewicht (ml/kg/min)	Herzvolumen (ml)	Herzvolumen pro kg Körpergewicht (ml/kg)	Vitalkapazität der Lungen (l)
Breiten- und Gesundheitssport	150–250	3–3,5	35–50	500–800	8–12	3–4
Leistungssport	250–400	4–4,5	50–70	800–1100	10–14	4–5
Hochleistungssport	400–550	4,5–6,5	70–90	1100–1400	14–19	5–7

Physiologische Werte von Radsportlern verschiedener Kategorien

Physiologische Höchstwerte von Radprofis

Maximale Leistung	550 Watt
Maximale Sauerstoffaufnahme	6,7 l/min
Maximale Sauerstoffaufnahme pro kg Körpergewicht	90 ml/min
Absolutes Herzvolumen	1400 ml
Relatives Herzvolumen	19 ml/kg
Vitalkapazität der Lungen	7,2 l
Körperzusammensetzung:	
Körpergewicht	70–80 kg
Fettfalten (Oberarm, Schulterblatt)	4–6 mm

trie annähernd errechnen. Prinzipiell sollte vor Beginn eines Trainings immer eine ärztliche Untersuchung vorgenommen werden, vor allem wenn man über 35 Jahre alt ist.
Einige physiologische Kennziffern im Breiten- und Gesundheitssport sowie im Leistungs- und Hochleistungssport sind in den Tabellen aufgeführt. Allerdings ist zu bemerken, dass physiologische Leistungsdaten alleine noch keine Garantie für Höchstleistungen im Wettkampf sind; denn eine hohe biologische Leistungsfähigkeit muss durch eine hohe Leistungsbereitschaft entfaltet werden. Es gibt immer wieder »Trainingsweltmeister«, die im Training Höchstleistungen vollbringen und im Wettkampf versagen. Aber wenn es auch immer wieder Radsportler mit weniger guten physiologischen Kennziffern gibt, die biologisch besser ausgestattete Konkurrenten durch höhere Willenskraft besiegen, so ist eine hohe Ausprägung physiologischer Faktoren doch eine wichtige Basis für jede Leistungsentfaltung. Insgesamt gesehen gehört zu einem wirklichen Radsportler immer die Entfaltung der gesamten Persönlichkeit.

Die Persönlichkeit des Radsportlers

Wie bereits erwähnt, wird die Ausbildung der Muskelfaserstruktur ganz entscheidend von den übergeordneten Nervenimpulsen beeinflusst (siehe S. 113); denn Nervenfasern und zugehörige Muskelfasern bilden eine sog. motorische Einheit. Die Nervenimpulse kommen von Gehirn und Rückenmark, und es gilt der Satz: »Je größer der Wille, desto größer der Energiefluss.«
Daher sollte die Nervenzentrale des Radsportlers immer gut aufgeladen sein. Dazu gehört neben einer sportgerechten Lebensweise eine gute Motivation. Außerdem spielt die Bewusstheit im Trainingsprozess eine ganz entscheidende Rolle. Leistungsfördernd wirken daher ein gutes theoretisches Trainingswissen, ein fester Charakter und ein starker Wille, der es ermöglicht, mit Beharrlichkeit sich selbst zu überwinden, auch wenn man keine Lust zum Training hat, wenn das Wetter schlecht ist, wenn man müde ist oder Misserfolge erlitten hat: Der Radrennfahrer muss wollen – oder wie die

Franzosen sagen: In einem begnadeten Radsportler muss ein heiliges Feuer (»sacre feu«) brennen. Dann wird etwas aus ihm.
Außerdem muss der Radsportler seine Leistungsgrenzen kennen (vor allem im heutigen medikamentösen Umfeld) und wissen, wann der richtige Trainingseffekt erreicht ist. Er muss sich selbst beobachten und beurteilen können. Schließlich muss der Radsportler auch mit Stress fertig werden und sich immer konzentrieren können (Hinterradfahren, Straßenverkehr, Bergabfahren mit hoher Geschwindigkeit, Zeitfahren u. a.).
Wenn man sich entschließt, Radrennen zu fahren, muss der Wille zum Sieg vorhanden sein. Im Radrennen muss man die Attacke wagen, muss es einfach versuchen wollen, muss motiviert sein, alles zu riskieren, wenn man siegen will. Nicht nur durch körperliche Leistungsfähigkeit, sondern durch spezielle Persönlichkeitseigenschaften werden Radsportler zu Siegfahrern. Selbst wenn andere in der gleichen Lage ihrer Erschöpfung nachgeben und die Beine »hängen« lassen, ist der Siegfahrer noch in der Lage, auch wenn er sich genauso schlecht und müde fühlt, durch Willenskraft noch einige Quentchen Energie zu mobilisieren, die dann zum Sieg reichen.
Die Leistungsfähigkeit eines Radsportlers wird demnach von folgenden Faktoren bestimmt:

- Persönlichkeit (fester Charakter, starker Wille, hohe Motivation, intellektuelle Fähigkeiten und gutes Trainingswissen)
- Ein gesunder, belastbarer Körper mit einer hohen allgemeinen und speziellen Kondition (Ausdauer, Kraft, Schnelligkeit, Gelenkigkeit) sowie Optimierung von Technik und Taktik. Er muss ein »schlauer Fuchs« sein und im Rennen Übersicht bewahren können.

Am wichtigsten aber ist: Man muss von sich aus wollen; denn Radsport ist eine Sportart, in der man immer und ständig die innere Trägheit und Unlust überwinden muss.

Anpassungsstufen

Man muss differenzieren; denn nicht jeder kann ein Radprofi werden und schon gar nicht von heute auf morgen. Im Durchschnitt braucht ein Radsportler 12 Jahre, um seine Höchstleistung zu erreichen. Im Breiten- und Gesundheitssport geht es schneller. Daher sollte man immer die richtigen Maßstäbe ansetzen. Von den konditionellen Fähigkeiten Ausdauer, Kraft und Schnelligkeit ist für den Radsportler zunächst die Ausdauer am wichtigsten, also die Fähigkeit, eine möglichst große Leistung über einen möglichst langen Zeitraum oder eine möglichst große Strecke ohne Ermüdung durchhalten zu können. Dadurch wird die Grundlage für eine höhere Belastungsverträglichkeit gelegt. Die Entwicklung von der Grundlagenausdauer bis zur wettkampfspezifischen Ausdauer geht im Wesentlichen in zwei Anpassungsstufen vor sich.

Anpassungsstufe 1 (Grundlagenausdauer)

Am Anfang eines Ausdauertrainings passen sich zunächst Herz und Kreislauf, das vegetative Nervensystem und der Energiestoffwechsel in den Muskelzellen der Belastung an. Diese Stufe ist im Breiten- und Gesundheitssport gleichzeitig die Endstufe; denn bereits diese Stufe verbessert deutlich die Leistungsfähigkeit und sie hat eine große gesundheitliche Bedeutung. Die Einstellung des vegetati-

Die Anpassung an das Radsporttraining verleiht auch schon im Breiten- und Gesundheitssport Fitness, Jugendfrische und »Schönheit von innen«.

ven Nervensystems wird vom Sympathikus auf den Parasympathikus umgeschaltet, den Anteil des vegetativen Nervensystems, der Ruhe- und Regenerationsfähigkeit fördert. Allein dadurch schlägt das Herz in Ruhe langsamer, der Blutdruck in Ruhe bei gegebenen Belastungsstufen ist niedriger. Durch die längeren Pausen zwischen zwei Herzschlägen wird das Herz besser durchblutet. Das Schlagvolumen des Herzens wird größer, ohne dass das Herz zunächst selbst vergrößert wird. Das bedeutet eine verbesserte Ökonomie der Herzarbeit mit entsprechender Herabsetzung des Sauerstoffbedarfs. Daher kann bei gleich bleibendem Sauerstoffangebot eine größere Leistung erbracht werden.

Auch durch die Verbesserung des Bewegungsablaufs (Koordination) wird Sauerstoff gespart, so dass mit der gleichen Sauerstoffmenge eine größere Leistung vollbracht werden kann. Die wichtigsten Anpassungserscheinungen finden in der Arbeitsmuskulatur statt: Dort spielen sich in den Mitochondrien, den »Kraftwerken der Zelle«, die energetischen, durch Enzyme gesteuerten Prozesse ab, die durch die Ausdauerbelastung entwickelt werden. Das Ausdauertraining ist daher eigentlich ein Stoffwechseltraining der Peripherie. Die zentralen Organe – Herz, Kreislauf und Lunge – haben mehr die dienende Aufgabe, die Bedürfnisse der Arbeitsmuskulatur zu gewährleisten. Durch Verbesserung des Fettstoffwechsels wird zudem eine Gewichtsabnahme erleichtert, erhöhte Blutfettspiegel können sinken. Vor allem wird das gegen Arterienverkalkung schützende HDL-Cholesterin vermehrt gebildet. Bereits diese erste Stufe der Anpassung durch ein Ausdauertraining niedriger Intensität kann alle durch Bewegungsarmut entstandenen »Zivilisationskrankheiten« günstig beeinflussen. Bemerkenswert ist, dass in dieser Stufe die Schnelligkeit keinerlei Bedeutung besitzt, auch nicht für die Stabilisierung der Gesundheit.

Ein langjähriges Radsporttraining im Leistungs- und Hochleistungssport führt auch zu Anpassungen der Dimensionen der inneren Organe (Herz, Lunge, Leber u. a.) und der Muskelfaserzusammensetzung.

Anpassungsstufe 2 (Wettkampfspezifische Ausdauer)

Diese Stufe erfordert ein umfangreicheres und intensiveres leistungsbetontes Training, nicht nur der Ausdauer, sondern auch der Kraft, Kraftausdauer, Schnellkraft und Schnellkraftausdauer. Erst dadurch werden die Dimensionen der inneren Organe vergrößert. Während in Anpassungsstufe 1 zunächst die Organfunktionen ohne Organvergrößerung verbessert werden, passen sich in Stufe 2 die besonders an der Leistungsentwicklung beteiligten Organe – Herz, Lunge und Leber – durch Kräftigung ihrer Struktur und Vergrößerung ihrer Dimensionen an die gestiegene Belastungsanforderung an und schließlich auch die Hormondrüsen (Nebennierenrin-

de, Hirnanhangdrüse, Bauchspeicheldrüse, Schilddrüse), weil sie als Stoffwechselregulatoren bei dem gesteigerten Energiestoffwechsel vermehrt gefordert werden.
In der Arbeitsmuskulatur wandeln sich die Muskelfasern in Ausdauerfasern um mit dem Ziel, mehr Energie mit mehr Sauerstoff über eine längere Zeit ohne Ermüdung produzieren zu können. Das Bruttokriterium für alle diese verbesserten Stoffwechselfunktionen ist die vergrößerte maximale Sauerstoffaufnahmefähigkeit. Außerdem werden die konditionellen Faktoren Kraft und Schnelligkeit weiter entwickelt.
Diese Stufe bringt gegenüber Stufe 1 in Bezug auf die gesundheitliche Bedeutung keine weiteren Vorteile, ist aber für den Leistungs- und Hochleistungssportler wegen der hohen Belastungsintensität und dem für viele »Büromenschen« fast unvorstellbaren Belastungsumfang in Training und Wettkampf eine unabdingbare Voraussetzung.

Gezielte Anpassungen durch gezieltes Training

Grundgesetze der Leistungssteigerung

Ohne Aufgaben und Anforderungen verkümmern Funktionen und Strukturen des menschlichen Körpers – umgekehrt passen sie sich an gesteigerte äußere Belastungen an. Allerdings müssen diese bestimmte Bedingungen erfüllen; denn zwischen Belastung, Anpassung und Leistungssteigerung bestehen gesetzmäßige Beziehungen.

Zyklus der Superkompensation

Belastung, Ermüdung, Erholung und Überkompensation (Superkompensation) müssen in regelmäßigem Rhythmus miteinander abwechseln und aufeinander abgestimmt werden. Jede trainingswirksame Belastung führt zu einer vorübergehenden Ermüdung des Organismus mit vorübergehender Herabsetzung der Leistungsfähigkeit. In der nachfolgenden Phase der Erholung (Regeneration) entwickeln sich die beabsichtigten funktionellen und strukturellen Anpassungsprozesse. Dabei regeneriert sich der Organismus über das vorbestehende Ausgangsniveau hinaus, ein Phänomen, das als Überkompensation oder Superkompensation bezeichnet wird. Damit will die Natur erreichen, dass der Organismus einer erneuten Belastung besser gewachsen ist. Dieses Phänomen der Superkompensation, das sich nach richtig dosierten Trainingsreizen einstellt, ist die Grundlage jeder Leistungssteigerung. Daher müssen Belastung, Ermüdung, Erholung und Überkompensation im Trainingsprozess als Einheit betrachtet werden.

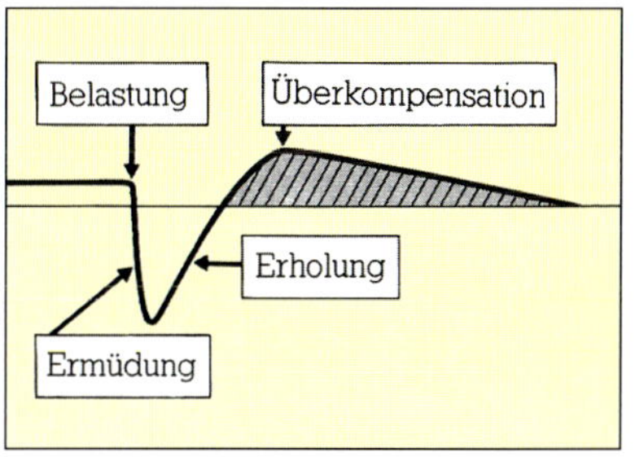

Zyklus der Superkompensation (Überkompensation):
Der regelmäßige Wechsel zwischen Belastung, Ermüdung, Erholung und Überkompensation ist die Grundlage einer jeden Leistungssteigerung.

Summation der Trainingseffekte:
Je häufiger im Stadium der Superkompensation trainiert wird, desto größer ist die Leistungszunahme.

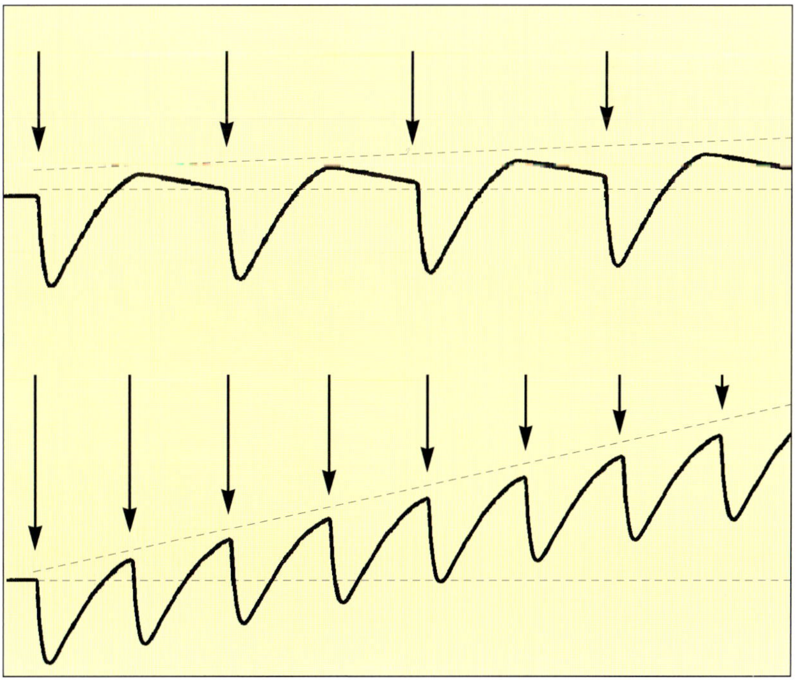

Erst ein hoher, über Jahre hinweg planmäßig aufgebauter Trainingszustand ermöglicht intensive Wettkampfbelastungen.

Trainingsintensität und Trainingsumfang

Die Trainingsreize müssen eine richtig dosierte Intensität und einen bestimmten Mindestumfang erreichen, um Anpassungsreize zu setzen. Dies vermögen grundsätzlich nur solche Trainingsreize, die das innere Gleichgewicht des Organismus so beeinflussen und stören, dass sie tatsächlich auch subjektiv als Belastung empfunden werden und zu Ermüdung führen. Daher können die Reize bei einem geringen Trainingszustand gering sein, müssen aber bei zunehmendem Trainingszustand immer mehr an Intensität und Umfang zunehmen, um weitere leistungssteigernde Anpassungen auszulösen. Daher kommt man im Breiten- und Gesundheitssport mit einem Training von geringer Intensität und geringem Umfang aus, während im Leistungs- und Hochleistungssport Trainingsintensität und Trainingsumfang manchmal von »Normalbürgern« kaum fassbare Dimensionen erreichen.

Trainingszustand und Trainingshäufigkeit

Wie man aus dem Verlauf der Kurve für die Überkompensation (Superkompensation) in der Grafik ersehen kann, bilden sich trainingsbedingte Anpassungen zurück, wenn die Belastungsanforderungen zu gering dosiert und nicht häufig genug erfolgen, d. h. wenn die Pause zwischen den Trainingsreizen zu groß ist.
Die Leistung nimmt nur dann optimal zu, wenn der neue Trainingsreiz in die Phase der Superkompensation des vorhergehenden Trainingsreizes fällt. Es gibt jedoch auch regenerative Trainingsreize, die im Sinne einer »aktiven Erholung« die Schnelligkeit der Regeneration fördern.
Wenn sich der Trainingszustand verbessert, wird nicht nur die Leistung vergrößert, sondern auch die Fähigkeit zur Regeneration. Der trainierte Athlet erholt sich schneller, so dass Belastungen in immer kürzeren Zeitabständen aufeinander folgen können. Wer jedoch am Anfang seines Trainingsprozesses steht oder dessen Trainingszustand gering ist, muss eine längere Erholungsphase einplanen. Das machen Anfänger oft falsch, vor allem im Frühjahr im Trainingslager.
Was man als Trainingszustand bezeichnet, ist kein bleibender Zustand, sondern eher ein labiles Gleichgewicht, das man immer wieder neu erarbeiten und aufrechterhalten muss; denn der Organismus passt sich immer der Belastungsstruktur an, die von ihm verlangt wird.

Leistungsstillstand und sprunghafte Leistungssteigerung

Jede trainingswirksame Belastung hinterlässt einen Trainingseffekt.

Trotzdem gibt es immer wieder Abschnitte im Trainingsprozess, in denen sich der Leistungszustand offenbar nicht gleichmäßig weiter zu verbessern scheint. Dieser scheinbare Leistungsstillstand wird aber dann plötzlich in bestimmten Zeitabständen – gerade wenn man an sich oder dem Training zu zweifeln beginnt – durch eine sprunghafte Leistungssteigerung, die sog. »verspätete Transformation«, abgelöst. Dieses Phänomen kann manchmal durch besonders intensive Trainingsbelastungen oder durch harte Wettkämpfe hervorgerufen werden, und es ist wichtig, es zu kennen, um im Training geduldig und ausdauernd fortzufahren.

Trainingsdosierung

Die Hauptfaktoren für Leistungssteigerung und Trainingssteuerung sind Intensität, Umfang und Häufigkeit qualitativ aufeinander abgestimmter Trainingsbelastungen. Wie stark eine Belastung vom Organismus empfunden wird (Belastungsgrad), bestimmen die aktuelle Leistungsfähigkeit und die momentane Belastungsverträglichkeit. Je geringer der Trainingszustand, desto mehr muss man sich vor zu intensiven Belastungen hüten; denn die Trainingswirksamkeit einer Belastung nimmt ab, wenn ein bestimmter Ermüdungsgrad überschritten wird.

Je nachdem wie stark die durch den Trainingsreiz verursachte Ermüdung ist, kann man zwischen geringer, mittlerer, optimaler und starker Ermüdung unterscheiden. Gute Trainingseffekte erzeugen Belastungen, die eine mittlere bis starke Ermüdung verursachen. Nach einer zu starker Ermüdung führenden Grenzbelastung sollte der Radsportler jedoch noch fähig und bereit sein, körperlich und geistig zu arbeiten. Am nächsten Morgen sollte er sich frisch und erholt fühlen. Er sollte nach 24 Stunden, spätestens aber nach 48 Stunden in der Lage sein, das gleiche Trainingspensum zu wiederholen. Trainingsreize, die zu Erschöpfung führen, sollten nicht oder nicht zu häufig erfolgen, damit kein Übertrainingszustand auftritt. Man sollte sich nach einer solchen erschöpfenden Grenzbelastung immer ausreichend erholen, bis man weiter trainingswirksam trainiert. Zumindest sollte der Ruhepuls wieder normal sein.

Grundsätzlich muss der Trainingsumfang abnehmen, wenn die Trainingsintensität zunimmt – und umgekehrt: Der Trainingsumfang kann länger werden, wenn die Intensität des Trainings geringer wird. Vor allem junge und ältere Radsportler sollten darauf achten, die Trainingsintensität nicht zu hoch zu wählen, ebenso Radsportler im Gesundheits- und Breitensport. Hohe Trainingsintensitäten sind eigentlich nur für aktive Radsportler zu empfehlen, die persönliche Höchstleistungen oder Wettkämpfe anstreben und deren Belastungsverträglichkeit durch entsprechendes Training ausreichend hoch ist.

Leistungsdiagnostik und Trainingssteuerung

Optimales Training bedeutet, mit möglichst geringem Zeitaufwand den bestmöglichen Trainingseffekt zu erzielen. Das ist immer dann der Fall, wenn die Trainingsreize so gewählt werden, dass sie der aktuellen Leistungsfähigkeit entsprechen, und diese kann man am besten durch eine Belastungsprüfung (Ergometrie) ohne und mit Bestim-

Nach einer erschöpfenden Grenzbelastung in Training oder Wettkampf sollte man bewusst einen regenerativen Trainingszyklus einschalten.

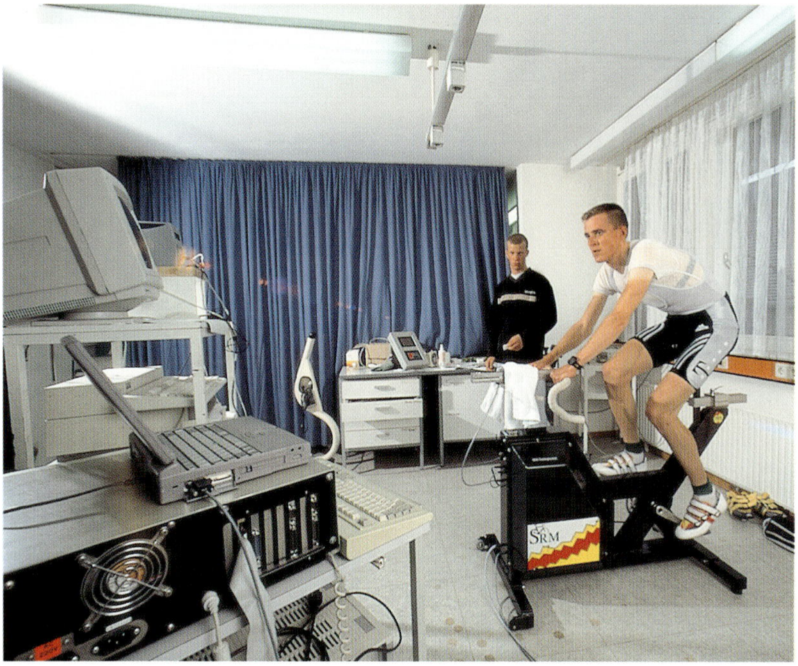

Eine Leistungsdiagnostik in regelmäßigen Abständen ist für Leistungs- und Hochleistungssportler eine unentbehrliche Maßnahme zur Trainingssteuerung und Kontrolle des Leistungsfortschritts – und für Breiten- und Gesundheitssportler ab dem 30. Lebensjahr eine wichtige vorbeugende Untersuchungsmethode.

mung der Milchsäure (Laktat) und der Sauerstoffaufnahme bestimmen.

Belastungsprüfung auf dem Fahrradergometer

Im Grunde kann diesen Belastungstest jeder Hausarzt durchführen, der über ein Fahrradergometer mit Elektrokardiogramm (EKG) verfügt. Es ist auch wichtig, diesen Test immer bei der gleichen Untersuchungsstelle und nach der gleichen Methode durchzuführen, damit man die Ergebnisse vergleichen und so eine Verbesserung oder Verschlechterung der Leistung erkennen kann. Man sollte auf dem Fahrradergometer etwa die gleiche Sitzposition einstellen können wie auf seinem gewohnten Fahrrad.

Die Belastungsprüfung beginnt mit dem »Warmfahren« von 5–10 Min. ohne oder mit nur geringem Tretwiderstand. Danach wird die Belastung alle zwei oder drei Minuten in Stufen von 20, 25, 30, 40 oder 50 Watt gesteigert. Das hängt von der Methode ab, die in der betreffenden Untersuchungsstelle bevorzugt wird.

Während der Belastungsprüfung wird das EKG aufgezeichnet und der Blutdruck gemessen. In bestimmten sportmedizinischen Untersuchungsstellen werden außerdem die Laktatwerte und die Sauerstoffaufnahme gemessen. Dadurch wird die Aussagekraft des Belastungstests erhöht.

Durch die gemessenen Werte (Belastbarkeit, Pulsfrequenz, Laktat, Sauerstoffaufnahme) kann die momentane Leistungsfähigkeit gut beurteilt werden, und man kann Steuerparameter für die einzelnen Trainigsbereiche individuell festlegen.

Laktat-Leistungskurve

In bestimmten Untersuchungszentren werden auch die Laktatwerte bei steigender Belastung gemessen und zusammen mit der Herzfrequenz dokumentiert. Mit zunehmender Belastung, und je mehr man sich der maximalen Sauerstoffaufnahmefähigkeit nähert oder sie überschreitet, wird der Energiestoffwechsel allmählich von der aeroben (mit Sauerstoff) zur anaeroben (ohne Sauerstoff) Energiegewinnung verschoben (siehe auch S. 103 ff.). Dadurch ergibt sich eine ansteigende, mit der Leistung korrelierende Laktat-Leistungskurve (siehe Abb. S. 125).

Wissenschaftlich gesehen gibt es verschiedene Ansichten über »Laktat-Schwellenkonzepte« und auch darüber, ob man aus der Herzfrequenz auf den Laktatwert schließen kann. Im Radsport hat sich aber folgendes Konzept in der Praxis bewährt:

Man legt die sog. »aerobe Schwelle« bei einem Laktatwert von

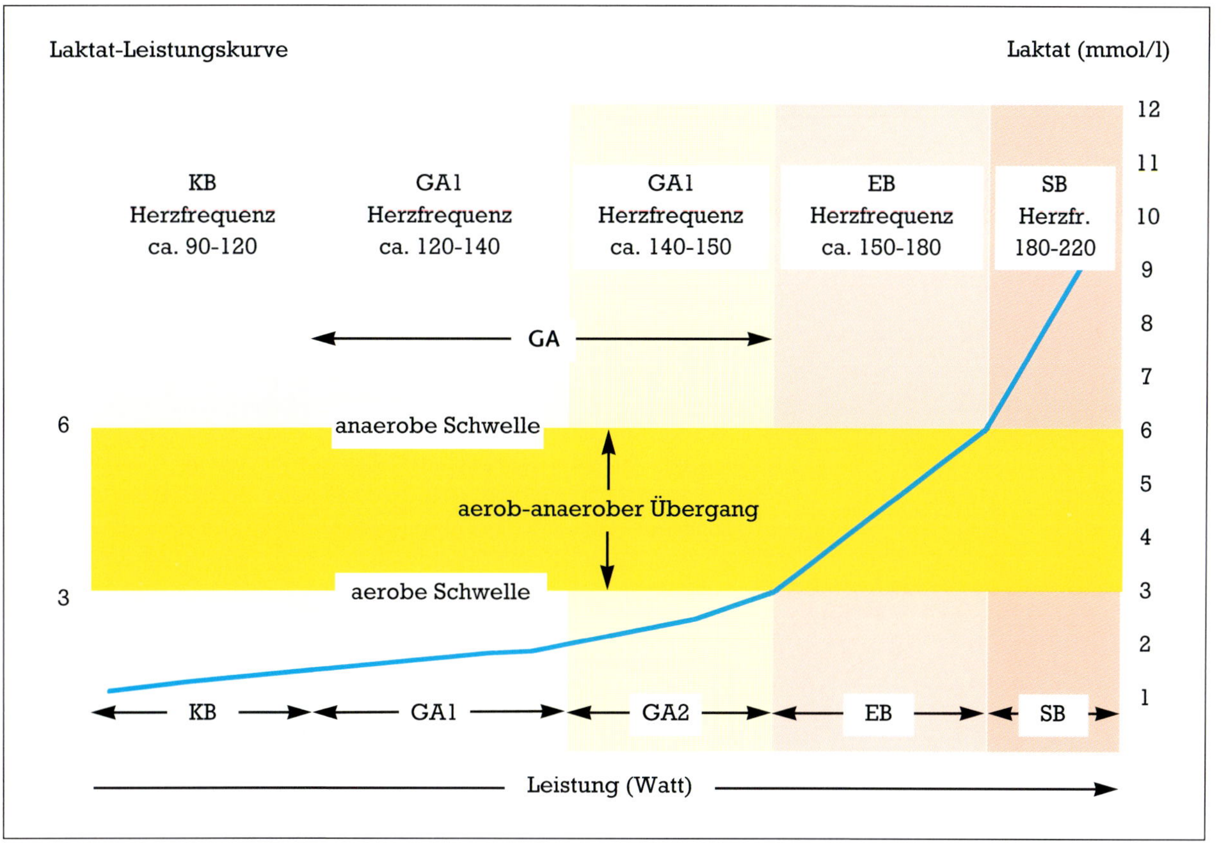

3 mmol/l fest. Das ist jene Schwelle, bei der der Energiestoffwechsel den rein aeroben Bereich verlässt und den anaeroben Bereich in Anspruch nimmt.
Die »anaerobe Schwelle« wird im Radsport bei 6 mmol/l Laktat festgelegt; denn ab jetzt steigt die Laktatkurve steil in den anaeroben Bereich. Der Bereich zwischen der aeroben und anaeroben Schwelle wird als aerob-anaerober Übergangsbereich bezeichnet und liegt zwischen 3 und 6 mmol/l Laktat.
Mit zunehmender aerober (Ausdauer-) Leistungsfähigkeit wird die Laktat-Leistungskurve »nach rechts« (siehe Abb.) in den höheren Belastungsbereich verschoben, d. h., wenn man leistungsfähiger wird, wird man auch erst später »sauer«. Wenn man die Laktat-Leistungskurven mehrere Jahre miteinander vergleicht, kann man erkennen, ob die Trainingsplanung sich auch in kontinuierlich steigender Leistung ausdrückt.

Trainingsbereiche

Damit man die Belastungsanforderungen im Radsport mit der Belastbarkeit durch richtige Trainingssteuerung aufeinander abstimmen kann, unterscheidet man folgende Trainingsbereiche, die durch zunehmende Intensität gekennzeichnet sind (siehe Abb.):

Kompensationsbereich (KB)

Er ist der Trainingsbereich mit der niedrigsten Belastungsintensität und dient der Regeneration und »aktiven Erholung« nach Wettkämpfen oder hohen Trainingsbelastungen im Entwicklungs- oder Spitzenbereich.

Laktat-Leistungskurve, Intensitätsbereiche und Herzfrequenz:
KB = Kompensationsbereich
GA = Grundlagenausdauerbereich
EB = Entwicklungsbereich
SB = Spitzenbereich

Grundlagenausdauerbereich (GA)

Der Grundlagenausdauerbereich ist der Trainingsbereich, der mit geringer bis mittlerer Intensität die Grundlagenausdauer und die Sauerstoffaufnahme entwickelt. Man kann innerhalb dieses Bereichs durch Unterteilung einen GA1- und einen GA2-Bereich unterscheiden. Der GA1-Bereich ist ein Grundlagenausdauertraining mit geringer Intensität und dient dazu, vor allem den Fettstoffwechsel als Energiequelle nutzbar zu machen und die Sauerstoffaufnahmefähigkeit zu verbessern. Der GA2-Bereich liegt bei einer etwas höheren Belastungsintensität bis zur aeroben Schwelle (3 mmol/l Laktat), trainiert den Fettstoffwechsel, aber auch schon beginnend den Kohlenhydratstoffwechsel.

Entwicklungsbereich (EB)

In diesem Bereich wird die wettkampfspezifische Ausdauer entwickelt. Die Trainingsintensität liegt im Bereich des aerob-anaeroben Übergangs zwischen 3 und 6 mmol/l Laktat. In diesem Bereich werden auch Kraft- und Kraftausdauer trainiert.

Spitzenbereich (SB)

Das Training in diesem höchsten Intensitätsbereich entwickelt Schnelligkeit und Schnelligkeitsausdauer. Außerdem kann durch Training im Entwicklungs- und Spitzenbereich die anaerobe Schwelle in gewissen Grenzen erhöht werden.
Training im Spitzenbereich ist nur für gesunde, leistungsfähige und gut trainierte Radsportler zugänglich und zuträglich, aber für ältere Sportler nicht mehr zu empfehlen (siehe Tabelle).

Es gibt außer diesen genannten Trainingsbereichen noch zwei weitere, die im Hochleistungsradsport in den letzten Jahren zunehmend an Bedeutung gewonnen haben. Diese Trainingsbereiche waren nicht zuletzt der Grund für die fast explosive Leistungssteigerung, die sich auch im deutlich verbesserten Stundenweltrekord (siehe S. 96) ausdrückt. Auch in Radrennen werden heute größere Gänge mit hoher Tretfrequenz bewältigt. Wer früher hinten ein »12er«-Ritzel im Zahnkranz hatte, wurde fast belächelt – heute ist es fast Standard, und es gibt sogar ein »11er«-Ritzel. Die Trainingsbereiche, die zu dieser Leistungssteigerung beigetragen haben, sind folgende:

Schnellkraftbereich (K1, K2)

In diesem Bereich wird kurze, explosive Schnellkraft trainiert, am besten mit Standardprogrammen (siehe S. 143) entweder mit dem Rad (K1) oder dem Fahrradergometer (K2). Trainingsziel ist es, die Voraussetzungen zu entwickeln, damit der Radsportler große Übersetzungen mit hoher Tretfrequenz rund treten kann.

Kraftausdauerbereich (K3, K4)

Hier wird die Fähigkeit trainiert, unter hohem Krafteinsatz große Gänge mit hoher Tretfrequenz über die ganze Wettkampfdauer treten zu können. Auch diese Fähigkeit wird mit Standardprogrammen (siehe S. 142) entweder auf dem Fahrradergometer (K3) oder dem Rennrad (K4) entwickelt.

Trainingssteuerung durch die Herzfrequenz

Das Training ist nur dann optimal wirksam, wenn es richtig dosiert

wird. Das ist nach Festlegung der Intensitätsbereiche durch die Herzfrequenz ganz gut möglich. Am besten benutzt man zur Messung der Herzfrequenz eine Pulsuhr, die am Handgelenk getragen oder am Lenker befestigt werden kann.
Dabei wird ein Brustgurt getragen, in den unsichtbar Elektroden eingearbeitet sind, die im Brustbereich der Haut anliegen. Durch einen Sender wird die Herzfrequenz drahtlos und störungsfrei zur Pulsuhr geleitet. Dort kann man die Herzfrequenz jederzeit und exakt ablesen. Um das Training möglichst individuell steuern zu können, braucht man individuelle Richtwerte für die Herzfrequenz in den verschiedenen Trainingsbereichen. Entweder erhält man diese durch den vorangegangenen Belastungstest, oder man hält sich an Richtwerte, die an das Lebensalter angepasst sind (siehe Tab.). Entscheidend ist, dass man mit zunehmendem Lebensalter klug genug wird, zu hohe Intensitäten zu meiden. Dann dient die Herzfrequenzmessung nicht nur zur Trainingssteuerung, sondern auch zur Erhaltung der Gesundheit und zur Vermeidung eines Übertrainings.

Trainingssteuerung durch altersadaptierte Herzfrequenzbereiche für die verschiedenen Intensitätsstufen

Alter	**Formel**	**20 J.**	**30 J.**	**40 J.**	**50 J.**	**60 J.**	**70 J.**
Maximale Herzfrequenz	220–240–LA	200–220	190–210	180–200	170–190	160–180	150–170
Trainingsbereiche:							
KB: Sehr geringe Intensität 40–50% der maximalen Leistung	ca. 160–LA	120–140	110–130	100–120	90–110	80–100	80–90
GA1: Geringe Intensität 50–70% der maximalen Leistung	ca. 170–LA	140–150	130–140	120–130	110–120	100–110	90–100
GA2: Mittlere Intensität 70–80% der maximalen Leistung	ca. 180–LA	150–160	140–150	130–140	120–130	110–120	100–110
EB: Hohe Intensität 80–90% der maximalen Leistung	ca. 200–LA	170–180	150–170	140–160	130–150	120–140	110–130
SB: Maximale Intensität über 90% der maximalen Leistung	ca. 220–LA	190–200	170–200	*)	*)	*)	*)

*) Diese Belastungsintensitäten sind in diesem Lebensalter nicht zu empfehlen.

LA= Lebensalter; KB = Kompensationsbereich; GA1 = Grundlagenausdauer mit niedriger Intensität (extensives Grundlagenausdauertraining); GA2 = Grundlagenausdauer mit höherer Intensität (intensives Grundlagenausdauertraining); EB = Entwicklungsbereich; SB = Spitzenbereich

Vom intellektuellen zum intuitiven Training

Training heißt ständige Wiederholung. Diese ist notwendig, damit Reflexe gebahnt werden. Reflexe sind automatische Abläufe zwischen Nervensystem und Muskulatur. Das braucht Zeit, bis diese automatischen Abläufe ihre Spuren in das Nervensystem eingegraben haben – oder wie man im Volksmund sagt: bis der Bewegungsablauf »in Fleisch und Blut« übergegangen ist. Erst dann beherrscht man sein Metier.

Genauso ist es beim Radfahren. Zuerst muss man alles verstehen und bewusst trainieren. Dazu braucht man seinen Kopf und die Kontrolle durch Messwerte (Herzfrequenz, Laktatwerte, Sauerstoffaufnahme). Wenn man lange genug bewusst trainiert hat, entstehen Gefühl, Intuition und Inspiration, die einen, wie manche Profis sagen, »von innen heraus« steuern. Wie es schon in der Bibel heißt – »Wer Ohren hat, der höre!« –, so sollte auch der Radsportler seine »emotionale Intelligenz« schulen, um nach innen zu hören. Denn es ist nicht jeder Tag gleich, und man fühlt sich nicht immer gleich gut. Man fasst das unter »aktueller Belastungsverträglichkeit« zusammen, aber man kann sie nicht messen. Nur das Gefühl, das »von innen heraus« kommt, kann immer aktuell und ohne Zeitverlust durch komplizierte Messungen alles »unter einen Hut« bringen: Tagesform, Trainingsaufgabe, Übersetzung, Tretwiderstand, Tretfrequenz, Fahrgeschwindigkeit, Gegenwind, Gelände usw. Nur das richtige Gefühl kann blitzschnell und ziemlich zuverlässig alles miteinander berücksichtigen und zu einem optimalen Kompromiss vereinen.

Ein »Profi« weiß genau – auch ohne Messinstrumente –, welche Übersetzung, welche Tretfrequenz und welches Tempo er momentan fährt, oft auf die Stelle genau hinter dem Komma. Jeder kann sich dieses Gefühl erarbeiten, auch für die Intensitätsbereiche, und lernen, sich in Training und Wettkampf nicht nur intellektuell, sondern auch intuitiv zu steuern, sich von den Messinstrumenten zu lösen und sich mit der Landschaft, dem Gelände sowie mit Herzschlag und Atmung in Einklang zu bringen.

Training im Kompensationsbereich (KB)

Trainingsziel:
Regeneratives Training, aktive Erholung nach vorausgegangenen hohen Belastungen in Training und Wettkampf, Verbesserung der Belastbarkeit für nachfolgende hohe Belastungen, Schulung des runden Tritts und der Fahrtechnik, Training des Fettstoffwechsels.

Intensität:
Man fährt etwa mit 40–50% der maximalen Sauerstoffaufnahmefähigkeit im aeroben Bereich. Dabei kann man sich gut verständlich unterhalten und mehrere Sätze im Zusammenhang sprechen. Die Atmung ist ruhig. Die Herzfrequenz liegt bei etwa 160 Schlägen pro Minute minus Lebensalter. Die Fahrgeschwindigkeit liegt im Breitensport bei etwa 15–20 km/h, im Leistungssport bei etwa 25–28 km/h. Kleine Gänge (z. B. 42/18–42/16).

Subjektives Gefühl:
Man fühlt sich frei und locker, genießt die sauerstoffreiche Luft und den lockeren runden Tritt. Man ist gelöst und unterhält sich

gerne. Man hat Zeit, die Gegend auf sich wirken zu lassen. Alles ist nur ein Spiel …

Training im niedrigen Grundlagenausdauerbereich (GA1)

Trainingsziel:
Entwicklung und Stabilisierung der Grundlagenausdauer und damit vor allem des Fettstoffwechsels und der maximalen Sauerstoffaufnahme (aerobe Kapazität). Im Gegensatz zum intensiven Ausdauertraining (GA2) wird diese Stufe auch extensives Ausdauertraining (GA1) genannt. Schulung des Bewegungsablaufs, runder Tritt, hohe Tretfrequenz, kleine Gänge.

Intensität:
Etwa 60–70% der maximalen Sauerstoffaufnahmefähigkeit. Die Atmung ist leicht beschleunigt. Man kann aber noch längere Sätze ohne Atemnot sprechen und sich noch gut unterhalten. Die Herzfrequenz liegt bei etwa 170 Schlägen pro Minute minus Lebensalter. Die Fahrgeschwindigkeit liegt im Breitensport bei etwa 20–25 km pro Stunde, im Leistungssport bei etwa 30 km pro Stunde. Übersetzung ca. 42/17–42/16.

Subjektives Gefühl:
Man spürt schon gewisses Tempogefühl, aber nicht unangenehm. Man fühlt sich frei, schaut sich die Gegend an, unterhält sich noch ohne Schwierigkeiten. Atmung und Herzschlag sind etwas beschleunigt, aber kaum spürbar.

Training im höheren Grundlagenausdauerbereich (GA2)

Trainingsziel:
Intensives Ausdauertraining, Ausbildung von Tempohärte, Willensschulung. Der Energiestoffwechsel arbeitet teils mit dem Fett-, teils mit dem Kohlenhydratstoffwechsel: Muskelglykogen wird verbraucht. Jedoch aerobe Energiegewinnung mit Sauerstoff, noch keine wesentliche Milchsäurebildung (2–3 mmol/l). Training der aeroben Kapazität, des Fett- und Kohlenhydratstoffwechsels, etwa bis in die Nähe der aeroben Schwelle.

Intensität:
Etwa 70–80% der maximalen Sauerstoffaufnahmefähigkeit. Die Atmung ist spürbar beschleunigt, so dass man nur noch kurze Sätze ohne Atemnot sprechen kann. Die Herzfrequenz liegt bei etwa 180–190 Schlägen pro Minute minus Lebensalter. Die Fahrgeschwindigkeit im Breitensport bis etwa 30 km pro Stunde, im Leistungssport um 35–38 km pro Stunde. Übersetzung ca. 42/16, 42/15, 53/17.

Subjektives Gefühl:
Gefühl des intensiven Trainings, spürbar beschleunigte Atmung, aber nicht unangenehm. Erhöhte Konzentration notwendig, Gesichtsfeld etwas eingeengt, die Landschaft wird aber noch wahrgenommen. Die Möglichkeit der Unterhaltung wird reduziert, da nur noch kurze Sätze möglich.

Wichtig:
Spätestens hier sollten die Intensitätsstufen für den Breiten- und Gesundheitssport sowie für ältere Radsportler enden; denn diese Intensitätsbereiche reichen vollkommen aus, um die gewünschten Anpassungen zu entwickeln. Die folgenden höheren Intensitätsbereiche sollten dem Leistungs- und Hochleistungssport vorbehalten bleiben!

Das lockere Training in freier Natur, gesteuert durch Herzfrequenz und Gefühl für das richtige Tempo im Kompensations- und niedrigen Grundlagenausdauerbereich, ist eine der gesündesten Methoden, die Gesundheit zu stabilisieren.

Training im Entwicklungsbereich (EB)

Trainingsziel:
Entwicklung der wettkampfspezifischen Ausdauer und der Kraftausdauer. Verbesserung des Laktatstoffwechsels, Energiestoffwechsel noch überwiegend aerob, vorwiegend Kohlenhydratstoffwechsel mit Verbrauch von Muskelglykogen. Milchsäurewerte im Bereich zwischen aerober (3 mmol/l) und anaerober (6 mmol/l) Schwelle im aerob-anaeroben Übergangsbereich. Außerdem Schulung der Willens- und Tempohärte. Tempo etwa Wettkampfgeschwindigkeit.

Intensität:
Etwa 80–90% der maximalen Sauerstoffaufnahmefähigkeit. Die Atmung ist deutlich beschleunigt. Nur noch einzelne Worte möglich. Die Herzfrequenz liegt bei ca. 190–200 Schlägen pro Minute minus Lebensalter. Relativ hohe Gänge mit hoher Tretgeschwindigkeit (zum Beispiel 42/15 bis 53/16–13; ca. 100 Pedalumdrehungen pro Minute).

Subjektives Gefühl:
Kurzatmigkeit und beginnende Milchsäurebildung vermitteln das Gefühl stärkerer Belastung. Man spürt, wenn die Muskulatur »sauer« wird. Trotzdem muss man immer wieder gut durchatmen, mehr Sauerstoff einatmen, die Milchsäure abbauen, sich mit ihr ins Gleichgewicht setzen, nicht »sauer« werden. Das Gesichtsfeld engt sich weiter ein, beschränkt sich auf Beobachtung des Straßenverlaufs, der Landschaft am Rand der Straße und des Hinterrads des Vordermanns. Unterhaltung kaum noch möglich. Erhöhte Willenskraft und Konzentration sowie Mobilisierung aller Kräfte notwendig.

Training im Spitzenbereich (SB)

Trainingsziel:
Entwicklung der wettkampfspezifischen Schnelligkeit und Schnelligkeitsausdauer. Intervalltraining im Bereich der Kurzzeit- und Mittelzeitausdauer. Anaerobes Training mit Laktatwerten von 6–20 mmol/l. Schulung der Willensstoßkraft, Sprintfähigkeit und Azidosetoleranz (= Fähigkeit, hohe Säurewerte zu ertragen). Hohe Gänge (z. B. 42/15 – 53/15 – 53/13) bei maximaler Tretfrequenz (100–140 Pedalumdrehungen pro Min.).

Intensität:
Maximale, höchste Intensitätsstufe mit Eingehen einer Sauerstoffschuld, d. h., die maximale Sauerstoffaufnahmefähigkeit wird kurzfristig überschritten. Atmung maximal beschleunigt. Kein Sprechen mehr möglich, auch keine Wortfetzen. Herzfrequenz etwa 220 Schläge pro Minute minus Lebensalter. Fahrgeschwindigkeit deutlich über Wettkampfgeschwindigkeit.

Subjektives Gefühl:
Unlustgefühle wegen der Milchsäurewerte. Stark eingeengtes Gesichts- und Gedankenfeld. Man

nimmt bewusst nur noch Straßenrand und Straßenverlauf wahr. Stark erhöhte Willenskraft und maximale Konzentration sind notwendig.

Vom Gefühl der Profis lernen

Profis sind Pragmatiker. Sie haben auch nicht ständig einen Arzt bei sich, der ihnen die Laktatwerte misst. Aber sie haben alle ihre Computer am Lenker und steuern sich selbst mit Hilfe des Computers und ihrem Gefühl, das »von innen heraus« kommt. Nicht alle Profis sind wissenschaftlich ausgebildet, auch sind ihnen manchmal die vielen Trainingsbereiche zu kompliziert, aber sie können alle ein ziemlich sicheres intuitives Gefühl entwickeln für folgende Trainingsbereiche:

- regeneratives Training (EB) zur Erholung
- Grundlagenausdauertraining im niedrigen Bereich (GA1), in dem man »ruhig« fährt
- Grundlagenausdauertraining im höheren Intensitätsbereich (GA2), in dem man intensiver fährt, bis an die aerobe Schwelle, die aber nicht überschritten wird. Bei den italienischen Radprofis heißt es: »sotto la linea« – gerade noch unter der aeroben Schwelle
- Schwellentraining, bei dem man an der aeroben Schwelle fährt und spürt, dass sich Milchsäure bildet. Aber man hat sie noch »im Griff«.
- Training über der (aeroben) Schwelle, d. h., wenn es anaerob wird

Diese Trainingsbereiche sind einfach und relativ leicht auch intuitiv zu erfassen – für jeden Radsportler. Man muss ihn nur tun: den Schritt vom intellektuellen zum intuitiven Training.

Merke:
Zu häufiges Training im Bereich der höchsten Intensitätsstufen (EB und SB) lassen die Leistungsentwicklung auf einem mittleren Niveau stagnieren oder sogar zurückgehen! Denn die Mitochondrien, die Kraftwerke der Zellen, können durch zu häufige und zu intensive Milchsäureanstiege geschädigt werden. Eine Steigerung der aeroben Leistungsfähigkeit ist erst wieder möglich, wenn die Trainingsbelastungen auf die Intensitätsbereiche des regenerativen oder Grundlagenausdauertrainings zurückgenommen werden!
Mit dem Anstieg der Milchsäurewerte nimmt auch die Stressbelastung des Organismus zu. Die Stresshormone (Noradrenalin und Adrenalin) steigen in den höheren Intensitätsbereichen parallel zu den Milchsäurewerten an! Mit den Stresshormonen steigt auch der Blutdruck. Das allein sind Gründe genug, um diese Intensitätsbereiche im Breiten- und Gesundheitssport und bei höherem Lebensalter zu meiden. Für den Leistungs- und Hochleistungssport sind sie aber notwendig.

Auch Profis benutzen in Training und Wettkampf Fahrradcomputer und Herzfrequenzmesser – aber auch zu dem Zweck, ihr Gefühl für die richtige Belastungsintensität zu entwickeln und zu steuern.

Trainingsmethoden und Trainingsprogramme

Wir erinnern uns jetzt noch einmal an die bereits erwähnte biologische Grundregel, die etwas ergänzt folgendermaßen lautet:
»Struktur und Leistungsfähigkeit eines Organs (und damit auch der Organsysteme und des gesamten Organismus) werden bestimmt vom Erbgut (»Talent«) sowie von der Qualität und Quantität seiner Beanspruchung.«
»Talent« ist das, was man mit dem Erbgut mitbringt: einen gesunden, belastbaren Körper und – im Ausdauersport – eine möglichst hohe maximale Sauerstoffaufnahmefähigkeit. Nun gibt es aber Athleten, die von der Natur reich beschenkt wurden, also »Talent« hätten, es aber nicht entfalten wollen. Es gab Radsportler mit so hohen sportmedizinisch-biologischen Werten, dass man ihnen eine große Zukunft voraussagte, aber sie verschwanden in der Versenkung, weil sie gar nicht so richtig Rad fahren oder die Berge nicht hinauffahren wollten.
Andere Radsportler dagegen mit eher geringerem »Talent«, aber einer großen Willenskraft, einem unstillbaren Hunger auf den Radsport und mit dem »heiligen Feuer«, das in ihnen brannte und sie dazu trieb, ihre biologischen Strukturen und Funktionen in Qualität und Quantität bis zur menschenmöglichen Grenze zu beanspruchen – die schafften es viel eher, große Radsportler zu werden.
Sie erlernten die Kunst, die konditionellen Faktoren Ausdauer, Kraft und Schnelligkeit systematisch, ausdauernd und geduldig, intelligent und intuitiv so zu entwickeln und aufeinander abzustimmen, dass eine hohe radsportspezifische Leistungsfähigkeit das Ergebnis ihrer Bemühungen war.
Das geht nur durch die richtige Kombination der Belastungsqualitäten (Ausdauer, Kraft, Schnelligkeit) und der Trainingsbereiche (Kompensations-, Grundlagenausdauer-, Entwicklungs- und Spitzenbereich). Diese Erkenntnisse umzusetzen wird erleichtert durch die Kenntnis der zur Verfügung stehenden Trainingsmethoden und »Programme«.

Ausdauer und Ausdauertraining

Unter »Ausdauer« versteht man die Fähigkeit, eine bestimmte, möglichst hohe Leistung über einen möglichst langen Zeitraum ohne Ermüdung durchhalten zu können.
Die Fahrgeschwindigkeit soll beim Radfahren durch ein optimales Verhältnis zwischen Krafteinsatz und Tretfrequenz erreicht und aufrechterhalten werden.
Man unterscheidet im Radsport folgende Ausdauerformen:

- Grundlagenausdauer
- wettkampfspezifische Ausdauer
- Kraftausdauer
- Schnelligkeitsausdauer

Diese Ausdauerformen stehen untereinander in einer Wechselbeziehung.

Was nachher im Wettkampf in schöner Umgebung so leicht aussieht, wird vorher durch eine hohe Grundlagenausdauer, auf der sich Trainingsprogramme für Kraftausdauer und Schnelligkeit aufbauen, über viele Jahre hinweg geduldig entwickelt.

Grundlagenausdauer

Die Grundlagenausdauer bildet die Basis aller anderen Ausdauerformen, erhöht die Belastungsverträglichkeit für intensivere Belastungen und verbessert die Fähigkeit, sich rasch von den Belastungen zu erholen, d. h., Grundlagenausdauer fördert die Regenerationsfähigkeit.
Die Grundlagenausdauer wird durch ein Training mit geringer bis mittlerer Intensität, hoher Tretfrequenz (80–100–120 Pedalumdrehungen/min) mit geringem Krafteinsatz (d. h. mit »kleiner« Übersetzung z. B. 42/18–42/15) und großem Trainingsumfang (je nach Leistungsstand etwa 50 km bis über 260 km) erworben (siehe Tabelle S. 134). Durch das Training der Grundlagenausdauer (GA) werden gezielt Ausdauerfasern in der Arbeitsmuskulatur entwickelt. Biochemisch wird vor allem der Fettstoffwechsel trainiert. Die Muskulatur bleibt »dünn«, wird optimal durchblutet und reichlich mit Sauerstoff versorgt. Alle Adaptationen der Anpassungsstufe 1 (siehe S. 119) werden ausgebildet.

Wettkampfspezifische Ausdauer

Die wettkampfspezifische Ausdauer ist gegenüber der Grundlagenausdauer durch eine höhere Intensität (Geschwindigkeit ca. 35 – 40 km/h oder mehr) mit höherem Krafteinsatz gekennzeichnet. Sie wird mit größeren Gängen (z. B. 42/15–53/15), hoher Tretfrequenz (100–120 U/min) und einem Umfang erworben, der etwa der Wettkampfstrecke entspricht oder über sie hinausgeht. Die Intensität der Belastung bewegt sich im Bereich des aerob-anaeroben Übergangs (Entwicklungsbereich) und geht somit an die Grenze der maximalen Sauerstoffaufnahmefähigkeit heran. Zur Energiegewinnung müssen dabei wegen ihres gegenüber den Fetten größeren Sauerstoffgehalts zunehmend Kohlenhydrate als Energielieferanten herangezogen werden.
Während das Training der Grundlagenausdauer vorwiegend den Fettstoffwechsel trainiert, stellt das Training der wettkampfspezifischen Ausdauer hohe Anforderungen an den Kohlenhydratstoffwechsel.
Die im Radsport notwendige Ausdauer wird wissenschaftlich als »allgemeine aerobe Langzeitausdauer« bezeichnet. Sie ist für sportliche Leistungen notwendig, die zwischen 10 Minuten und mehreren Stunden dauern, wie sie im Straßenradsport üblich sind. Die Leistung wird überwiegend durch aerobe Stoffwechselvorgänge mit Sauerstoff erbracht. Anaerobe Stoffwechselprozesse mit Sauerstoffschuld werden im Straßenradsport nur unter bestimmten taktischen Bedingungen – Ausreißversuch, Zwischenspurt, Bergstrecken, Endspurt – benötigt (siehe Kraftausdauer und Schnelligkeitsausdauer).

Einfluss und Bedeutung von Kraft und Schnelligkeit auf Kurzzeit-, Mittelzeit- und Langzeitausdauer sowie auf Grundlagenausdauer und wettkampfspezifische Ausdauer (nach Harre)

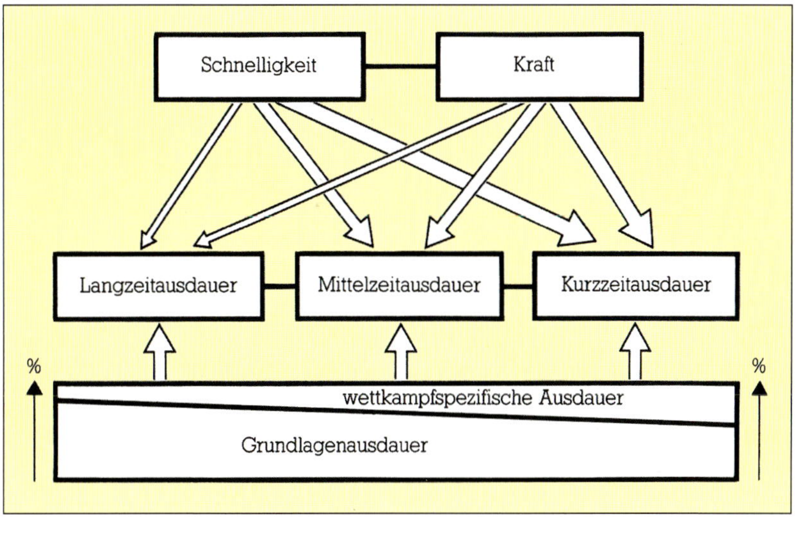

Trainingsprogramme für die unterschiedlichen Trainingsbereiche (modifiziert nach W. Lindner)

Trainingsprogramm im Kompensationsbereich (KB)

Trainingsziel:	Regeneration (»aktive Erholung« oder »regeneratives Training«) Optimale Verarbeitung (Kompensation) vorausgegangener Trainings- und Wettkampfbelastungen, Verbesserung der Belastbarkeit für nachfolgende intensive Trainingsbelastungen und Wettkämpfe
Energiebereitstellung:	aerob, Laktat 0–2 mmol/l
Intensität:	niedrigste Intensitätsstufe
Steuerparameter:	Herzfrequenz 90–110 Herzschläge/min Tretfrequenz 60–100 U/min Übersetzung 60–70 Zoll (z. B. 42/18–42/16)
Streckenlänge, Streckenprofil:	30–60 km pro Trainingseinheit flache Strecke
Trainingsmethoden:	spielerische und lockere Spazierfahrt mit Spaß und Freude ohne Leistungsdruck
Anwendung:	vor, zwischen und nach hoch intensiven Trainingseinheiten oder Wettkämpfen vorwiegend in der Wettkampfperiode oder in der unmittelbaren Wettkampfvorbereitung

Trainingsprogramm im Grundlagenausdauerbereich (GA)

Trainingsziel:	Entwicklung und Stabilisierung der Grundlagenausdauer (GA) Vergrößerung der maximalen Sauerstoffaufnahmefähigkeit (aerobe Kapazität) Verbesserung des Fettstoffwechsels
Energie-bereitstellung:	aerob (GA1, extensives Grundlagenausdauertraining: Fettstoffwechsel; GA2, intensives Grundlagenausdauertraining: gemischt Fett- und Kohlenhydratstoffwechsel) Laktat 0–3 mmol/l
Intensität:	niedrige (GA1) bis mittlere (GA2) Intensität
Steuerparameter:	Herzfrequenz: nach Alter und Trainingszustand Bandbreite von 20 Herzschlägen festlegen (siehe altersangepasste Tabellen); untere Bandbreite GA1-, obere Bandbreite GA2-Training Tretfrequenz 80–100 U/min (Ziel: »100er« Tretfrequenz) Übersetzung 60–80 Zoll (z. B. 42/18–42/15
Streckenlänge, Streckenprofil:	abhängig von Alter, Geschlecht und Kategorie der sportlichen Betätigung 50–250 km pro Trainingseinheit; flaches oder welliges Gelände
Trainingsmethoden:	Dauerleistungsmethode
Anwendung:	ganzjährig, am besten im »Block« trainieren: z. B. 2–5 Trainingseinheiten hintereinander

Trainingsprogramm im Entwicklungsbereich (EB)

Trainingsziel:	Entwicklung der wettkampfspezifischen Ausdauer Training im aerob-anaeroben Übergang, Verbesserung des Laktatabbaus Verbesserung der aeroben Kapazität und der Azidosetoleranz
Energie-bereitstellung:	aerob-anaerob (Kohlenhydratstoffwechsel), Laktat 3–6 mmol/l
Intensität:	hohe Intensität
Steuerparameter:	tretfrequenzorientiertes Training: Herzfrequenz: nach Alter und Trainingszustand Bandbreite von 10 Herzschlägen festlegen (zwischen 150–190 Herzschlägen/min) Tretfrequenz: 100–120 U/min Übersetzung: 70–100 Zoll (z. B. 42/16–53/15) kraftorientiertes Training: Herzfrequenz: nach Alter und Trainingszustand Bandbreite von 10 Herzschlägen festlegen (zwischen 150–190 Herzschlägen/min) Tretfrequenz: 70–90 U/min Übersetzung: 80–110 Zoll (z. B. 42/15–53/13)
Streckenlänge, Streckenprofil:	Teilstreckentraining Teilstreckenlänge je nach Alter und Trainingszustand 3, 5, 10 oder 20 km tretfrequenzorientiert: flaches Streckenprofil kraftorientiert: welliges oder bergiges Profil
Trainingsmethoden:	Wiederholungsmethode (siehe auch S. 139), zum Beispiel: – 30 min Aufwärmen, 10 km EB – 20 min aktive Pause, 10 km EB – 20 min aktive Pause, 10 km EB – 20 min aktive Pause, 10 km EB – 40 min Ausklang
Anwendung:	Vorbereitungsperiode, letzte Phase Wettkampfperiode unmittelbare Wettkampfvorbereitung

Trainingsprogramm im Spitzenbereich (SB)

Trainingsziel:	Entwicklung der wettkampfspezifischen Schnelligkeitsausdauer und Schnelligkeit
Energie-bereitstellung:	anaerob (Kohlenhydratstoffwechsel), Laktat 6–20 mmol/l
Intensität:	maximal, höchste Intensitätsstufe

Fortsetzung nächste Seite ⇨

Steuerparameter:	Herzfrequenz: 180 bis zur Ausbelastung Tretfrequenz: maximal Übersetzung: 80–110 Zoll (z. B. 42/15–53/13) Steuerung durch Belastungs- und Serienpausen
Streckenlänge, Streckenprofil:	kurze Strecken, Streckenlänge richtet sich nach Trainingsziel: Entwicklung der wettkampfspezifischen Ausdauer: Streckenlänge 200, 500, 1000, 2000, 3000 oder 4000 m Entwicklung der Schnelligkeit: kürzere Streckenlänge 200, 500 oder 1000 m Entwicklung der Schnelligkeitsausdauer: längere Streckenlänge 1000, 2000, 3000 oder 4000 m flaches Streckenprofil
Trainingsmethoden:	Intervallmethode (siehe auch S. 138), immer erst nach gründlicher Aufwärmphase zur Verbesserung der Schnelligkeit: kurze Strecken, höchste Intensität, wenig Wiederholungen, lange Pausen, zum Beispiel: zwei Serien à 5 x 200 m mit Pausen von je 20 min zwischen den Sprints und von 60 min zwischen den Serien zur Verbesserung der Schnelligkeitsausdauer: längere Strecken, hohe Intensität, mehr Wiederholungen, kürzere Pausen, zum Beispiel: zwei Serien à 5 x 1000 m mit Pausen von je 5 min zwischen den Sprints und von 30 min zwischen den Serien
Anwendung:	Vorbereitungsperiode, letzte Phase (vor den ersten Wettkämpfen) Wettkampfperiode, als Ersatz für Wettkämpfe unmittelbare Wettkampfvorbereitung als »letzter Schliff« der Leistungsentwicklung

Kraftausdauer

Kraftausdauer bedeutet eine hohe Kraftleistungsfähigkeit über längere Zeit. Eine hohe Kraftausdauer ist bei Radrennen über lange Strecken, bei Bergetappen und Bergrennen sowie im Zeitfahren notwendig. Kraftausdauertraining wird mit großem Krafteinsatz und submaximaler Intensität trainiert. Das erreicht man, indem man meist nach der Wiederholungsmethode (siehe S. 139) entweder mit mittleren bis höheren Übersetzungen (z. B. 42/19–53/16) und niedriger Tretfrequenz (z. B. 40–60 Pedalumdrehungen/min) einen Berg hinauffährt (»K3- oder K4-Training, siehe S. 142) oder mit Kurzzeitintervallen (ca. 75 s), die man mit 80–100 Pedalumdrehungen/min und hohem Krafteinsatz auf dem Fahrradergometer tritt (siehe »K3-Programm« S. 142).
Bei diesem Training entsteht durch anaerobe Stoffwechselvorgänge Milchsäure, die durch genügend lange Pausen, in denen man mit langsamem Tempo und kleinen Gängen weiterfährt (»aktive Erholung«), wieder abgebaut werden muss. Kraftausdauer-Muskelfasern sind etwas dicker als die dünnen reinen Ausdauerfasern. Jedoch haben sie gegenüber den üblichen durch Hanteltraining erworbenen Kraftfasern eine hohe aerobe Stoffwechselkapazität mit einer hohen Zahl von Mitochondrien, so dass trotz größerer Muskelfaserdicke die maximale Ausdauerleistungsfähigkeit erhalten oder verbessert werden kann.

Schnelligkeitsausdauer

Schnelligkeitsausdauer bedeutet Ermüdungswiderstandsfähigkeit gegen Schnelligkeitsbelastungen, die mit submaximaler bis maximaler Bewegungsgeschwindigkeit erbracht werden. Dabei werden im Radsport mittlere bis höhere Übersetzungen (z. B. 42/15–53/16) mit maximaler Tretfrequenz bewegt, z. B. bei Sprints, Ausreißversuchen oder in Bahnwettbewerben. Die anaerob-laktazide Energiegewinnung mit Milchsäurebildung steht im Vordergrund. Im Schnelligkeitsausdauertraining werden z. B. kurze Belastungen (ca. 6–20 s) in Serien nach der Intervallmethode (siehe unten) mit maximaler Intensität und Tretgeschwindigkeit mit dem Rad oder Fahrradergometer trainiert (siehe K1- und K2-Training, S. 143).

Ausdauertrainingsmethoden

Wie der Name es bereits ausdrückt, ist die Grundlagenausdauer die wichtigste Form der Ausdauer. Sie wird nach der Dauerleistungsmethode mit geringer bis mittlerer Intensität (KB, GA1, GA2) und ausreichendem Umfang erworben. Für den Gesundheits- und Breitensportler wäre diese Form der Ausdauer völlig ausreichend. Der leistungsbetonte Freizeitsportler sowie der Leistungs- und Hochleistungssportler wird auf dieser Grundlagenausdauer aufbauend eine mehr oder minder stark ausgeprägte wettkampfspezifische Ausdauer entwickeln, wozu auch das Training der Kraftausdauer und der Schnelligkeitsausdauer gehören. Trotzdem muss auch in diesen leistungsbetonten Kategorien der größte Teil der Trainingsarbeit aufgewendet werden, um die Grundlagenausdauer mit einer möglichst großen Sauerstoffaufnahmefähigkeit und einer optimalen Entwicklung des Fettstoffwechsels immer weiter zu entwickeln und dann aufrechtzuerhalten.
Die verschiedenen Formen der Ausdauer werden durch unterschiedliche Methoden zur Entwicklung gebracht. Im Wesentlichen unterscheidet man folgende Formen von Ausdauertrainingsmethoden:

- Dauerleistungsmethode: kontinuierliche Methode, Fahrtspiel
- Intervallmethoden: Langzeit-, Mittelzeit- oder Kurzzeitintervalle
- Wiederholungsmethode
- Wettkampfmethode

Dauerleistungsmethode

Die Zweckmäßigkeit kontinuierlicher Dauerbelastungen mit geringer bis mittlerer Intensität (Trai-

Ausdauertrainingsmethoden

Trainingsmethoden	Trainingsinhalte	Intensitätsbereiche
Dauerleistungsmethode	gleichmäßiges Tempo über längere Strecken	KB, GA
Fahrtspielmethode	Spiel mit wechselnder Geschwindigkeit in abwechslungsreichem Gelände	GA, EB
Intervallmethode	Serien verschiedener Länge (Kurzzeit-, Mittelzeit-, Langzeit-Intervalle) mit unvollständiger Erholung in den Pausen	EB, SB
Wiederholungmethode	hoch intensive Belastungen verschiedener Länge mit vollständiger Erholung in den Pausen	EB, SB
Wettkampfmethode	Wettkämpfe	EB, SB

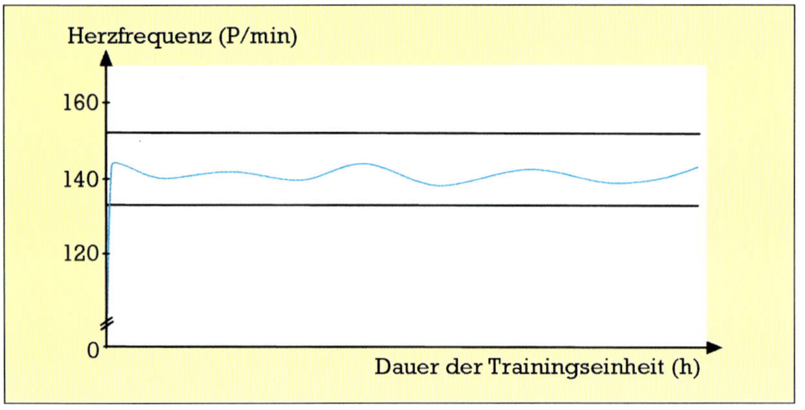

Kontinuierliches Training nach der Dauerleistungsmethode (modifiziert nach W. Lindner)

ningsbereiche KB, GA1, GA2) wurden durch moderne Untersuchungen erneut bestätigt. Dabei werden insbesondere Grundlagenausdauer, Bewegungsablauf und die psychische Gewöhnung an eine in gleichmäßigem Tempo zurückgelegte Strecke trainiert. Die Belastungsdauer soll nicht kürzer als 30 Minuten sein, besser aber bei 1–2 Stunden liegen. Fortgeschrittene Radsportler trainieren mit der Dauerleistungsmethode viele Stunden, Radprofis bis zu einer Gesamtstrecke von 250–300 km. Auf diese Weise kann man durch Langsamfahren schnell werden, weil es ein Sauerstofftraining ist, das alle Strukturen aufbaut (Blutgefäße, Muskelfasern, Mitochondrien, Stoffwechselenzyme u. a.), die eine erhöhte Sauerstoffaufnahmefähigkeit zur Folge haben. Die maximale Sauerstoffaufnahmefähigkeit wird verbessert und biochemisch der Fettstoffwechsel trainiert.

Bei der kontinuierlichen Dauerleistungsmethode wird die Geschwindigkeit über längere Zeit gleichmäßig beibehalten. Dabei werden kleine bis mittlere Übersetzungen (42/18–42/15) mit hoher, lockerer »100er« Tretgeschwindigkeit gefahren.

Kontinuierliches Training nach der Fahrtspielmethode (modifiziert nach W. Lindner)

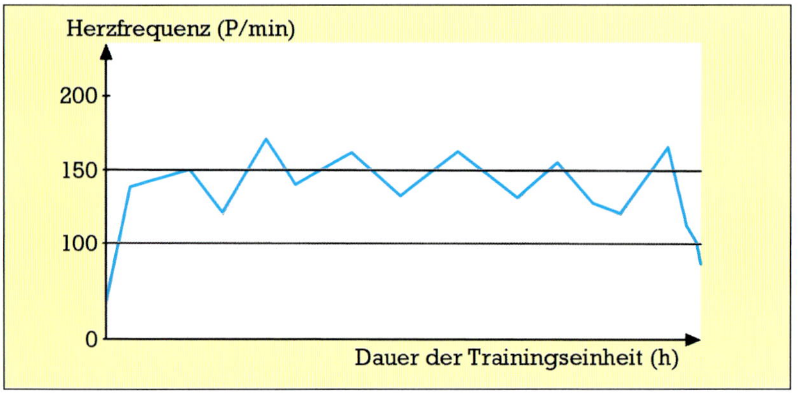

Fahrtspiel

Beim sog. »schwedischen Fahrtspiel« handelt es sich um ein Spiel mit der Geschwindigkeit. Beim Radsportler ergibt sich dieses Spiel von selbst durch das Gelände. So kann man bei Steigungen oder vor Ortstafeln oder anderen landschaftlichen Merkmalen spielerisch die Geschwindigkeit erhöhen und danach wieder eine ruhigere Gangart einschlagen. Man kann auch ganz gut den Rhythmuswechsel der Geschwindigkeit durch Variation der Tretgeschwindigkeit – nicht durch Schalten – üben, so wie es auch im Radrennen geschieht. Der Gesamtumfang des Trainings, die Wahl der Übersetzung und Tretgeschwindigkeit (90–120 Pedalumdrehungen/min) werden wie bei der Dauerleistungsmethode gestaltet.

Intervallmethoden

Bei den Intervallmethoden wird planmäßig zwischen hohen und höchsten Belastungen (im Spitzenbereich SB) und Erholung gewechselt, wobei die Pausen zwischen den Einzelbelastungen so kurz sind, dass sich der Organismus nicht vollständig von der Belastung erholt. Die neue Belastung setzt bereits im »Stadium der unvollständigen Erholung« ein, wobei die Pulsfrequenz meist nicht unter

120–130 Schläge pro Minute absinkt. Erst nach einer Serie von 5–6 Einzelbelastungen wird eine Serienpause bis zur vollständigen Erholung eingelegt, wobei im Sinne einer »aktiven Erholung« locker weitergefahren wird.

Innerhalb der Intervallmethoden kann man – je nach Länge der Einzelbelastungen – zwischen Kurzzeit-, Mittelzeit- und Langzeitintervallen unterscheiden.

Bei der Kurzzeitintervallmethode dauert die Einzelbelastung etwa 45 Sekunden bis 2 Minuten, bei der Mittelzeitintervallmethode etwa 2–10 Minuten und bei der Langzeitintervallmethode über 10 Minuten. Je kürzer die Belastungsdauer, desto größer kann die Belastungsintensität sein.

Durch die Kurzzeitintervallmethode kann man vor allem die Schnelligkeitsausdauer und Schnellkraft entwickeln, durch die Langzeitintervallmethode insbesondere die Kraftausdauer und wettkampfspezifische Ausdauer. Werden die Intervallbelastungen mit hoher Intensität, d. h. mit hoher Geschwindigkeit, im anaeroben Bereich absolviert, spricht man von einer intensiven Intervallbelastung, werden sie mit geringerer Intensität, also geringerer Geschwindigkeit, zurückgelegt, spricht man von einer extensiven Intervallbelastung.

Prinzipiell führen Intervallbelastungen zu einer vermehrten Füllung des Herzens in den Pausen. Diese vermehrte Füllung stellt einen Dehnungsreiz für das Herz und damit einen Reiz zur Herzvergrößerung (»Sportherz«) dar.

Gut trainierte Radsportler benutzen das Intervalltraining auch dazu, um nach Trainingspausen schnell wieder in Form zu kommen.

Wichtig ist zu berücksichtigen, dass jedes Intervalltraining große Nervenkraft und eine volle Konzentrationsfähigkeit erfordert, so dass die Erholungszeit nach Intervallbelastungen meist mindestens 72 Stunden beträgt, da sich das Nervensystem langsamer regeneriert als die anderen Organsysteme und die Energiespeicher. Das gilt insbesondere bei Jugendlichen und jungen Athleten. Aus diesem Grund sollte nach der Intervallmethode nicht am Schluss, sondern am Anfang einer Trainingseinheit trainiert werden.

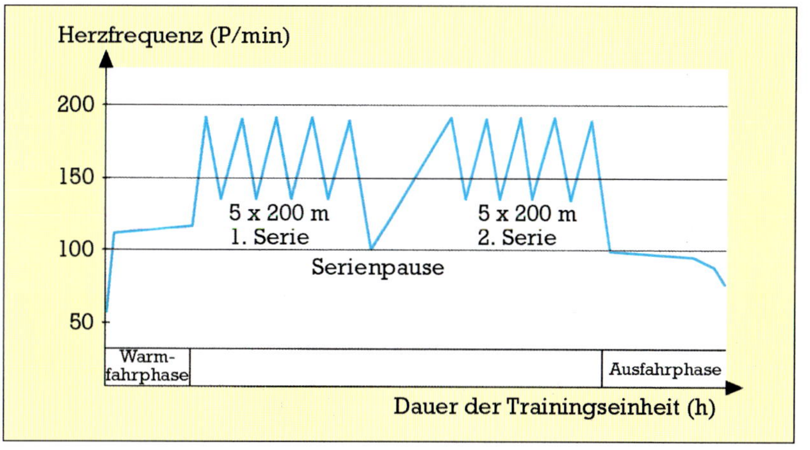

Intervallmethode: Belastungsserien mit unvollständiger Erholung innerhalb der Serien. Beispiel: Schnelligkeitsausdauertraining mit zwei Serien à 5 x 200 m (modifiziert nach W. Lindner)

Wiederholungsmethode

Bei dieser Methode werden Belastungen hoher Intensität (EB) in solchen Abständen wiederholt, dass sich der Organismus in den Pausen

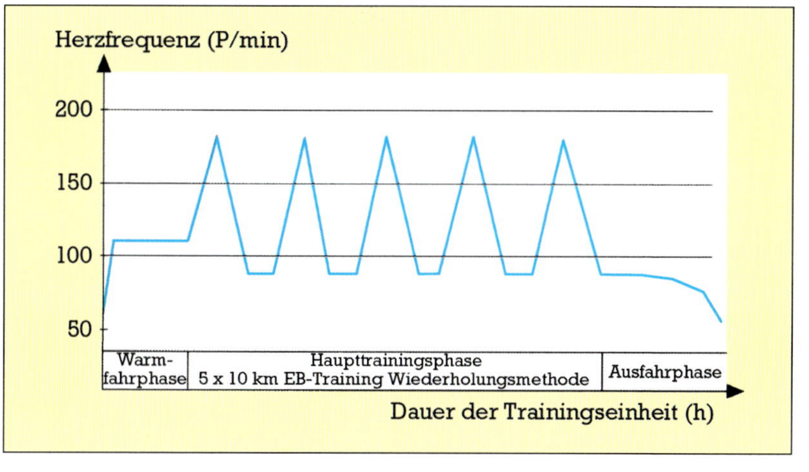

Wiederholungsmethode: Belastungsserien mit vollständiger Erholung zwischen den Einzelbelastungen, z. B. 5 x 10 km im Entwicklungsbereich (EB-Training) (modifiziert nach W. Lindner)

vollständig erholen kann. Die Geschwindigkeit liegt in der Nähe der Wettkampfgeschwindigkeit oder darüber. Die Länge dieser Tempofahrten ist variabel, sie kann etwa bei 6–20 Sek. (Kraftausdauertraining »K3« im Spitzenbereich »SB«) oder bei 5–10 km (Kraftausdauertraining im Entwicklungsbereich »EB«) liegen.
Die Übersetzung und Tretfrequenz entsprechen den Verhältnissen im Wettkampf. Neben Tempohärte werden wettkampfspezifische Ausdauer und Kraftausdauer trainiert.

Wettkampfmethode

Im Trainingsprozess ist es in gewissen Zeitabständen notwendig, den Leistungszuwachs zu kontrollieren und die Belastungsanforderungen neu festzulegen. Leistungs- und Hochleistungssportler holen sich durch Teilnahme an (Aufbau-) Wettkämpfen den letzten »Schliff«. Innerhalb des Trainingsplans müssen zunächst einige Aufbauwettkämpfe einkalkuliert werden, um allmählich auf den Leistungshöhepunkt oder die Leistungshöhepunkte des Jahres hinzuarbeiten. Die Analyse der Wettkampfergebnisse deckt Leistungsschwächen auf und wird so richtungsweisend für den zukünftigen Trainingsablauf.

Die Wettkampfmethode ist die komplexeste Methode der Leistungskontrolle, aber auch die wichtigste und aussagekräftigste; denn auf den Erfolg im Wettkampf kommt es an – zumindest für den Leistungs- und Hochleistungssportler.

Kraft und Krafttraining

Der Radsportler muss im Wesentlichen zwischen drei Typen des Krafttrainings unterscheiden:

- radsportspezifisches Training der Arbeitsmuskulatur
- nicht radsportspezifisches Training der Arbeitsmuskulatur
- Ausgleichskrafttraining der übrigen Skelettmuskulatur

Diese Typen des Krafttrainings müssen voneinander getrennt betrachtet und auf verschiedene Weise trainiert werden.

Radsportspezifisches Krafttraining der Arbeitsmuskulatur

Man unterscheidet zwischen Maximalkraft, Schnellkraft und Kraftausdauer. Unter Maximalkraft versteht man die Kraft, die maximal entwickelt werden kann, unter Schnellkraft die Fähigkeit, hohe Widerstände mit hoher Bewegungsgeschwindigkeit zu überwinden. Unter Kraftausdauer versteht man die Ermüdungswiderstandsfähigkeit bei lang dauernden Kraftleistungen. Kraftausdauer ist eine Spezialform der Ausdauer und wurde weiter oben besprochen. Vor allem bei Antritten (Ausreißversuch, Zwischenspurts, Endspurt) wird vom Radsportler eine hohe Maximal- und Schnellkraft gefordert. Die Zunahme von Maximal- und Schnellkraft soll beim Radsportler möglichst ohne zu große Dickenzunahme der einzelnen Muskelfasern erreicht werden. Außerdem muss sie sportartspezi-

fisch umgewandelt werden, damit sie in Radsportleistung umgewandelt werden kann.
»Programme« für die Entwicklung der radsportspezifischen Maximalkraft, Kraftausdauer und Schnellkraft (siehe Trainingsprogramme »K1«, »K2«, »K3« und »K4«) auf dem Rennrad oder Fahrradergometer haben in den letzten Jahren an Bedeutung gewonnen und nicht zuletzt zur Leistungssteigerung im Radsport ganz allgemein und besonders im Profiradsport beigetragen.

Krafttraining der Arbeitsmuskulatur im Kraftraum

Manche Profis rümpfen auch heute noch die Nase und sagen: »Ehe ich in den Kraftraum gehe und meine Beine kaputtmache, fahre ich lieber einen Berg hinauf.« Gemeint ist dabei ein Kraftausdauertraining am Berg (siehe Trainingsprogramm »K3« oder »K4«). Man sieht, wie groß die Liebe zum Tretvorgang bei Radsportlern sein kann – aber ganz berechtigt ist dieses Vorurteil nicht. Es hat sich nämlich durchaus bewährt, im Wintertraining zumindest eine Trainingseinheit im Kraftraum zu absolvieren, um die Maximalkraft der Beinmuskulatur bewusst und gezielt, separat und einzeln auf ein höheres Niveau zu bringen: die Muskulatur der Oberschenkel (Strecker und Beuger), der Waden (drücken die Fußspitzen nach unten) und der Schienbeine (heben die Fußspitzen nach oben). Dieses Krafttraining kann man gezielt und einzeln durchführen und in das Programm eines Zirkeltrainings (siehe S. 194 ff.) einbauen (z. B. als jede zweite Übung).
Wichtig ist, in den darauf folgenden Tagen die so aufgebaute Kraftmuskulatur durch ein radsportspezifisches Training – mit dem Rad auf der Straße oder dem Fahrradergometer – wieder in radsportspezifische Muskulatur umzuwandeln und in den radsportspezifischen Bewegungsablauf (Pedalieren) zu integrieren. Weiterhin ist wichtig zu wissen, dass »Ausdauer« und »Kraft« miteinander konkurrierende Eigenschaften sind, die sich bei gleichzeitigem Training in ihrer Entwicklung gegenseitig hemmen. Daher sollte man sie getrennt trainieren, in getrennten Trainingseinheiten, an unterschiedlichen Tagen.

Ausgleichskrafttraining

Etwas anderes ist ein Kraft- oder Fitnesstraining der Schwachpunkte des Radsportlers als Ausgleich zum doch etwas einseitigen radsportspezifischen Training, nämlich der Rücken-, Bauch- und Oberkörpermuskulatur. Dabei kommt es ebenfalls nicht darauf an, eine hohe Muskelmasse zu erzeugen, sondern Qualität und Leistungsfähigkeit der vorhandenen Muskulatur

Krafttraining der »Arbeitsmuskulatur« dient der Steigerung der Maximalkraft – und damit auch der Förderung von Schnellkraft und Schnelligkeit.

Krafttraining zum Ausgleich der Schwachpunkte des Radsportlers: Brust-, Arm-, Schulter-, Bauch- und Rückenmuskulatur

Krafttrainingsprogramm »K3« mit dem Rennrad am Berg (kontinuierliche Methode)

Trainingsziel:	Entwicklung der Kraftausdauer mit dem Rennrad (oder Mountainbike) am Berg	
Energiebereitstellung:	aerob-anaerober Übergangsbereich (Laktat 3–6 mmol/l)	
Anwendung:	Wettkampfperiode März bis September, guter Trainingszustand notwendig Der Kraftreiz wird erhöht, wenn man im Sattel sitzend den Berg hinauffährt.	
Trainingsmethodische Faktoren:	Warmfahren:	30 min im GA-Bereich mit kleinen Übersetzungen
	Belastungsdauer:	20–120 min Fahrzeit am Berg
	Wiederholungen:	1–2 x je nach Dauer der Einzelbelastung (Länge des Berges)
	Intensität:	submaximal, kontinuierliche Belastung
	Übersetzung:	60–90 Zoll (z. B. 42/19–53/16)
	Tretfrequenz:	40–60 U/min
	Pausenlänge:	20 min (»aktive Pause« im KB-Bereich)
	Ausfahren:	30 min im KB-Bereich mit kleinen Übersetzungen (z. B. 42/17)

Krafttrainingsprogramme »K3« (oben) mit dem Rennrad am Berg mit kontinuierlicher submaximaler Belastungsintensität und »K4« (unten) mit dem Rennrad am Berg mit Nachahmung einer Wettkampfsituation (modifiziert nach W. Lindner)

ohne wesentliche Dickenzunahme, mehr im Sinne eines Kraftausdauertrainings, zu steigern. Dazu dient ein Krafttraining mit geringen Widerständen oder Gewichten, so dass mindestens 10–20 oder 30–40 Wiederholungen pro Übung möglich sind. Krafttraining soll immer nur ein Ausgleichstraining bleiben und nicht zum Selbstzweck werden. Dazu genügen ein bis zwei Krafttrainingseinheiten pro Woche im Winter, am besten noch ergänzt durch eine kraftvolle Morgengymnastik. Auch im Rahmen eines Zirkeltrainings (siehe S. 149)

Kraftausdauertrainingsprogramm »K4« mit dem Rennrad am Berg (Simulation einer Wettkampfsituation)

Trainingsziel:	Spezielles Krafttraining am Berg mit Tempo- bzw. Rhythmuswechsel wie im Wettkampf, d. h., es werden in den ansonsten kontinuierlichen Belastungsablauf Tempoverschärfungen wie im Wettkampf eingebaut und ein Bergspurt vor der Bergwertung.	
Energiebereitstellung:	aerob-anaerober Übergang (Laktat 3–6 mmol/l)	
Anwendung:	Wettkampfperiode April bis September (voll ausgebildeter Stoffwechsel zum Abbau der Milchsäure notwendig)	
Trainingsmethodische Faktoren:	Warmfahren:	30 min im GA-Bereich mit kleinen Übersetzungen
	Belastungsdauer:	20–120 min Fahrzeit am Berg
	Intensität:	submaximal (Herzfrequenz oberer GA- bis unterer EB-Bereich) Berg-Endspurt auf der Kuppe des Berges
	Übersetzung:	Wettkampfübersetzung, hochschalten beim Rhythmus- bzw. Tempowechsel
	Tretfrequenz:	40–80 U/min
	Pausenlänge:	20–30 min »aktive Pause« (langsam weiterfahren)
	Ausfahren:	30 min im KB-Bereich mit sehr kleinen Übersetzungen (z. B. 42/17)

Maximal- und Schnellkrafttrainingsprogramm »K1«

Trainingsziel:	Verbesserung der Maximal- und Schnellkraft mit spezifischen Trainingsmitteln (Rennrad)	
Energiebereitstellung:	alaktazid-anaerob (kurzfristige Energiespeicher ATP und KP, ohne Milchsäurebildung)	
Anwendung:	Wettkampfperiode, unmittelbare Wettkampfvorbereitung	
Trainingsmethodische Faktoren:	Belastungsdauer:	6 s, fast »aus dem Stand«
	Wiederholungen:	10–12 x
	Intensität:	maximal, Berge mit 4–8% Steigung
	Übersetzung:	80–90 Zoll (z. B. 42/15–53/16)
	Tretfrequenz:	maximal
	Pausenlänge:	5 min »aktive Pause« (langsam weiterfahren im GA-Bereich)
Standardablauf:	Warmfahren:	15 min mit 80–90 U/min und Herzfrequenz 120–140 Schläge/min
	Programm:	10 x 6 s oder 12 x 6 s
	Ausfahren:	10 min mit Tretfrequenz 120–125 U/min, Herzfrequenz 120–140 Schläge/min

Schnellkrafttrainingsprogramm mit dem Rad: Trainingsprogramm »K1« für Maximal- und Schnellkraft mit dem Rennrad am Berg mit 4–8% Steigung (modifiziert nach W. Lindner)

kann man dieses Ausgleichskrafttraining ganz gut ableisten. Vom Zirkeltraining sagte übrigens ein Radsportprofi: »Nicht schlecht – besonders für Jüngere.« Doch je »älter« ein Athlet wird, desto mehr und vielseitiger muss er trainieren – und dazu gehört auch das allgemein-athletische Training, z. B. in Form von Zirkeltraining.

Schnelligkeit und Schnelligkeitstraining

Die Schnelligkeit im Radsport setzt sich zusammen aus Reaktionsschnelligkeit, Tretkraft und Tretgeschwindigkeit und der sich daraus ergebenden Fortbewegungsschnelligkeit. Die Schnelligkeit ergibt sich aus dem Zusammenwirken des zentralen Nervensystems und der Muskelkraft (Maximalkraft, Schnellkraft). Die Grundschnelligkeit hängt von der Art der Muskulatur (Schnellkraftfasern), der Qualität des Bewegungsablaufes (runder Tritt), der Entspannungsfähigkeit und dem Erwärmungszustand der Muskulatur sowie von dem Grad der zentralen Wachheit ab. Eine maximale Bewegungsgeschwindigkeit ist im ermüdeten Zustand nicht zu erreichen. Daher sollte das Schnelligkeitstraining am Anfang einer Trainingseinheit absolviert werden, am besten mit der Wiederholungsmethode, damit der Radsportler sich zwischen den Belastungen vollständig erholen kann.

Die Bewegungsschnelligkeit wird im Radsport durch Sprints mit maximalen Pedalumdrehungszahlen (120–160 U/min) mit kleinen bis mittleren Übersetzungen (z. B. 42/16 oder 42/15) trainiert. Bei höheren Übersetzungen (z. B. 53/16–53/13), die mit hoher Tretgeschwindigkeit getreten werden (z. B. hinter einem Moped) wird zusätzlich zur Schnelligkeit auch die Schnellkraft trainiert.

Jeder Sprint geht über etwa 200, 500 oder 1000 m (siehe »SB-Training«, S. 135). Trainiert wird mit 5–6 solchen Sprints als Serie. So-

Schnellkraft und Schnelligkeit ist bei jeder Massen-Zielankunft entscheidend für die Platzierung. Es geht im letzten Augenblick nach einer mehrstündigen Strapaze oft nur um eine Reifenstärke.

wohl die Pausen zwischen den Sprints und nach den Serien (Serienpause) können variabel gestaltet werden, um dadurch bestimmte Trainingsziele (Schnelligkeit, Schnellkraft, Schnelligkeitsausdauer) zu erreichen.
So kann die Erholungszeit zwischen den Sprints etwa 2–5 Minuten, zwischen zwei Serien etwa 30–60 Minuten (»aktive Pause«: locker weiterfahren) bis zur vollständigen Erholung betragen. Zwei bis vier solche Serien bilden eine Übungseinheit.
Beim reinen Schnelligkeitstraining soll der Krafteinsatz nur so groß sein, dass gerade etwas Druck auf die Pedale ausgeübt wird. Beim Training der Maximal- und Schnellkraft dagegen sind sowohl Tretfrequenz wie auch Krafteinsatz maximal (siehe Trainingsprogramme »K1« und »K2« S. 143). Durch diese Trainingsformen wird die Nervenversorgung der Muskulatur sowie die Energiebereitstellung durch die energiereichen Phosphate verbessert.

Gelenkigkeit und Gelenkigkeitstraining

Gelenkigkeit oder Flexibilität werden in ihrer Bedeutung oft unterschätzt, auch im Radsport. Der Sinn des Gelenkigkeitstrainings besteht darin, Bewegungsreserven in den einzelnen Gelenken zu schaffen. Es ist leichter möglich, seine Leistung zu entfalten, wenn der Bewegungsablauf locker ist. Das ist nur möglich, wenn die beanspruchten Gelenke dabei nicht bis zu ihrem Grenzbereich beansprucht werden müssen. Außerdem sollte jeder Radsportler besonders die Beweglichkeit seiner Wirbelsäule erhalten und verbessern, vor allem im Bereich der Lenden- und Halswirbelsäule, da die Haltung auf dem Rennrad diese Wirbelsäulenabschnitte besonders beansprucht. Beweglichkeitstraining kann auf verschiedene Weise erfolgen, z. B. durch:

- Morgengymnastik
- Stretching
- Yogaübungen

Langsam ausgeführte Dehnungsübungen (Yoga, Stretching) sollten bis in den Grenzbereich der Beweglichkeit gehen, vor allem im Bereich der Wirbelsäule, der Hüftgelenke, der Knie- und Sprunggelenke. Jeder Radsportler sollte sich ein bestimmtes Programm für die Verbesserung seiner Flexibilität aufstellen; denn ein weiterer biologischer Grundsatz lautet: »Der Mensch ist so jung wie seine Gelenke.«
Eine für Radsportler bewährte (Morgen-)Gymnastik, die man auch im Trainingslager auf der Hotelterrasse oder am Meeresstrand vor dem Frühstück üben kann, wäre folgende:

Übungsbeschreibungen siehe nächste Sei

1

2

3

4

5

6

7

8

9

10

11

12

① Kopf abwechselnd nach links und rechts langsam und mit Gefühl senken.
② Schultern langsam kreisen, nach vorne und rückwärts.
③ Arme kreisen, nach vorne und rückwärts.
④ Langsames Rumpfbeugen nach vorne, so dass die Hände den Boden berühren, Beine bleiben dabei möglichst gestreckt. Bewusst das Kreuz dehnen.
⑤ Arme hoch und hinter dem Kopf verschränken, Seitbeugen nach rechts und links, ohne dabei den Oberkörper zu verdrehen.
⑥ Im Grätschstand Rumpfdrehbeugen vorwärts: Eine Hand berührt den gegenseitigen Fuß, während der andere Arm nach oben gestreckt wird. Abwechselnd links und rechts üben.
⑦ Rumpfbeugen vorwärts im weiten Grätschstand, die Hände umfassen die Fußgelenke. Mit den Armen den Oberkörper leicht nach unten ziehen und das Kreuz dehnen.
⑧ Rumpfbeugen vorwärts im weiten Grätschstand, die Arme sind verschränkt. Versuchen, mit den Ellenbogen den Boden zu berühren, und dabei das Kreuz dehnen.
⑨ Ausfallschritt seitwärts: ein Bein vollständig strecken, die Hüfte möglichst tief senken, leicht wippen. Das Gleiche zur anderen Seite.
⑩ Fußkreisen: einen Fuß im oberen Sprunggelenk mehrmals nach links und rechts kreisen. Das Gleiche mit dem anderen Fuß.
⑪ Rumpfdrehbeugen rückwärts: Aus dem Grätschstand mit einer Hand zur gegenseitigen Ferse greifen, die andere Hand wird zur Balance nach vorne-oben geführt. Beidseitig üben.
⑫ Zum Abschluss Liegestütz: Arme beugen und strecken, Hüfte dabei gestreckt lassen (ca. 10- bis 20-mal).

Wenn man will, kann man noch einige Stretchingübungen für Oberschenkel und Waden anschließen.

Ergometertraining

Das Training auf dem Fahrradergometer ist weit verbreitet. Es bietet auch tatsächlich eine ganze Reihe von Vorteilen – für den Hobbyfahrer wie für den Radprofi:

- Man kann zu jeder Tageszeit (auch wenn man spät nach Hause kommt) und bei jedem Wetter (auch wenn es regnet und im Winter, wenn es kalt ist) radsportspezifisch trainieren.
- Man kann mit bestimmten »Programmen«, mit wenig Zeitaufwand und gut kontrolliert bestimmte (Ausdauer, Kraft, Kraftausdauer, Schnellkraft, Maximalkraft) Trainingsziele erreichen.
- Man kann moderne Hometrainer leicht transportieren und sich vor Radrennen warmfahren.
- Man kann seinen Stil (Pedalieren) und die Tretfrequenz verbessern.

Für den Hometrainer sollte man einen angenehmen Platz aussuchen mit viel frischer Luft, z. B. »im Grünen«, im Wintergarten oder auf dem Balkon.

- Man kann sich kontrolliert und gut steuerbar nach Krankheiten, Verletzungen oder Trainingspausen regenerieren und neue Kräfte aufbauen – zu jeder Jahreszeit und bei jedem Wetter.
- Man kann sich bei Krankheiten (z. B. Herzkrankheiten oder nach Herzinfarkt) dosiert, kontrolliert und regelmäßig aktiv rehabilitieren.

Die »Rolle«

Die »Rolle« gibt es am längsten: In einem Rahmen sind drei Walzen (zwei für das Hinterrad, eine für das Vorderrad) montiert, auf denen man normalerweise ohne weitere Hilfsmittel fährt, d. h., man muss während des Fahrens das Gleichgewicht halten. Daher ist das Fahren auf der Rolle gar nicht so einfach, aber wer es beherrscht, trainiert dadurch gleichzeitig sein Gleichgewichtsgefühl und die Beherrschung des Rennrads. Die Rolle ist nach wie vor ein sehr gutes Trainingsmittel für den Bewegungsablauf, die Schulung der Technik (Tretfrequenz, Pedalieren) und die allgemeine Ausdauer. Sie wird auch häufig zum Warmfahren im Bahnradsport und vor Zeitfahrwettbewerben benutzt.

Hometrainer

Hometrainer sind Standgeräte, in die das gewohnte Rennrad ganz einfach montiert werden kann. Das Hinterrad fährt auf einer Rolle, die durch eine Wirbelstrombremse gebremst wird. Die heutigen Hometrainer sind so ausgereift, dass man mit ihnen praktisch alles trainieren kann, was man will: regeneratives Training (KB), Grundlagenausdauer (GA1, GA2), wettkampfspezifische Ausdauer (EB), Schnelligkeit und Schnelligkeitsausdauer (SB), Maximal- und Schnellkraft (K2) sowie Kraft und Kraftausdauer (K3).

Die entsprechenden Programme wurden bereits besprochen. Die folgende Alternative ist für die meisten Radsportler im Winter völlig ausreichend, da es darum geht, insbesondere die Grundlagenausdauer aufzubauen:

- Man sucht sich »seine« Herzfrequenz für die Trainingszielbereiche (KB, GA1, GA2).
- Man sucht sich auf dem Hometrainer jene Wattbelastung, bei der diese Herzfrequenz in den ersten fünf Minuten erreicht wird.
- Man bleibt bei dieser Wattbelastung und baut sich mit ihr ein kleines Trainingsprogramm auf, damit das Training interessant bleibt; denn die Zeit auf dem Hometrainer kann lang werden.
- Man macht sich Trainingspläne für verschiedene Trainingszeiten (z. B. 30 Min., 40 Min., 50 Min., 60 Min.) – immer nach dem gleichen Schema:
- 5 Min. Warmfahren (wenig Widerstand), dann
- »Programm« (20, 30, 40 oder 50 Min.) und
- 5 Min. Ausfahren (wenig Widerstand).

Hometrainer werden von Profis auch zum Warmfahren benutzt, z. B. vor dem Zeitfahren.

Schnellkrafttrainingsprogramm »K2« auf dem Fahrradergometer

Trainingsziel:	Verbesserung der Maximal- und Schnellkraft mit dem Fahrradergometer), bewusste Entwicklung der Druck- und Zugkräfte beim Pedalieren	
Energiebereitstellung:	alaktazid-anaerob (kurzfristige Energiespeicher ATP und KP, ohne Milchsäurebildung)	
Anwendung:	am Ende der Vorbereitungsperiode, besonders vor den ersten Wettkämpfen	
Trainingsmethodische Faktoren:	Belastungsdauer:	20 s
	Wiederholungen:	3 Serien à 10 Wiederholungen
	Intensität:	maximal (nach Belastungstest)
	Tretfrequenz:	Beginn mit 70 U/min, alle 4 Wochen Steigerung um 10 U/min bis 100 U/min
	Pausenlänge:	1 min »aktive Pause« (langsam weitertreten)
	Serienpause:	15 min
Standardablauf:	Warmfahren:	20 min mit 80–90 U/min, Herzfrequenz 120–140 Schläge/min
	Programm:	10 Wiederholungen, 3 Serien, »aktive Pausen« (langsam weitertreten)
	Ausfahren:	10 min mit Tretfrequenz 80–100 U/min, Herzfrequenz unter 120 Schläge/min

Als »Programm« könnte ganz einfach genügen, die herzfrequenzorientierte Wattstufe beizubehalten und sie mit ansteigender Tretfrequenz zu treten, z. B. je 1 Min. 90, 95, 100, 105 und 110 Pedalumdrehungen/min und dann wieder von vorne. Oder man baut sich eine »Pyramide«, z. B. je 1 Min. 90, 95, 100, 105, 110 , 110, 105, 100, 95, 90 Pedalumdrehungen/min und dann wieder von vorne.
Da man auf dem Fahrradergometer meistens in der unwirtlichen

Kraftausdauertrainingsprogramm »K3« auf dem Fahrradergometer

Trainingsziel:	spezielles Kraftausdauertraining auf dem Fahrradergometer	
Energiebereitstellung:	laktazid-anaerob (mit Milchsäurebildung), Laktat über 6 mmol/l (über anaerober Schwelle)	
Anwendung:	wettkampffreie Monate Oktober bis April	
Trainingsmethodische Faktoren:	Belastungsdauer:	75 s
	Wiederholungen:	6–12 x (abhängig von Trainingszustand und Belastungsverträglichkeit)
	Intensität:	maximal (Hochleistungssportler bis 600–700 Watt)
	Tretfrequenz:	80–100 U/min
	Pausenlänge:	15–25 min »aktive Pause« (langsam und locker weitertreten)
Standardablauf:	Warmfahren:	20 min mit 80–90 U/min, Herzfrequenz 120–140 Schläge/min
	Programm:	6–12 Wiederholungen mit »aktiven Pausen«
	Ausfahren:	10 min, 80–100 U/min, Herzfrequenz unter 120 Schläge/min

Jahreszeit im Winter trainiert, sollte man auch das für diese Jahreszeit erstrebte Trainingsziel beachten, nämlich die Basis für die kommende Saison mit einer stabilen Grundlagenausdauer (GA) trainieren – auch auf dem Fahrradergometer.
Schnellkraft- und Kraftausdauertrainingsprogramme (siehe Tabellen) sind für den Hochleistungssportler zur Wettkampfvorbereitung gedacht.
Wissen sollte man noch, dass sich mit zunehmender Wärmeentwicklung die Körpertemperatur erhöht und dadurch die Herzfrequenz für die gleiche Belastungsstufe um 10–20% ansteigt. Man sollte das bei der Herzfrequenzkontrolle berücksichtigen, für eine gute Wärmeableitung (frische Luft, Ventilator) sorgen und nach der Belastung den Flüssigkeitsverlust ausgleichen.

Hochleistungsergometer

Diese Geräte sind meist teuer und dienen speziellen Bedürfnissen, z. B. Hochleistungstraining, Leistungskontrolle u. a. Wichtig wäre, dass man auf ihnen die gleiche Sitzposition wie auf dem Rennrad einnehmen kann. Die »Programme« sind die gleichen.

Zirkeltraining

Zirkeltraining ist ein ideales Ausgleichstraining für den Radsportler im Winter. Es fördert die allgemein-athletische Entwicklung nach dem Prinzip der Intervallmethode auf spielerische Weise.
Es wird mit einfachen Hilfsgeräten, z. B. Medizinball, Sprossenwand, Bauchbrett, Bänke, Kraftgeräte, Hanteln u. a., ein »Zirkel« von ca. 6–12 Stationen aufgebaut (siehe Beispiel 1), der mehrere Male nach

Radsportler sind Athleten – deswegen brauchen sie eine allgemein-athletische Ausbildung.

Zirkeltraining mit einfachen Hilfsgeräten kann in jeder Turnhalle durchgeführt werden. Es fördert mit vielseitigen intervallartigen Belastungen die allgemein-athletische Ausbildung des Radsportlers.

einem bestimmten Zeitrhythmus durchlaufen wird. Jeder Teilnehmer einer Übungsgruppe geht an ein »Gerät«. Auf ein Signal hin (z. B. Pfiff) beginnt man mit voller Intensität die dort vorgesehene Übung, z. B. eine Minute. Dann ein erneuter Pfiff, und alle wechseln ihre Geräte um eine Station weiter. Dann erfolgt ein erneuter Pfiff mit Übung von z. B. 1 Minute usw., bis der »Zirkel« komplett von jedem Teilnehmer einmal durchlaufen wurde. Dann erfolgt eine Serienpause von ca. 10 Min., und der »Zirkel« beginnt aufs Neue.
Man kann auch einen »Zirkel« aufbauen, der freie Übungen mit Krafttrainingsstationen kombiniert, die für den Radsportler wichtig sind

Beispiel 1

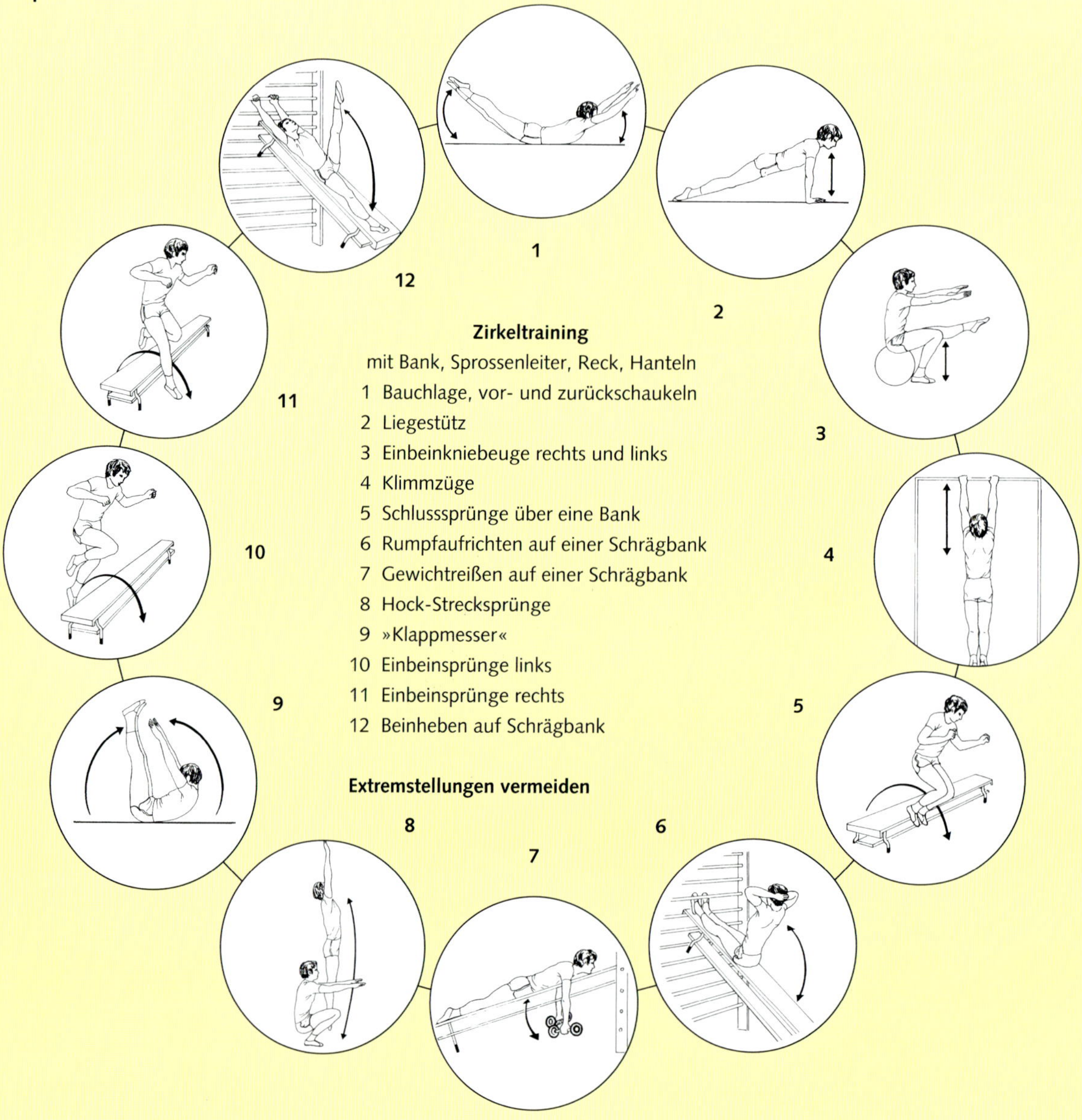

Zirkeltraining
mit Bank, Sprossenleiter, Reck, Hanteln

1 Bauchlage, vor- und zurückschaukeln
2 Liegestütz
3 Einbeinkniebeuge rechts und links
4 Klimmzüge
5 Schlusssprünge über eine Bank
6 Rumpfaufrichten auf einer Schrägbank
7 Gewichtreißen auf einer Schrägbank
8 Hock-Strecksprünge
9 »Klappmesser«
10 Einbeinsprünge links
11 Einbeinsprünge rechts
12 Beinheben auf Schrägbank

Extremstellungen vermeiden

(siehe Beispiel 2). Die Pausenlänge nach den Maximalkraft- und Kraftausdauerübungen sollte ca. 2 Min. betragen. Die ganze Serie dauert ca. 20–25 Min. Danach sollte eine Serienpause von 10 Min. eingelegt werden.

Auf diese Weise hat der Radsportler »drei Fliegen mit einer Klappe« geschlagen:

- Mit diesem Ausgleichstraining merzt er vor allem im Winter wirksam Schwachpunkte aus.
- Er trainiert Maximalkraft und Kraftausdauer der »Arbeitsmuskulatur«.
- Zusätzlich trainiert er seine allgemein-athletische Ausbildung, die für die allgemeine Leistungsfähigkeit sehr wichtig ist.

Zirkeltraining mit einfachen Hilfsgeräten und alternierend eingebauten Kraftübungen beseitigt Schwachpunkte im Körper des Radsportlers und verbessert Struktur und Leistungsfähigkeit seiner Arbeitsmuskulatur.

Beispiel 2

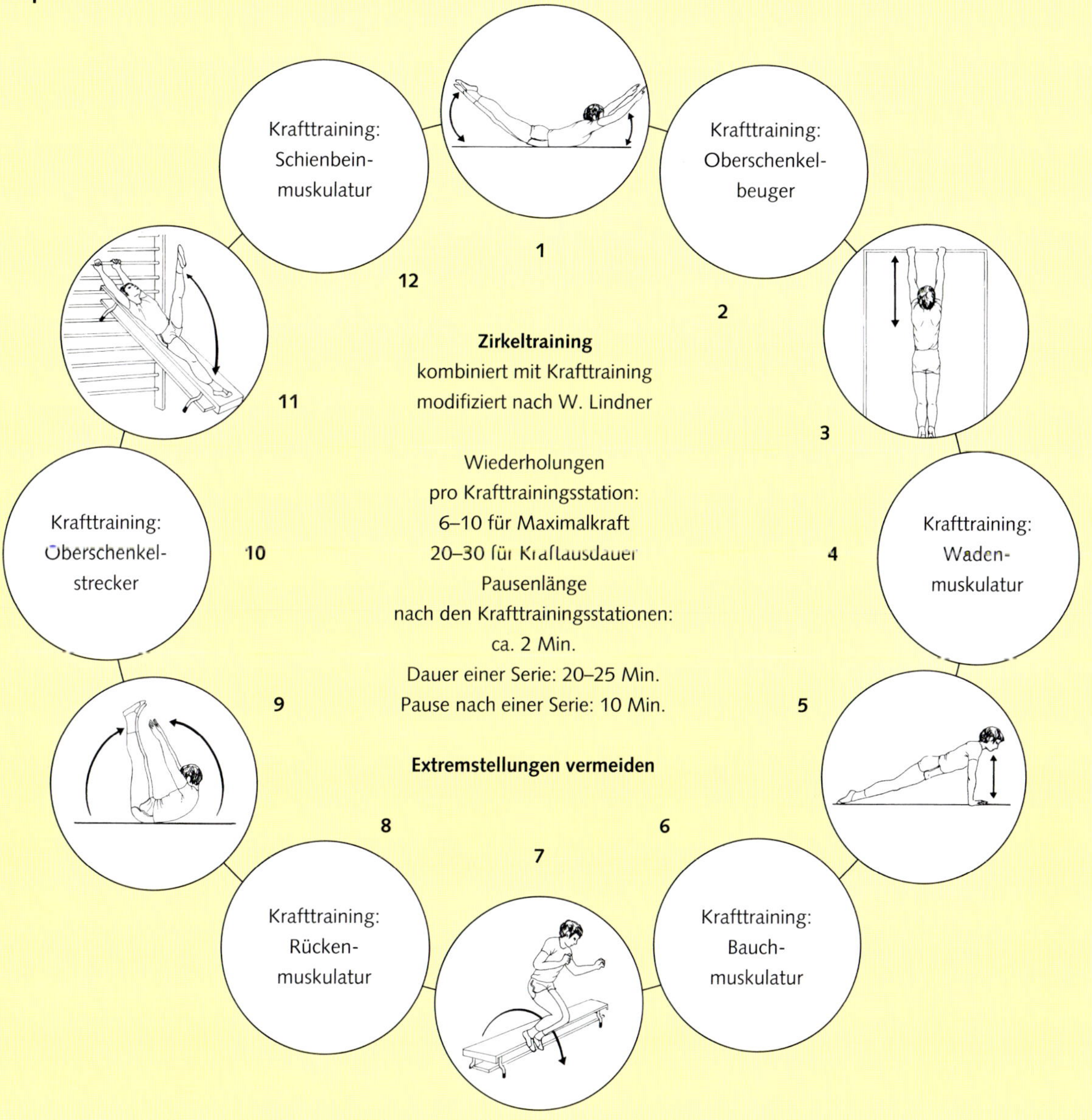

Ganzjährige Trainings-planung

Nur der Mittelmäßige kann ständig in Höchstform sein.

Belastungsplanung mit Kopf und Gefühl

Wie die Natur sich in den Jahreszeiten entfaltet und wieder zurückzieht, so sollte auch das Training des Radsportlers im Jahresverlauf rhythmisch gestaltet werden. Es sollte im Einklang mit den Jahreszeiten auf die geplanten Belastungshöhepunkte des Jahres ausgerichtet sein.

Dazu ist es notwendig, die bisher dargelegten Trainingsbereiche und Trainingsmethoden klug zu koordinieren, damit die Höchstform dann aufgebaut ist, wenn man sie braucht.

Dabei ist es bei der Trainingsplanung ähnlich wie bei der Essensplanung: Allzu starre Pläne engen ein. Wenn man die einzelnen Mahlzeiten für das ganze Jahr für jeden Tag im Voraus fixieren würde, wäre das völlig unpraktikabel. Man wäre in seiner Freiheit wie in einem starren Korsett eingezwängt. Außerdem gibt es Tage, an denen man Appetit auf bestimmte Speisen hat und an anderen Tagen nicht. Wichtig ist allerdings: Man sollte die Grundprinzipien einer gesunden Ernährung kennen und seinen Lebensstil darauf einstellen.

Genau wie man die Grundprinzipien einer gesunden Ernährung durch eine variable Kost einigermaßen flexibel erfüllen kann, genauso kann der Radsportler die Grundprinzipien eines durchdachten Trainingsplans im Jahresverlauf einigermaßen flexibel in die Trainingspraxis umsetzen, vorausgesetzt, er kennt diese Grundprinzipien.

Wie man im normalen Leben eine klare langfristige Zukunftsplanung braucht und sich dann trotzdem den täglichen Wechselfällen des Tages anpassen kann, so sollte auch der Radsportler eine klare Jahresplanung haben und sich innerhalb des gesteckten Rahmens trotzdem seiner wechselnden Form, seinen »schlechten« und »guten« Tagen sowie dem wechselnden Wetter anpassen können.

Gutes Training muss geplant werden, am besten mit »Kopf« und »Gefühl« und nach dem »Prinzip der Allmählichkeit«.

Somatische Intelligenz

Der Radsportler entwickelt durch seinen Sport ein feines Gefühl für alle Vorgänge in seinem Körper und um sich herum. Zum Beispiel »riecht« er das Wetter und Gefahren im Straßenverkehr. Vor allem aber das Körpergefühl, gesund zu leben und sich gesund zu ernähren, wird sehr stark ausgeprägt. Dieses »Körpergefühl« könnte man »somatische Intelligenz« (griechisch: soma = Körper) nennen; denn die Zellen sind intelligent, regeln sich selbst und ihre Zusammenarbeit mit den anderen Zellen. Die Summe dieser immerhin an die 60–80 Billionen Körperzellen stellen eine Summe an Intelligenz dar, die der Radsportler lernt zu spüren, weil er gewohnt ist, mit seinem Körper zusammenzuarbeiten. Je älter man als Radsportler wird, desto wichtiger wird diese somatische Intelligenz, weil man sich nicht mehr so schnell regeneriert und darauf angewiesen ist, von »innen heraus« Signale zu bekommen, wann man sich wie belasten kann.

Durch allzu starre Trainingspläne geht auch das »Gefühl« verloren – oder wie ein Radprofi sagte: »Mindestens 50% des Aufbaus ist das In-dich-Hineinhören – zum Beispiel wenn man losfährt und nach zwei Stunden merkt, es geht nicht, dann fährt man eben noch eine Stunde locker weiter und ändert sein Programm.« Oder: »Wenn man merkt, dass man kaputt ist, soll man nicht noch hart trainieren. Oder andersherum: Wenn das Gefühl von innen kommt, dass es gut geht, dann sollte man es ausnützen und auch einmal mehr trainieren, als im Programm vorgesehen.«

Ein anderer Radprofi drückte es so aus: »Wenn ich morgens drei Tassen Kaffee brauche, um aufs Rad zu kommen, dann brauche ich nicht ›Programm‹ zu fahren.«

Die Jahresplanung im Hinterkopf, sollte der Radsportler aber zumindest das Trainingsprogramm für die nächsten drei Monate konkret und klar vor sich haben und mit fortschreitender Jahreszeit und Form immer wieder aktualisieren.

Dazu braucht er eine kluge Belastungsplanung, ein Training mit »Köpfchen« und »Gefühl« und viel Geduld und Ausdauer; denn es gibt ein wichtiges Trainingsgrundgesetz, nämlich:

Das Prinzip der Allmählichkeit

Für dieses biologische Prinzip gibt es ein berühmtes Beispiel – nämlich Herkules: Er trug jeden Tag auf seinem Rücken ein Kalb um das Stadion. Und wie das Kalb wuchs, so nahm auch seine Kraft zu, bis er den ausgewachsenen Ochsen tragen konnte. Diese Geduld nach dem Prinzip der Allmählichkeit muss auch jeder Athlet im Radsport aufbringen.

Für die Entwicklung eines Radrennfahrers zum Profi ist ein Trainingsprozess von 10–12 Jahren einzuplanen:

- Alter 10–14 Jahre: Etappe der Vorbereitung, Grundlagentraining
- Alter 15–16 Jahre: Etappe des Aufbaus, Aufbautraining
- Alter 17–18 Jahre: Anschlusstraining
- Ab 19 Jahren: Etappe der Spezialisierung
- 19–21 Jahre: Zone der ersten internationalen Erfolge
- 22–26 Jahre: Zone der optimalen Leistung
- 27–32 Jahre (oder länger): Stabilisierung der Höchstleistung

Wie lange ein Radrennfahrer nach dem 30. Lebensjahr seine Höchstleistung konservieren kann, hängt von einer gesunden Lebensweise, richtiger Ernährung und seinem Trainingsfleiß ab. Je älter man wird, desto mehr muss man tun – und desto länger braucht man zwischen Höchstbelastungen für die Regeneration. Wenn er alles richtig macht, kann ein Radsportler bis über das 40. Lebensjahr hinaus im Hochleistungssport erfolgreich sein (siehe z. B. Raimund Poulidor).

Im Leistungssport gibt es viele Beispiele dafür, dass man auch nach dem 30. Lebensjahr mit dem Radsport beginnen kann und nach einer Aufbauzeit von 4–5 Jahren erfolgreich Seniorenrennen bestreiten kann – bis weit jenseits des 50. und 60. Lebensjahres (siehe S. 165).

Der »Memory-Effekt«

Der Körper vergisst nichts. Er erinnert sich an alles – auch an das frühere Training. Das muss jeder Radsportler wissen, der in »höherem Alter« mit dem Radsport beginnt und sich dann gleich mit anderen im Wettkampf messen möchte. Wer früher Leistungssport betrieben hat, kommt schneller in Form, weil die Zellen sich »erinnern« und deswegen auf die gleichen Trainingsreize schneller mit Leistungszuwachs reagieren. Wenn also ein Radsportler, der früher nie Sport betrieben hat, auf einen Radsportler trifft, der früher Leistungssportler war, muss er damit rechnen, etwas mehr Zeit für seinen Formaufbau zu benötigen. Andererseits ist es nicht so, dass ein früherer Leistungssportler gleich da wieder anfangen kann, wo er vor 10–20 Jahren aufgehört hat. Das Prinzip der Allmählichkeit gilt auch für ihn – wenn es auch durch den »Memory-Effekt« etwas relativiert wird.

Aufbau einer Trainingseinheit

Die Summe der einzelnen Trainingseinheiten bestimmt die Qualität des gesamten Trainingsprozesses. Deswegen sollte der Radsportler jede Trainingseinheit immer voll bewusst trainieren, das heißt sich auf das Trainingsziel einer jeden Trainingseinheit konzentrieren; denn bei gleichen Trainingsbelastungen erhöht der Bewusstheitsgrad des Athleten die Wirksamkeit des Trainingsreizes – und zwar um 10–20%.

Jede Trainingseinheit sollte aus folgenden drei Teilen bestehen:
- Vorbereitung
- Hauptteil
- Ausklang

Im ersten Abschnitt der Trainingseinheit, der Vorbereitung oder Warmfahrphase, Dauer etwa 20–30 Minuten, wird der Organismus psychisch und physisch auf die eigentliche Trainingsaufgabe vorbereitet. Dazu fährt man locker mit kleinen Gängen mit niedriger (KB) oder mittlerer (GA) Intensität, um Kreislauf und Stoffwechsel in Schwung zu bringen. Die kleinen Blutgefäße (Kapillaren) müssen sich erst öffnen, die Muskeln elastisch werden. Der Bewegungsablauf wird flüssiger, und die Körpertemperatur erhöht sich auf »Betriebstemperatur«. Die Voraussetzungen für den eigentlichen Trainingsreiz werden geschaffen.

Im Hauptteil wird die Trainingsaufgabe entsprechend dem Trainingsplan erfüllt. Prinzipiell sollen Aufgaben, die geistige Frische und Konzentration verlangen – also »Programme« für Schnellkraft und Schnelligkeit, Kraft und Kraftausdauer, Programme nach der Intervall- oder Wiederholungsmethode –, in der ersten Hälfte des Hauptteils eingeplant werden. Das kontinuierliche Ausdauertraining (GA) kann in der zweiten Hälfte folgen.

Im Ausklang der Trainingseinheit beginnt bereits die Regeneration durch »aktive Erholung«. Daher ist dieser Teil genauso wichtig wie das Aufwärmen am Anfang. Man fährt mit kleinen bis mittleren Gängen (KB- oder GA-Bereich) in lockerem Tritt, lockert den gesamten Körper und freut sich, die Trainingsaufgabe optimal gelöst zu haben; denn es ist sehr wichtig, jede Trainingseinheit in freudiger Stimmung ausklingen zu lassen.

Periodisierung

Unter Periodisierung versteht man die Einteilung des Trainingsjahres in Trainingsperioden und die Ausrichtung auf die Höhepunkte des Jahres. Wenn der Radsportler nur einen Höhepunkt im Jahr plant (z. B. als Profi die Tour de France), spricht man von einfacher Periodisierung, bei zwei von zweifacher und bei drei von dreifacher Periodisierung. »Wasserträger« müssen ständig gut in Form sein – aber auch sie haben für sich bestimmte Höhepunkte.
Genauso ist es, wenn auch auf niedrigerem Niveau, bei Breiten- und Gesundheitssportlern, die vielleicht eine längere Radtour planen oder an Radmarathons teilnehmen wollen, wie auch bei Leistungssportlern, die bestimmte Radrennen gut fahren wollen.
In einem Trainingsjahr kann man folgende Trainingsperioden unterscheiden:

- Vorbereitungsperiode
  1. Etappe: Wintertraining
  2. Etappe: Frühjahrstraining
- Wettkampfperiode
  1. Wettkampfmesozyklus mit anschließendem Regenerationszyklus
  2. Wettkampfmesozyklus mit anschließendem Regenerationszyklus
  3. Wettkampfmesozyklus mit anschließendem Regenerationszyklus
- Übergangsperiode

Vorbereitungsperiode

Die Vorbereitungsperiode ist verschieden lang, je nachdem ob der Radsportler ein Hobbyradsportler, Leistungssportler, Amateur oder Profi ist. Der Hobbyradsportler fährt vielleicht so richtig erst bei schönem Wetter im Mai, der Amateur bestreitet die ersten Radrennen im April, und der Profi hält sich frühzeitig in südlichen Ländern auf und fährt bereits Ende Januar oder Anfang Februar die ersten Rennen. So reicht die Vorbereitungsperiode von November bis Januar (Profi), März (Amateur) oder April (Hobbyradsportler).
In dieser Zeit wird die konditionelle Grundlage für die Sommerform gelegt. Die Trainingsmittel werden in dieser Jahreszeit allerdings sehr wesentlich durch die Witterungsverhältnisse mitbestimmt. Daher ist es wichtig, mehrere verschiedene Trainingsmittel vorzusehen und den Trainingsplan flexibel zu gestalten.

1. Etappe: Wintertraining

Es betrifft die Monate November und Dezember für den Profi und reicht für den Amateur bis in den Februar hinein. Trainingsziel ist die Verbesserung der allgemeinen Kondition, Ausgleich von Schwachpunkten des Körpers, Aufbau der Grundlagenausdauer und Schulung des lockeren runden Trittes. Als Trainingsmittel dienen radsportspezifisches Training (z. B. Straßentraining, Training auf dem Hometrainer, Cross-Rennen, Mountainbiken), allgemein-athletisches Training (Waldlauf, Skilanglauf, Zirkeltraining, Rollerblades, Ballspiele, Schwimmen u. a.), Krafttraining und Gelenkigkeitstraining (Gymnastik, Stretching, Yoga). Radsportler laufen nicht gerne, weil sich der Bewegungsablauf sehr vom Radfahren unterscheidet und es relativ lange dauert, bis man sich daran gewöhnt hat. Keine Probleme gibt es dagegen beim Skilanglauf. Auch Rollerblades sind ein guter Tipp.
Man sollte mehrere Male in der Woche sportartspezifisch Grundlagenausdauer im niedrigen GA-

Rollerblades:
Beispiel einer Ausgleichssportart für Radsportler in der kalten Jahreszeit

Frühjahrstraining mit geringer bis mittlerer Trainingsintensität zum Aufbau der Grundlagenausdauer

Bereich trainieren – mit dem Rad oder dem Fahrradergometer. Man kann und sollte bei schönem Wetter auch im Winter 1000, 2000 oder auch 3000 Grundlagenkilometer sammeln, um die Grundlage für das Training im Trainingslager zu schaffen.

Einmal in der Woche sollte man in den Kraftraum gehen. Dort sollte man die Maximalkraft (6–10 Wiederholungen) der Beine und die Kraftausdauer (20–40 Wiederholungen) der Schwachpunkte des Körpers (Bauch, Rücken, Brust, Schultern, Arme) verbessern.

1- bis 2-mal pro Woche kann ein wohldurchdachtes Zirkeltraining (auch kombiniert mit Kraftübungen) ganz entscheidend den allgemein-athletischen Zustand verbessern.

Und 1- bis 2-mal pro Woche kann man in einer anderen Sportart (Skilanglauf, Rollerblades, Waldlauf) Grundlagenausdauer und allgemeine Kondition verbessern.

Gleichzeitig sollte man in dieser Jahreszeit auf die Ernährung achten, sich entschlacken oder sogar eine Fastenkur machen. Das hat sich bei vielen Radsportlern bewährt. Auch sollte man nicht mehr als 3–4 kg »Winterspeck« ansetzen.

2. Etappe: Frühjahrstraining

Das Frühjahr beginnt in unseren Breiten nach dem Kalender am 21. März – nach dem Wetter aber meist viel später, oft erst im Mai. Trotzdem heißt diese Periode Frühjahrstraining, weil sich viele Radsportler in dieser Zeit – Profis schon im Januar, andere Radsportler meist im Februar oder März – in südliche Länder (Italien, Südfrankreich, Südspanien, Mallorca u. a.) begeben, um dort unter Frühlingsbedingungen ihre Grundlagenausdauer zu verbessern und zu intensivieren.

Nicht zu unterschätzen ist für die Trainingswirkung die jodhaltige Luft durch die Nähe des Meeres und die psychisch-anregende Wirkung der fremdartigen Landschaft mit ihrem Blütenduft, während es zu Hause meist regnet, stürmt oder schneit.

Dabei sollte man folgende Trainingsgrundsätze beachten:

- erst den Umfang und dann die Intensität steigern
- erst Grundlagenausdauer und Kraft trainieren

Bei gleichbleibend geringer bis mittlerer Trainingsintensität im niedrigen Grundlagenbereich (GA1), also in »ruhiger« Fahrweise, wird allmählich der Trainingsumfang gesteigert, wobei lange Trainingsfahrten mit kleinen Übersetzungen von 42/17–42/16 physiologisch die Grundlagenausdauer und biochemisch den Fettstoffwechsel trainieren. Dieser Effekt wird noch gesteigert, wenn man sich dabei knapp ernährt, mit viel Obst, Salaten und Gemüse; denn auch knappe Ernährung fördert den Fettstoffwechsel.

Wer meint, ohne Vorbereitung im Trainingslager (z. B. auf Mallorca) gleich die ersten Tage lange Strecken fahren zu können, nur weil das Wetter und die Luft so gut sind, »bricht« nach 3–4 Tagen unweigerlich ein (wie es schon oft geschehen ist). Und daran ist nicht das Essen Schuld; denn es gilt das Prinzip der Allmählichkeit auch im Trainingslager.

Zu Hause wird dann dieses Grundlagentraining fortgesetzt, wobei man sich wegen der abrupten Wetterumstellung durch entsprechende Kleidung gegen Erkältungen schützen sollte.

Wettkampfradsportler erhöhen gegen Ende des Frühjahrstrainings

Zusammensetzung der Jahrestrainingskilometer

Trainingsbereiche	Gesundheits- u. Breitensport	Leistungssport	Hochleistungssport	Radprofi
Kompensationsbereich (KB)	500–2000 km	1000–2000 km	1500–2000 km	2000–4000 km
Grundlagenausdauerbereich (GA) ca.	1000–5000 km	6000–12 000 km	15 000–18 000 km	15 000–20 000 km
Entwicklungsbereich (EB) ca.	0 km	200–400 km	700–800 km	1200–1800 km
Spitzenbereich (SB) ca.	0 km	30–40 km	60–100 km	120–200 km
Schnellkraftbereich (K1) ca.	0 km	50–60 km	70–80 km	100–140 km
Kraftausdauerbereich (K3) ca.	0 km	100–300 km	200–500 km	400–1000 km
Wettkämpfe ca.	0 km	1000–3000 km	5000–14 000 km	18 000–22 000 km
Gesamtkilometer ca.	1000–8000 km	12 000–24 000 km	24 000–36 000 km	36 000–40 000 km

Jahrestrainingskilometer in den verschiedenen Trainingsbereichen bei den unterschiedlichen Kategorien der radsportlichen Betätigung

die Trainingsintensität in den höheren Grundlagenausdauerbereich (GA2) und trainieren zeitweise mit größeren Gängen ihre Kraftausdauer (siehe S. 136) oder Schnellkraft (siehe S. 143), um sich allmählich an das Wettkampftempo zu gewöhnen.
Wie wichtig die Grundlagenausdauerkilometer sind und welchen Stellenwert demgegenüber das Training im Entwicklungs (EB)- und Spitzenbereich (SB) sowie im Kraftausdauer- und Schnellkraftbereich hat, ist in der oben stehenden Tabelle mit der Aufschlüsselung der Jahreskilometer zu erkennen. Man sieht auch, dass für den Hobbyradsportler das Grundlagenausdauertraining völlig ausreichend ist.

Wettkampfperiode

Der Gesundheits- und Breitensportler setzt das Training der Grundlagenausdauer mit geringer bis mittlerer Intensität fort und steigert von Zeit zu Zeit den Trainingsumfang, das heißt, er fährt ab und zu auch längere Strecken, z. B. am Wochenende. Nach anstrengenden Touren oder Trainingseinheiten sollte man jedoch bewusst regenerative Trainingseinheiten – so wie es auch der Profi macht – von geringer Intensität einschalten. Der leistungsbetonte Freizeitsportler und auf jeden Fall der Leistungs- und Hochleistungssportler muss auf ein höheres Tempo hinarbeiten, das heißt auf eine weitere Steigerung und höhere

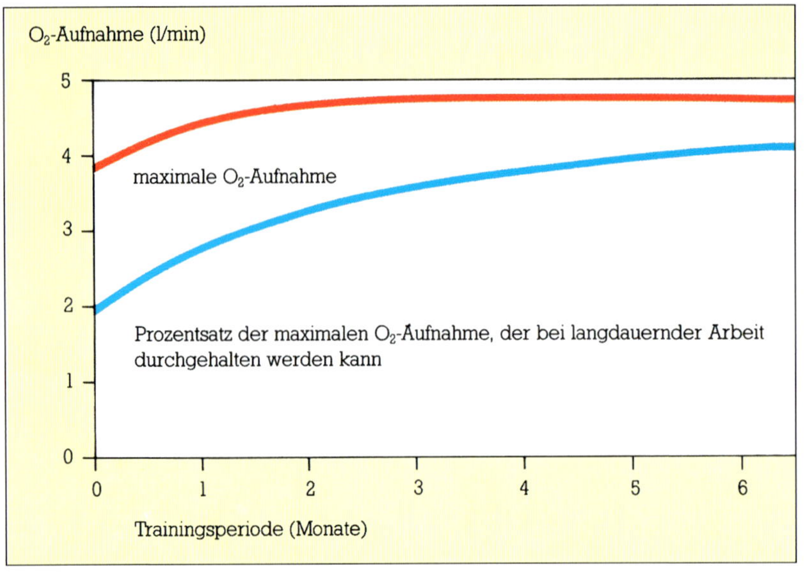

In der Wettkampfperiode geht es darum, die im Training der Vorbereitungsperiode erworbene Sauerstoffaufnahmefähigkeit besser ausnutzen zu können.

Ausnutzung der vorhandenen maximalen Sauerstoffaufnahmefähigkeit (siehe Grafik).

Dazu wird die Wettkampfperiode in zwei bis drei Mesozyklen zu vier bis sechs Wochen eingeteilt, die man auch als »unmittelbare Wettkampfvorbereitung« bezeichnet. Das Prinzip der »unmittelbaren Wettkampfvorbereitung« besteht darin, planmäßig und koordiniert die Trainingsintensität zu steigern und den Trainingsumfang darauf abzustimmen (siehe Grafik). Auch gewinnen die »Programme« (Kraftausdauer, Schnellkraft) sowie das Training im Entwicklungs- (EB) und Spitzenbereich (SB) an Bedeutung.

Wettkampfmesozyklus: Grundlage der unmittelbaren Wettkampfvorbereitung (nach Harre)

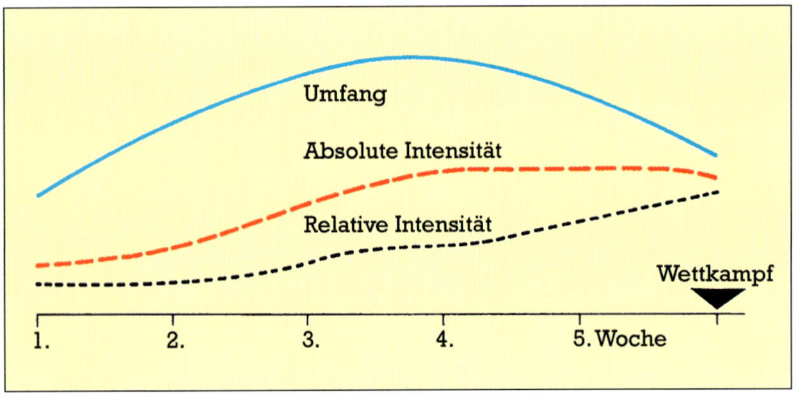

Im ersten Mesozyklus wird mit leichteren Aufbauwettbewerben begonnen. Wegen der höheren Intensität kann der Gesamtumfang des Trainings leicht zurückgenommen werden. Danach folgt eine Phase der Stabilisierung und Regeneration.

Im zweiten und dritten Mesozyklus werden zunehmend und zielbewusst Wettkämpfe (Einzelrennen, Etappenrennen) bestritten, damit die Höchstform zeitgerecht erreicht wird. Der Trainingsumfang wird weiter zurückgenommen. Wettkampfspezifische Trainingsmittel gewinnen an Bedeutung. Radrennfahrer, die an nationalen und internationalen Wettkämpfen teilnehmen, bereiten sich meist durch harte Etappenrennen darauf vor, um tatsächlich die bestmögliche Höchstleistung zur Entfaltung zu bringen; denn dafür gibt es kein anderes Trainingsmittel.

Wichtig ist, nach jeder Höchstbelastung und vor allem nach Etappenrennen einen Regenerationszyklus bis zur vollständigen Erholung in den Trainingsplan einzubauen (siehe Tabelle).

Übergangsperiode

Den Monaten der Höchstbelastung in der Wettkampfphase müssen mindestens vier bis sechs Wochen der Regeneration – meist im Oktober – folgen. Man stellt das Rennrad in die Ecke, die Familie atmet auf (»Der Papa wird wieder normal«), und man lässt die Seele baumeln. Man lebt wie ein »normaler Bürger«, geht spazieren oder macht das, was man schon immer gerne tun wollte, bis der Organismus wieder aufnahmebereit für oder sogar »hungrig« auf das Wintertraining wird.

Und dann geht es wieder von vorne los – unter dem Motto: »Einmal möchte ich es noch wissen. Einmal möchte ich noch alles tun, um zu sehen, wie weit ich nächstes Jahr komme.«

Trainingstagebuch

Fast alle Athleten im Leistungs- und Hochleistungssport führen ein Trainingstagebuch, das individuell verschieden mehr oder minder umfangreich sein kann. Regelmäßige Aufzeichnungen fördern die Trainingsdisziplin, erleichtern die Trainingssteuerung und vermitteln das Bewusstsein, konsequent dem richtigen Plan zu folgen. Aus vergangenen Verläufen und Fehlern kann man für die Zukunft lernen, um individuelle Trainingsmaßnahmen gezielter einzusetzen und sich durch diese Selbsterfahrungen im Training zu steuern.

Einfache Trainingsaufzeichnungen könnten folgende Angaben enthalten:

- Ruhepuls
- Körpergewicht
- Pulsfrequenzbereich im Training
- Trainingskilometer
- Zeitdauer des Trainings
- Kilometer in den Trainingsbereichen (KB, GA, EB) und in »Programmen« (Schnellkraft, Kraftausdauer)

Regenerationszyklus nach hohen Belastungen		Trainingsbereiche
Montag	regeneratives Training	KB
Dienstag	Ruhetag	
Mittwoch	Grundlagenausdauer	GA1
Donnerstag	Grundlagenausdauer	GA1
Freitag	Grundlagenausdauer	GA1
Samstag	regeneratives Training	KB
Sonntag	Wettkämpfe oder normales Training	EB, SB

Regenerativer (Mikro-)Zyklus nach Höchstbelastungen oder Etappenrennen

Angaben über das eigene Befinden, die Durchschnittsgeschwindigkeit und vorwiegend gefahrene Übersetzung können die Aufzeichnungen ergänzen. Kurze Aufzeichnungen über das Wetter (kalt, heiß, schwül, Regen usw.) können die Deutung mancher Trainingsparameter erleichtern.

Durch schriftliche Aufzeichnungen kann man sich selbst kontrollieren und motivieren, Schwachpunkte erkennen und ausmerzen, um die Höchstform zu erreichen.

Zur Regeneration nur noch lockeres Training in der Übergangsperiode

Die »gute Form«

Die »gute Form« ist ein eigenes Kapitel wert; denn im Radsport ist die »gute Form« immer noch ein großes Geheimnis – trotz aller Tests und Messungen. Wenn man aber versucht, dieses Geheimnis zu ergründen, erwirbt man zusätzliche Erkenntnisse über den Radsport.

Prüfsteine der »guten Form«

Wir sind gewohnt, in Messwerten und Daten zu denken. Wir brauchen Prüfsteine, die uns erlauben, die Realität intellektuell zu erfassen, und es gibt auch eine ganze Reihe solcher Prüfsteine, an denen jeder Radsportler erkennen kann, wann er seine »gute Form« erreicht hat:

- Gefühl des Wohlbefindens und der Energie, guter Appetit, gute Verdauung, ruhiger Schlaf.
- Man steht morgens leichter auf, fühlt sich »fitter«, macht gerne seine Morgengymnastik – alles fällt leichter.
- Es geht alles besser: Die Reflexe sind besser, man fährt Abfahrten besser hinunter und Steigungen besser hinauf.
- Der Ruhepuls ist niedrig und stellt sich auch nach intensiven Belastungen schnell wieder ein.
- Die Atmung geht ruhig und leicht.
- Auch das Training fällt leicht, so als ob es von selbst rollt. Bei gleichem Tempo oder bei gleichen Steigungen tritt man höhere Gänge, ohne es zu merken, sogar mit niedrigerer Pulsfrequenz.
- Das Pedalieren geht wie von selbst. Man ist bereit und fähig, rasch anzutreten, und die Beine bleiben trotzdem locker.
- Man kommt vom Training nicht so »kaputt« nach Hause – im Gegenteil: »Es rollt«, man fährt gerne seine »Programme« und hat Spaß daran.
- Man verliert beim Training nicht so viel Gewicht wie sonst, vielleicht nur 1 kg statt 3–4 kg. (Das Körpergewicht, mit dem man die besten Leistungen erreicht, ist das ideale Wettkampfgewicht. Man sollte es sich merken und jedes Jahr aufs Neue anstreben.)
- Das Gesicht sieht asketisch aus, die Augen leuchten. Die Gesichtshaut ist glatt, gut durchblutet und sieht gesund aus.
- Das Unterhautfettgewebe ist dünn, vor allem über dem M. triceps und über dem Schulterblatt (Hautfalten dünner als 4–6 mm).
- Der Schweiß fließt angenehm und warm. Hitze verträgt man gut.
- Die Gedanken sind ruhiger, friedlicher, aufgeschlossener. Man ist heiter, hat gute Laune und Selbstvertrauen.

»Sonne in den Speichen«

Diese Prüfsteine der »guten Form« können ihre äußeren Wirkungen ganz gut beschreiben – aber Beschreibungen sind keine Erklärung. Denn diese äußeren Wirkungen kommen »von innen heraus« und haben dort ihre Ursache. Das Training schafft allerdings die Voraussetzungen dafür, dass dieser Zustand der »guten Form« eintreten kann.

Vielleicht sollte man erst gar nicht versuchen, durch allzu tiefgründige Analysen den letzten Schleier dieses Radsportgeheimnisses zu lüften. Lassen wir noch ein wenig von diesem Geheimnis bestehen – und fügen nur noch einige authentische Aussprüche von Radsportlern an, die das Gefühl der »guten Form« aus eigenen Erlebnissen zum Ausdruck bringen:

- »Es ist gut gelaufen«. Oder ein Schweizer Radprofi: »Es lief mir gut«.
- »Die Pedale kamen mir entgegen.«
- »Das Rad fuhr wie von selbst. Ich musste nur noch lenken.«
- Ein französischer Radprofi: »Ich hatte Sonne in den Speichen.«

Keiner sagte: »Ich« bin gut gefahren, sondern alle sprechen vom »es«, das gut läuft. Sparen wir uns die Analyse darüber, was dieses »es« wohl sein könnte, was die Pedale entgegenkommen lässt und was die Sonne in die Speichen bringt – denn das alles ist die »gute Form«, die eben von »innen heraus« kommt.

Die »gute Form« naht, wenn man die »Sonne in den Speichen« spürt.

Radsport kann Schönheit und Anmut der Frau auf natürliche Weise zum Ausdruck bringen (Hanka Kupfernagel).

Frauen und Mädchen im Radsport

Der Anteil von Frauen und Mädchen im Radsport wird ständig größer. Es ist auch nicht einzusehen, warum Frauen in dieser so gesundheitsfördernden Sportart zurückstehen sollten. Wenn Ehemänner, Kinder und Jugendliche Radsport betreiben, gehört auch die Frau dazu. Zunächst sind aber einige Fehlvorstellungen zu beseitigen, welche die sportliche Betätigung und Trainierbarkeit der Frau im Radsport betreffen.

Zur Geschichte

Das erste Straßenrennen unter Beteiligung von Frauen wurde schon 1869 auf 50 kg schweren eisenbeschlagenen Rädern (»Michaulinen«) ausgetragen. Bei dem ersten internationalen Radrennen von Paris nach Rouen über 123 km belegte die damalige Miss Amerika den 29. Platz. 1897 fand die erste Radweltmeisterschaft für Frauen in Belgien statt.
Eine besondere Langstreckenleistung vollbrachte die Amerikanerin Annie Londonderry 1895, als sie mit dem Fahrrad rund um die Welt fuhr und dabei 28000 englische Meilen zurücklegte. Ab 1895 gab es sogar Sechstagerennen für Frauen in England und USA. Es kam vor, dass Frauenteams in gemischten Rennen manchmal ihre männlichen Kollegen besiegten. Offizielle Weltmeisterschaften im Straßenradsport für Frauen gibt es wieder seit 1958.
Seit Aufnahme des Straßenradsports für Frauen in das Olympische Programm 1984 nimmt die Zahl der Radsportlerinnen weiter zu. Im Radsport als Langzeitausdauersportart ist es ähnlich wie beim Marathonlauf: Auch hier wurden Frauen erst vor wenigen Jahren zugelassen. Im Vergleich dazu wurde im Radsport schon sehr frühzeitig bewiesen, dass auch Frauen fähig sind, lange und intensive Ausdauerbelastungen zu bewältigen – extrem lange Strecken sogar besser als der Mann.

Die Frau bringt für den Radsport gute biologische Voraussetzungen mit.

Biologische Voraussetzungen

Frauen sind im Durchschnitt kleiner als Männer und haben einen leichteren Körperbau. Daher haben sie meistens auch ein geringeres Körpergewicht. Die Körperzusammensetzung unterscheidet sich vom männlichen Organismus insofern, dass der Anteil an Körperfett bei Frauen höher, der Anteil an Muskulatur geringer ist.
Die maximale Sauerstoffaufnahmefähigkeit pro Kilogramm Körpergewicht liegt bei der Frau wegen des relativ höheren Fettanteils um ca. 20% unter der des Mannes (siehe auch S. 107). Da es bei gleichen Belastungsstufen keine Geschlechtsunterschiede bei der dazu notwendigen Sauerstoffaufnahme gibt, sind Frauen bei hoher Intensität, also bei hohem Tempo, dem Mann gegenüber im Nachteil.

Infolge ihres leichteren Körperbaus sind sie jedoch für lange Strecken mit geringer bis mittlerer Intensität besser geeignet als der Mann. Auch in bergigem Gelände sind sie manchmal den schwereren Männern ebenbürtig oder überlegen. Da die Muskelmasse der Frau im Vergleich zum Mann auch prozentual geringer ist, ist auch die Kraftleistung der Frau geringer und damit auch die der Kraftausdauer und Schnellkraft. Frauen sind Männern gegenüber im Nachteil, wenn es darum geht, mit großer Kraft große Übersetzungen zu treten, z. B. im Zeitfahren und bei hohem Tempo in der Ebene. Diesen Nachteil kann die Frau jedoch teilweise ausgleichen, wenn sie die Tretgeschwindigkeit erhöht. Daher sind die gefahrenen Übersetzungen im Frauenradsport etwas geringer als bei den Männern (siehe S. 98).
Aufgrund der angegebenen anatomischen Besonderheiten sind Frauen für lange Ausdauerleistungen mit geringer bis mittlerer Intensität biologisch sehr gut gerüstet. Im Leistungssport sind Frauen und Mädchen vom männlichen Typ mit dünnem Unterhautfettgewebe und relativ großer Muskelmasse im Vorteil, aber nicht unbedingt ästhetischer. Die ausgewählten Fotos beweisen, dass die Schönheit der Frau auch durch den Radsport ästhetisch zum Ausdruck gebracht werden kann.

Trainingsanpassungen

Die Frau kann sich an Ausdauertraining grundsätzlich in der gleichen Größenordnung wie der Mann anpassen: Maximale Sauerstoffaufnahme und Herzvolumen können sich gegenüber ihrem Ausgangswert durch entsprechendes Ausdauertraining verdoppeln. Da die Leistungsentwicklung der Frau im Ausdauersport und im Radsport geschichtlich erst begonnen hat, sind in Zukunft weitere Leistungssteigerungen zu erwarten.
Im Breiten- und Gesundheitssport gibt das Radfahren der Frau die Möglichkeit, eine gute körperliche Fitness und natürliche Schönheit aufzubauen. Störungen wie Kopfschmerzen, Wetterfühligkeit und Verstimmungen verschwinden, Fettgewebe wird dort abgebaut, wo es nicht erwünscht ist; denn über einer aktiven Muskulatur schmilzt das Fettgewebe wie Butter an der Sonne …

Kampfbereitschaft und Willenshärte sind auch im Frauenradsport notwendig – Hanka Kupfernagel: nach 11 Deutschen Meistertiteln und 22 Siegen bei Rundfahrten Wechsel ins Profilager.

Kinder und Jugendliche im Radsport

Kinder und Jugendliche wachsen nicht kontinuierlich, sondern es lösen sich Perioden schnellen Wachstums (Streckung) und langsameren Wachstums (Füllung) einander ab. Hinzu kommt die in allen zivilisierten Ländern bekannte »Akzeleration«, die nicht nur zu schnellerem Wachstum, sondern auch zu früherer körperlicher Reife führt. Da Leistungsfähigkeit und Wachstum miteinander verknüpft sind, ergeben sich folgende Konsequenzen:

- Die Schulung von Bewegungsabläufen und Gelenkigkeit sollte schon im 6. Lebensjahr beginnen.
- Die konditionellen Fähigkeiten »Ausdauer« und »allgemeinathletische Ausbildung« sollten bei Neun- bis Elfjährigen stärker gefördert werden, da sie Reize für eine normale Entwicklung darstellen.
- Ausdauerleistungen können Jugendlichen schon vom 9. Lebensjahr an zugemutet werden, vermutlich sogar noch früher.

Für Kinder und Jugendliche stellt der Radsport einen gesunden und natürlichen Entwicklungsreiz für Körper, Seele und Geist dar, wenn man einige wichtige Grundsätze beachtet.

- Für maximale Kraftbelastungen dagegen sollte das Ende der Pubertät abgewartet werden.

Prinzipiell haben ausdauertrainierte Jugendliche die gleichen Anpassungsmechanismen wie Erwachsene zur Verfügung. Die Trainierbarkeit von Jugendlichen in präpuberalem und puberalem Alter ist sogar prozentual größer als die von Erwachsenen bei vergleichbaren Trainingsbelastungen.

Der Radsport erfüllt als Ausdauersportart eine besonders dankbare Aufgabe. Gerade durch den Radsport können die dem jugendlichen Organismus innewohnenden Entwicklungsmöglichkeiten voll entfaltet, Haltungsschwächen und Übergewicht abgebaut werden.

Jedoch sollte beachtet werden:

- Kinder und Jugendliche sollten nicht zu früh zu speziell trainieren, sondern vielseitige Bewegungsabläufe lernen und verschiedene allgemein-athletische Sportarten ausüben. Das spezielle Radtraining sollte auf ein bis zwei Trainingseinheiten pro Woche beschränkt bleiben. Dabei sind kleine Gänge mit hoher Tretfrequenz zu bevorzugen und große Gänge mit zu hohem Krafteinsatz zu vermeiden.
- Die beste Trainierbarkeit der maximalen Sauerstoffaufnahmefähigkeit ist während der Pubertät gegeben.
- Falls der Aufbau zum Radrennfahrer vorgesehen ist, sollten hier Akzente für den späteren Hochleistungssport gesetzt werden (siehe auch Grafik unten).

Die aerobe Kapazität wird bei Jugendlichen im Radsport am besten mit der Dauerleistungsmethode oder dem Fahrtspiel entwickelt.

Die Trainingsintensität sollte vorwiegend im Kompensations- (KB) und Grundlagenausdauerbereich (GA) liegen.

Zu warnen ist vor zu großem Ehrgeiz der Eltern: Niemals sollten Kinder und Jugendliche zu Leistungen gezwungen werden, die sie nicht von sich aus erreichen wollen. Kinder und Jugendliche sind nicht dazu da, um die ehrgeizigen Ziele zu erreichen, welche die Eltern früher selbst nicht erreicht hatten.

Die Streckenlänge kann entsprechend dem Alter zunehmen. Sie kann durchschnittlich bei Zehnjährigen ca. 20 km, bei Elfjährigen ca. 30 km, bei Zwölfjährigen ca. 40–50 km, bei Dreizehnjährigen ca. 50–60 km betragen. Einmal in der Woche, vielleicht am Wochenende, kann man einen längeren Ausflug als Dauertraining unternehmen.

Kinder, Jugendliche und Junioren sollten mit kleinen Gängen (am besten um oder unter 60 Zoll, z. B. 42/19 oder 42/20), hoher Tretfrequenz (100–120 U/min) und geringem Krafteinsatz ausdauernd fahren lernen. Deswegen sind im Radsport die Übersetzungen für Kinder, Jugendliche und Junioren nach oben begrenzt (siehe S. 98). Auf diese Weise werden Herz-Kreislauf-System, Atmungssystem und Stoffwechsel sowie die Zusammensetzung der Muskelfasern optimal ausgebildet.

Anteil der allgemein-athletischen Ausbildung und des speziellen Trainings im Radsport bei Kindern und Jugendlichen mit zunehmendem Trainingsalter (nach D. Junker, H. Weisbrod und D. Mickein)

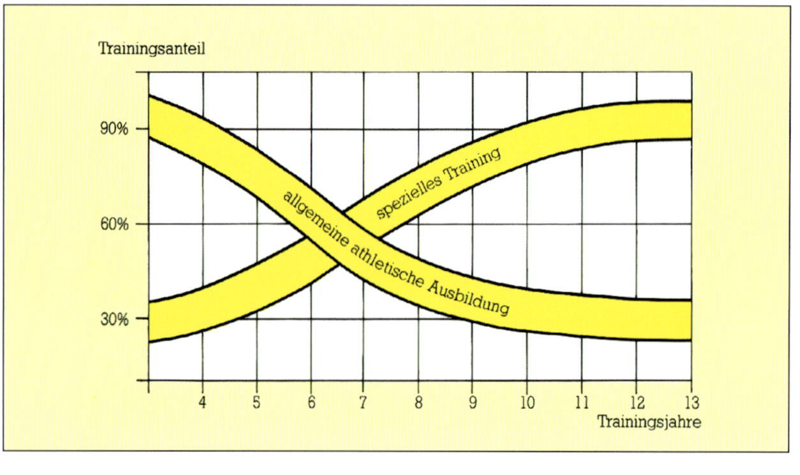

Radsport im Alter

Der Mensch altert fast unbemerkt, der eine schneller, der andere langsamer. Manche scheinen die ewige Jugend gepachtet zu haben. Das sind die Aktiven, Lebenslustigen, zu denen auch die Radsportler gehören.

Die Alterungprozesse des menschlichen Organismus äußern sich durch folgende Vorgänge:

- verlangsamte und verminderte Anpassungsfähigkeit an Belastungen
- allgemein herabgesetzte Leistungsfähigkeit, Abnahme der maximalen Sauerstoffaufnahmefähigkeit

Wenn die allgemeine Leistungsfähigkeit und Belastbarkeit mit zunehmendem Lebensalter abnehmen, schreibt man dies allerdings zu häufig und vorschnell dem Alterungsprozess zu. In Wirklichkeit ist es nur Trainingsmangel – und das lässt sich in jedem Lebensalter ändern. Wissenschaftliche Untersuchungen haben nämlich bewiesen, dass ältere Menschen auch jenseits des 70. Lebensjahres noch recht gut im Ausdauerbereich trainierbar sind. Die maximale Sauerstoffaufnahmefähigkeit kann auch in diesem Alter noch auf Werte angehoben werden, die 20 – 30 Jahre jüngeren (untrainierten) Personen entsprechen (siehe S. 107). Außerdem kann man durch Radfahren Herz, Kreislauf und Stoffwechsel trainieren und auf diese Weise eine ganze Kaskade von Risikofaktoren abbauen, die bei körperlich untätigen Menschen, die sich dem biologischen Alterungsprozess passiv überlassen, im Laufe der Zeit zu den so genannten Alterskrankheiten führen.

Zunächst ist allen älteren Menschen, die mit dem Radfahren beginnen, eine ärztliche Untersuchung und Beratung zu empfehlen. Danach ist ein allmähliches schonendes Training im Breiten- und Gesundheitsbereich anzuraten; denn allein schon durch Breiten- und Gesundheitssport werden alle erwünschten gesundheitlichen Anpassungsvorgänge erreicht.

Wem der Breiten- und Gesundheitssport jedoch nicht genügt, der kann auch in höherem Alter leistungsmäßig Radsport betreiben, vorausgesetzt er ist völlig gesund und er hat nach dem Prinzip der Allmählichkeit (siehe S. 153) mindestens ein Aufbautraining von 4–5 Jahren absolviert .

Die »Seniorenklasse 1« im Radsport beginnt bereits mit 30 Jahren, also »im besten Mannesalter«, aber die Alterungsprozesse beginnen bereits jetzt. Man kann in diesem Alter aber noch gut als »Aktiver« Radrennen in der Altersklasse der »Elite« oder auch als Profi fahren. Daher muss man sich entscheiden; denn zur Kategorie der Senioren zählen nur Fahrer im Alter von 30 Jahren und älter, die ausdrücklich diese Kategorie wählen.

Von 41–50 Jahren gehört man zur »Seniorenklasse 2«, von 51–60 Jahren zur »Seniorenklasse 3« und darüber zur »Seniorenklasse 4«.

In Insiderkreisen und bei fachkundigen Beobachtern der »Seniorenszene« gibt es noch eine weitere Einteilung – nämlich die in die »Verrückten«, die »Gemäßigten« und die »Vernünftigen«.

Die »Verrückten«

Diese Gruppe muss man bremsen, fast noch mehr als die Jungen. In dieser Gruppe wird nämlich fast zu ehrgeizig und zu aggressiv trainiert und gekämpft. Meistens handelt es sich um Radsportler, die erst in spä-

Radsport im Alter:
dem Alterungsprozess die Stirn bieten

Freude und Spaß sollten die Ziele im Seniorensport sein.

teren Jahren mit dem Radsport begonnen haben. Sie kannten bisher diese Seite ihrer Persönlichkeit nicht. Daher ist es verständlich, dass man sie mit aller Macht kennen lernen und ausloten möchte. Das soll man auch durchaus tun – aber nicht vergessen, dass zwar Geist und Hirn jugendlich eingestellt sind, der Körper aber jedes Jahr ein Jahr älter wird, obwohl man sich vielleicht sogar durch den Radsport jedes Jahr ein Jahr jünger fühlt.

Die »Gemäßigten«

Das sind vielleicht diejenigen, die früher im Radsport Leistungs- oder Hochleistungssportler waren, einige Jahre pausiert hatten und jetzt wieder mit dem Radsport »im Alter« beginnen. Diese Gruppe hat ihre persönlichen Radsport-Höhepunkte schon erlebt. Der Ehrgeiz ist daher geringer, aber durchaus noch in gemäßigterem Bereich vorhanden. Ein Radprofi sagte einmal: »Wenn man Rennen fährt, dann fährt man nicht so, wie es einem gut tut, sondern man will alles aus sich herausholen, und das kann im Alter nicht gesund sein.« Man kann durch Radsport gesund alt werden – aber nicht unbedingt durch Hochleistungssport. Es genügt, sich gesund und knapp zu ernähren (manche frühere Leistungssportler essen später nur zweimal am Tag) und gemäßigt zu trainieren. Das Trainingsziel dieser Gruppe könnte vielleicht sein, ab und zu »einen 100er« (= 100 km) locker und ohne Nahrungsaufnahme fahren zu können und danach frisch zu Hause anzukommen.

Die »Vernünftigen«

In diese Gruppe münden hoffentlich alle Radsportler einmal ein. Man fährt Rad, um gesund zu bleiben. Man verzichtet auf hohes Tempo und widmet sich eher längeren Strecken, die man in lockerem Tempo mit Spaß und Freude fährt. Dabei ist es wichtig, in sich hineinzuhören; denn der Körper braucht mehr Zeit für die Regeneration, ehe er wieder für neue Belastungen bereit und aufnahmefähig ist. Man muss lernen, sich an seine aktuelle Belastungsverträglichkeit anzupassen.

Seniorenrennen

Man sollte sich überlegen, worin der Sinn von Seniorenrennen liegt. Seniorenrennen gehen meistens über relativ kurze Distanzen von 40–80 km. Dabei ist wegen der kurzen Wettkampfzeit die gefahrene Geschwindigkeit relativ hoch. Sie liegt meistens bei 40 kmh oder darüber. Es werden heute auch sehr hohe Gänge in Seniorenrennen gefahren. Es gibt Senioren, die ohne mit der Wimper zu zucken den »12er« Zahnkranz mit dem großen »Blatt« (53) treten, was früher nur einigen Profis vorbehalten war.

Fahrweise und Taktik sind auch etwas anders als bei Amateurrennen. Die Leistungsunterschiede sind oft

Radsport-Senioren: gut vorbereitet am Start

so gering, dass es zur Massenankunft und am Ziel zum Sprint kommt. Ein Sprint in der Altersklasse ist nicht ganz ungefährlich und erfordert große Konzentration und Radbeherrschung. Das ist bei »Spätberufenen«, die das früher in Radrennen nicht gelernt haben, manchmal nicht der Fall. Man sollte sich deswegen reiflich überlegen, ob man in höherem Alter das Risiko von Stürzen eingehen möchte.
Wer jedoch leistungsfähig genug ist, an Seniorenradrennen teilzunehmen, wird unter Umständen viele Jahre große Freude daran finden. Er wird stabil und gesund bleiben bis ins hohe Alter.
Trotzdem soll betont werden, dass Leistungssport nicht das allgemeine Ziel des Radsporttrainings in höherem Alter sein sollte.
Einmal muss man doch aufhören und sich mit dem »Aufhören« befassen; denn es gibt bisher noch keine Hundertjährigen bei Seniorenrennen.

Spezielle Probleme

Im Alter haben sich oft Störungen eingestellt, die einer Behandlung bedürfen, z. B. Bluthochdruck, Herzrhythmusstörungen, Zuckerkrankheit u. a. Die verordneten Medikamente müssen auf jeden Fall weiter eingenommen werden. Regelmäßige Kontrollen des Gesundheitszustands, der Risikofaktoren und der körperlichen Belastbarkeit beim Hausarzt sind notwendig. Bestimmte Medikamente beeinflussen die Pulsfrequenz (z. B. Betablocker, Digitalis u. a.). In diesen Fällen kann man zur Trainingssteuerung nicht die normalen Herzfrequenz-Zielbereiche heranziehen, sondern muss sie zusammen mit dem Hausarzt individuell festlegen.

Die gesündeste Sportart im Alter wäre die, die mit dem geringsten Blutdruckanstieg den größten Zuwachs an Sauerstoffaufnahmefähigkeit ermöglicht. Denn durch jeden Blutdruckanstieg wird eine Verdickung der Herzmuskelfasern bewirkt, was im Alter nicht unbedingt erwünscht ist. Auch wenn man durch Sport jung bleiben kann und die Arteriosklerose sich nicht so schnell einstellt, so verändern sich doch die kleinen Blutgefäße. Ihre Wand wird durch Bindegewebe – nicht durch Verkalkung – dicker (Arteriolosklerose), so dass die Durchblutung dicker Herzmuskelfasern erschwert werden könnte, auch ohne Arteriosklerose der großen Gefäße. Auch aus diesem Grund sollte man mit zunehmendem Alter gemäßigt Rad fahren: mit kleinen Gängen, hoher Tretfrequenz, im Kompensations- (KB) oder Grundlagenausdauerbereich (GA).

Freie Radikale

Bei hochintensiven Belastungen wird der Körper mit freien Radikalen überschwemmt. Das sind Atome oder Moleküle, denen ein

Altersklassen der Kategorie Senioren (Masters)

Alter	Altersklasse
30–40 Jahre	»Senioren 1«
41–50 Jahre	»Senioren 2«
51–60 Jahre	»Senioren 3«
über 60 Jahre	»Senioren 4«

In Seniorenrennen wird hart gekämpft. Bei den relativ kurzen Wettkampfstrecken wird ein hohes Tempo gefahren, auf das man sich gründlich vorbereiten muss – verbunden mit einer vernünftigen Vorsicht beim Sprint am Ziel.

Elektron fehlt, das sie in »radikaler« Weise von umgebenden Strukturen – Enzymen, Gensubstanz DNS, Zellmembranen – an sich reißen und diese dabei schädigen (siehe S. 180). Viele Krankheiten rechnet man heute bereits zu den »Free Radical Diseases« (z. B. Arteriosklerose, Herzkrankheiten, Zuckerkrankheit, Grauer Star, Rheuma und Krebs). Auch der Alterungsprozess wird durch freie Radikale gefördert.

Das Problem ist, dass die Schutzsysteme gegen freie Radikale im Alter – wie alle Strukturen und Funktionen – weniger gut funktionieren. Daher ist eine Schädigung durch freie Radikale im Alter leichter möglich, auch wenn diese durch zu intensiven Sport erzeugt werden. Es wäre also nicht klug, durch zu hohe Belastungen gerade das zu fördern, was man vermeiden möchte, nämlich die genannten, durch freie Radikale geförderten Krankheiten einschließlich Arteriosklerose und Krebs.

Dem kann man vorbeugen durch richtige Dosierung der Belastungen (KB-, GA1-, GA2-Bereiche), gesunde Ernährung (siehe S. 174) und eine Nahrungsergänzung mit Radikalfängern (Vitamin C 500–1000 mg, Vitamin E 400–800 mg, Karotinoide z. B. in Karotten, Tomaten und Aprikosen, Selen 100–200 µg und Zink 10–15 mg).

Fazit

Jeder kann sich glücklich schätzen, der im Alter aus eigener Kraft längere Strecken mit geringer bis mittlerer Geschwindigkeit ohne große Ermüdung zurücklegen kann. Radsport im Alter vermittelt das Gefühl, den Alterungsvorgängen nicht hilflos ausgeliefert zu sein. So wird Rad fahren eine echte Bereicherung des Lebens und dient der Erhöhung der Lebensqualität. Außerdem ist Radsport eine Sportart, die man das ganze Leben betreiben kann – wenn man es richtig macht.

Radsport ist eine der gesündesten lifetimesportarten, die man mit richtiger Dosierung und Kontrolle bis ins hohe Alter betreiben kann.

Regeneration

Das Grundprinzip der Leistungssteigerung ist der Zyklus der Superkompensation: der regelmäßige Wechsel von Belastung, Ermüdung, Regeneration und Superkompensation. Durch Ausdauertraining erreicht man nicht nur die zahlreichen Ausdauer-Adaptationen, sondern auch eine Verbesserung der Regenerationsfähigkeit, d. h., man lernt sich besser und schneller zu erholen. Im Leistungs- und Hochleistungssport wird die Fähigkeit zur schnellen Regeneration sogar zum leistungslimitierenden Faktor: Je schneller man sich erholt, desto öfter kann man trainingswirksam trainieren. Etappenrennen könnten ohne diese Fähigkeit gar nicht gefahren werden. Daher sollte der Radsportler seine Regenerationsfähigkeit bewusst trainieren, genau wie er sein Trainingsprogramm bewusst gestaltet; denn nur durch bewusste Unterstützung der Erholungsprozesse kann man seine Höchstleistung erreichen.

Formen der Ermüdung

Nach geringgradigen Belastungen kommt es zu einer geringen Ermüdung. Die Stimmung ist gehoben, freudig, lebhaft, die Leistungsbereitschaft ungebrochen, das Allgemeinbefinden gut, die Konzentrationsfähigkeit normal, der Bewegungsablauf korrekt, locker und sicher, und man schwitzt nur leicht bis mittelgradig.

Nach optimalen Belastungen kommt es zu einer deutlich spürbaren bis starken Ermüdung. Die Stimmung ist etwas gedämpft, aber freudig, die Leistungsbereitschaft verringert und der Wunsch nach einer längeren Pause groß. Das Allgemeinbefinden ist gekennzeichnet durch Schwäche in den Muskeln und eine verringerte Leistungsfähigkeit. Die Konzentrationsfähigkeit ist verringert: Man ist unaufmerksam bei Erklärungen und weniger aufnahmebereit beim Erarbeiten technischer und taktischer Fähigkeiten. Der Bewegungsablauf ist nicht mehr ganz exakt. Die Schweißabsonderung ist groß.

Nach extremen Grenzbelastungen kommt es zu einer sehr starken Ermüdung bis Erschöpfung. Die Stimmung ist niedergedrückt bis aggressiv, auch Zweifel über den Sinn des Trainings tauchen auf. Man sucht nach Gründen, dem Training fernzubleiben. Es fehlt jede Leistungsbereitschaft, man hat nur den Wunsch nach absoluter Ruhe. Die Muskeln sind bleischwer, die Gelenke schmerzen. Die Konzentrationsfähigkeit ist erheblich verringert. Man ist nervös und zerfahren. Die Koordination ist gestört, der Bewegungsablauf kraftlos. Die Schweißabsonderung ist sehr stark, man schwitzt auch nachts.

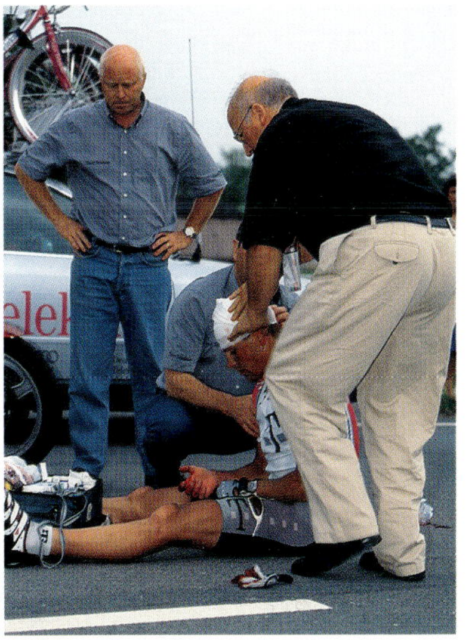

Verschiedene Grade der Ermüdung sind die natürliche Folge starker Belastungen.

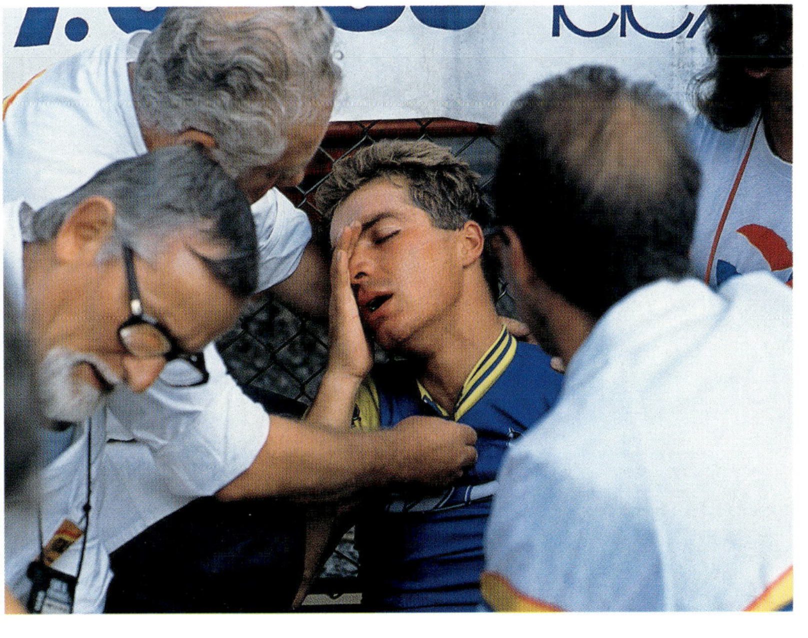

Grenzbelastungen führen zu Erschöpfung. Eine bewusste und umfassende Regeneration ist notwendig.

Nach derartigen Grenzbelastungen muss man besonders auf die Regeneration achten, damit es nicht zum Leistungseinbruch oder Übertraining kommt.

Physiologischer Ablauf der Regeneration

Trainingsbelastungen rufen also im Organismus Veränderungen hervor, die subjektiv als Ermüdung verschiedenen Grades empfunden werden und eine vorübergehende Leistungsminderung zur Folge haben.
Durch Trainings- und Wettkampfbelastungen, die zu Ermüdung führen, werden zwei Prozesse in Gang gesetzt, die teilweise schon während der Belastung ablaufen:

- Erholungsprozesse, die zur Wiederherstellung der vollen Funktionsfähigkeit führen
- Anpassungsprozesse, die eine funktionelle Leistungssteigerung und qualitative Verbesserung der belasteten Funktionssysteme zur Folge haben

Durch eine schnelle Wiederherstellung kann die Belastungsverträglichkeit des Radsportlers verbessert werden. Prinzipiell sollte eine neue belastende Trainingseinheit erst nach Wiederherstellung der wichtigsten Funktionssysteme erfolgen. Treffen nämlich die gleichen Reize immer wieder auf einen noch nicht erholten Organismus, werden Anpassungsprozesse gestört oder können sich nicht entwickeln. Schließlich kommt es zur dauernden Übermüdung, die Wirkung von Trainingsreizen wird vollständig aufgehoben, und die Leistungsfähigkeit nimmt ab.
Daher ist es wichtig, den Ablauf der Regeneration und alle Maßnahmen zu ihrer Förderung zu kennen und sie alle gleichzeitig anzuwenden.
Der Zeitbedarf für die Wiederherstellung ermüdeter Funktionssysteme ist unterschiedlich. Man kann eine schnelle und langsame Phase der Regeneration unterscheiden.

Die erste, schnelle Phase der Regeneration

In den ersten 4–6 Stunden nach der Belastung werden Milchsäure und andere Stoffwechselprodukte abgebaut, die erhöhte Körpertemperatur wird normalisiert. Der Mineralstoff- und Flüssigkeitshaushalt wird ausgeglichen, die Glykogenspeicher werden wieder aufgefüllt. Der Eiweißaufbau in den Muskelfasern beginnt.
Diese Vorgänge können unterstützt werden, wenn man alle Maßnahmen zur aktiven und passiven Erholung anwendet und dem Körper die notwendige Flüssigkeit mit Mineralstoffen (besonders von Kalium und Magnesium) zuführt und sich kohlenhydratreich ernährt.

Die zweite, langsame Phase der Regeneration

Diese Phase läuft etwa von der 6. Stunde bis zu den folgenden 2 – 3 Tagen ab. In dieser Zeit werden die Glykogenspeicher vollständig aufgefüllt. Es beginnt die langsame Eiweißregeneration der stoffwechselaktiven Zellorganellen (Mitochondrien), die über sieben Tage zur vollständigen Regeneration benötigen! Auch das vegetative Nervensystem, besonders das von Jugendlichen, braucht nach intensiven Belastungen meistens mehr als 3–4 Tage bis zur vollständigen Regeneration. Unterstützende Maßnahmen: weiter kohlenhydratreiche Ernährung, erhöhtes Eiweißangebot in der Nahrung. Außerdem alle Methoden der Entspannung und Regeneration.

Das Netz regenerativer Maßnahmen

Das gesamte Netz regenerativer Maßnahmen umfasst folgende Hauptpunkte:

- richtiger Trainingsaufbau und »aktive Erholung«
- richtige Ernährung
- physikalische Maßnahmen
- Entspannung und mentales Training

Trainingsaufbau und »aktive Erholung«

Ein abwechslungsreicher, durchdachter Trainingsaufbau verhindert körperliche und geistige Ermüdung. Je nach dem Ermüdungsgrad ist die Regeneration unterschiedlich lang. Schon während der Belastung, im Ausklang der Trainingseinheit, beginnen Erholungsprozesse. Das sollte man bei der Gestaltung der Trainingseinheit (siehe S. 154) berücksichtigen.
Die vollständige Wiederherstellung kann durch regenerative Trainingseinheiten (KB-Bereich) gefördert werden (siehe S. 128).
Nach starken Belastungen oder anstrengenden Rennen kann man z. B. am nächsten Tag (z. B. Montag) noch ganz gut spazieren fahren. Die Müdigkeit kommt meist erst am übernächsten Tag (z. B. Dienstag), den man deswegen zum Ruhetag machen kann. Am dritten Tag (z. B. Mittwoch) kann man schon wieder leichtes Grundlagenausdauertraining (GA) beginnen.
Nach »kleinen« Rennen fährt man am ersten Tag (z. B. Montag) locker im regenerativen Bereich (KB) und kann bereits am übernächsten Tag (z. B. Dienstag) wieder zu einem leichten Grundlagenausdauertraining (GA) übergehen.
Nach jedem Wettkampfmesozyklus sollen regelmäßige Wiederherstellungszyklen eingeplant werden (siehe S. 158).

Ernährung

Wichtig ist der gezielte Ersatz verlorener Flüssigkeit und Mineralstoffe sowie die Zufuhr von reichlich Kohlenhydraten und magerem Eiweiß (siehe S. 175 ff.).

Physikalische Maßnahmen

Die regelmäßige Anwendung physikalischer Maßnahmen (Massagen, Bäder, Sauna, UV-Licht) dienen ebenfalls der Beschleunigung der Regeneration. Wer leistungsmäßig Rad fährt, sollte sich min-

Das Netzwerk regenerativer Maßnahmen: aktive und passive Methoden der Regeneration

Trainingsaufbau	Ernährung	Physikalische Maßnahmen	Entspannung
Ausdauer	Kohlenhydrate	Massagen	Schlaf
Kraft	Eiweiß	Bäder	Autogenes Training
Schnelligkeit	Fette	Sauna	Mentales Training
Koordination	Vitamine	Klimawechsel	Yoga
(Technik)	Mineralstoffe	UV-Licht:	Milieuwechsel
Gelenkigkeit	Spurenelemente	Höhenaufenthalt	Sportfreundliche Umgebung
(Flexibilität)	Flüssigkeit	Solarium	Familie und Freizeit

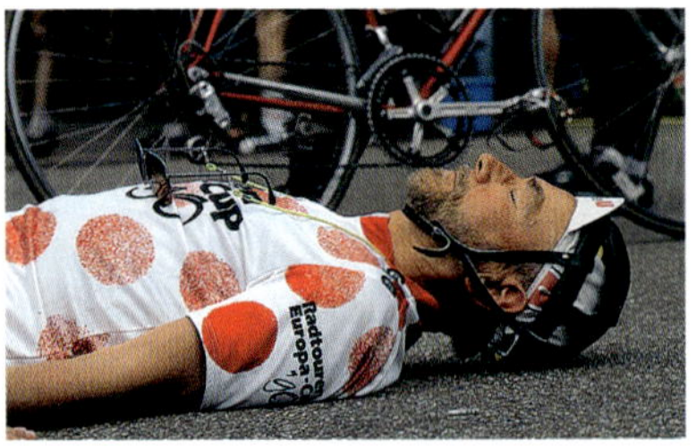

Entspannung: Geist und Nervensystem mit neuer Energie aufladen

destens 1- bis 2-mal pro Woche massieren lassen. Die Sauna ist 1-mal pro Woche, vor allem in der Vorbereitungsphase, zu empfehlen. Entmüdungsbäder mit Badezusätzen kann man mehrmals in der Woche genießen.

Entspannung und mentales Training

Ein guter und tiefer Nachtschlaf von acht Stunden ist das beste Mittel der Entspannung. Zusätzlich können Methoden wie autogenes Training, Yoga und mentales Training die Fähigkeit zur Entspannung und Regeneration verbessern. Sie werden unterstützt von Optimismus und Begeisterung. Ein Profi sagte: »Wenn man (= die Mannschaft) das gelbe Trikot hat, steht man früh auf – und ist fit!«, d. h., man regeneriert sich schneller, wenn man mental optimistisch ist, Aufgaben und Ziele hat.

Nur wenn der Radsportler ein Gespür für den Erholungsprozess bekommt, kann er fühlen, wann er sich wieder intensiv belasten darf. Von ganz besonderer Bedeutung ist dabei eine gute Grundlagenausdauer, da sie die Belastungsverträglichkeit und die Regenerationsfähigkeit verbessert.

Geheimrezept: Ruhetag

Das Phänomen des Ruhetags: Nach intensiven Belastungen mit unvollständiger Erholung (»Aufstockung der Ermüdung«) kann ein Ruhetag die Regeneration wieder bis zur Superkompensation bringen – eine Trainingsvariante bei Hochleistungssportlern (nach Harre).

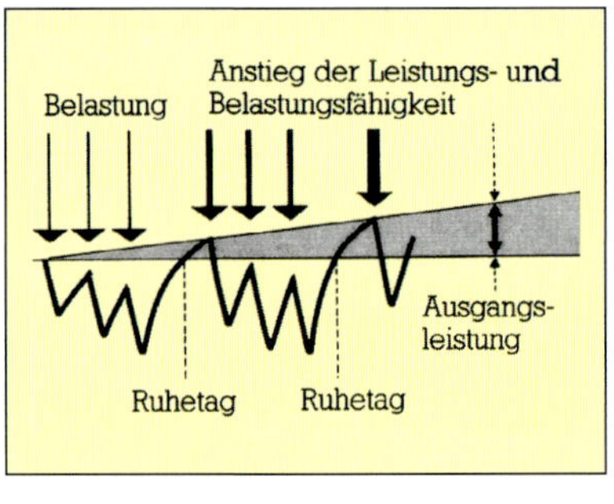

Mehrere starke Grenzbelastungen hintereinander treffen auf einen noch ermüdeten Organismus, dessen Erholungsprozesse noch nicht abgeschlossen sind. Dadurch werden diese gestört, und die Leistung sinkt immer weiter ab. Diesen Fehler machen oft Anfänger, die wegen der noch fehlenden Grundlagenausdauer eine zu geringe Belastbarkeit haben. Dadurch erleiden sie immer wieder Leistungseinbrüche. Der Trainingsprozess wird unregelmäßig, planlos und oft auch zur Plage.

Es gibt dann nur zwei Möglichkeiten: Entweder man vermindert die Intensität der Trainingsbelastungen, indem man im regenerativen Bereich trainiert, oder man legt einen oder zwei Ruhetage ein. Dadurch können die Erholungsprozesse ungestört bis zum Ende ablaufen, so dass sich dann die Phase der Superkompensation einstellt.

Profis und fortgeschrittene Radsportler setzen diese »Aufstockung der Ermüdung« manchmal absichtlich als Trainingsmittel ein, um über den Umweg einer stärkeren Ausschöpfung der Leistungsreserven anschließend durch Einschaltung eines Ruhetags eine höhere Superkompensation und dadurch einen höheren Leistungsstand zu erreichen. Das können sich aber nur Radsportler erlauben, die über einen guten Trainingszustand mit hoher Belastungsverträglichkeit verfügen. Auf diese Weise ist manchmal sogar ein sprunghafter Leistungszuwachs (»verspätete Transformation«) möglich. Die Summe stärkerer Belastungen mit stärkerer Ermüdung und Leistungsabfall gibt indirekt dazu den Anstoß – aufgebaut wird die Leistungsfähigkeit aber durch einen Ruhetag.

So gesehen ist ein Ruhetag sowohl für den leistungsbetonten Breitensportler mit hoher Trainingshäufigkeit wie für den Leistungs- und Hochleistungssportler manchmal recht nützlich, besonders wenn man sich innerlich »leer« fühlt und eine gewisse Trainingsunlust aufkommt.

Körperpflege, Abhärtung und sportgerechte Lebensweise

Radsportler gehören zu den gepflegtesten Sportlern überhaupt.

Es ist selbstverständlich, dass man sich nach jedem Training vollständig duscht. Danach sollte man seine Haut leicht einölen, z. B. mit Babyöl. Besonders wichtig ist die Pflege der Sitzfläche, um Entzündungen, Haarbalgeiterungen und Abszessen vorzubeugen. Daher sollte man die Sitzfläche nach jedem Training besonders gründlich waschen.

Der Einsatz der Rennhose sollte stets sauber und weich sein. Vor jedem Training sollte man die Sitzfläche mit Sitzcreme (spezielle Sitzcreme oder Kamill-Glyzerin-Creme) bestreichen.

Wichtig ist auch die Pflege und Massage der Beine. Viele Radsportler, auf jeden Fall aber fast alle Radrennfahrer, rasieren sich die Beine, weil man sie so besser massieren kann. Außerdem sehen die Beine dann ästhetischer aus. Die Beine kann man auch selbst gut massieren. Dazu werden sie leicht mit Öl eingerieben. Die Verwendung von Ölen und Salben mit durchblutungssteigernden Substanzen sollte man nicht übertreiben, da zwar die Hautgefäße erweitert werden, aber nicht unbedingt die der darunter liegenden Muskulatur. Es ist sogar das Gegenteil möglich: Durch eine zu stark vermehrte Hautdurchblutung kann der Muskulatur Blut entzogen werden. Bei Kälte genügt es, die Haut mit einem neutralen Öl einzureiben. Bei Hitze wirkt ein pfefferminz- oder mentholhaltiges Öl erfrischend.

Da besonders der Radsportler Wind und Wetter ausgesetzt ist, sollte er jede Gelegenheit benutzen, seinen Körper abzuhärten. Er muss Wind und Regen, Kälte und Hitze ertragen können. Dazu sollte er auch im Winter im Freien trainieren, nicht nur auf dem Hometrainer. Auch kaltes Wasser fördert die Abhärtung, z. B. in Form der morgendlichen Dusche. Danach sollte man den ganzen Körper mit einer rauhen Wurzelbürste von der Peripherie in Richtung Herz bürsten, bis die Haut gerötet ist. So stärkt man die Abwehrkraft des Körpers gegen Infekte. Der Radsportler sollte seinen Körper mindestens genauso sorgfältig pflegen wie seine Rennmaschine.

Wer seine Ziele im Radsport höher ansetzt, kommt nicht um die Erfahrungen von Generationen von Weltklasseathleten herum, die ihre großen Leistungen nicht nur durch regelmäßiges, zielstrebiges Training über lange Jahre hinweg aufgebaut haben, sondern auch durch disziplinierte Einhaltung einer sportgerechten Lebensweise. Zu einer sportgerechten Lebensweise gehören neben ausreichendem Schlaf feste Lebensgewohnheiten mit regelmäßigem Tagesablauf, eine richtige Ernährung und Vermeidung aller leistungsmindernden Faktoren. Außerdem sollte man immer alle Maßnahmen der Regeneration anwenden, damit die Trainingsreize auf optimale Voraussetzungen im Organismus treffen.

Massage und Körperpflege – ein wichtiger Faktor für die Regeneration

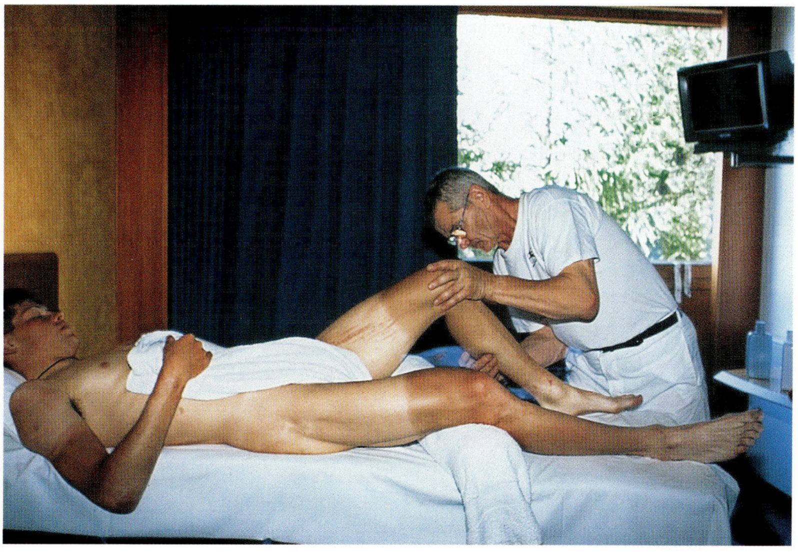

Ernährung

Nicht das Essen macht den Meister,
sondern der Meister macht sich sein Essen.

Eine gesunde, leistungsfördernde Ernährung ist eine wichtige Grundlage für die Leistungsentfaltung im Radsport.

»Leere Kalorienträger« meiden!

Zucker, zuckerhaltige Speisen und Getränke:
Bonbons, Pralinen, Schokolade, Nougatcreme, Marmelade, Torte u. a.

Weißmehlprodukte:
Weißbrot, Brötchen, Toast, Kuchen, Kekse u. a.

Polierter Reis

Zu viel Fett:
Panierte Speisen (Schnitzel u. a.), Rohrnudeln, Pfannkuchen, fette Wurst, fetter Schinken

Alkohol

Die richtige Ernährung ist im Sport sehr wichtig – aber sie muss immer in den Trainingsprozess integriert werden, d. h., sie muss sportartspezifisch und bedarfsadaptiert sein. Die Ernährung hat auch eine große Bedeutung in der Regeneration, für das Immunsystem und die antioxidativen Schutzsysteme.
Die Nahrungsstoffe haben in der Ernährung des Sportlers folgende wichtige Aufgaben:

- Aufbau und Erhaltung von Zellen und Geweben
- Stoffwechselregulation, Aufbau von Enzymen und Hormonen
- Unterstützung der antioxidativen Schutzsysteme
- Unterstützung des Immunsystems
- Energielieferung

Ernährungsbilanzen

Eine leistungsfördernde Kost muss dem tatsächlichen Bedarf angepasst und gleichzeitig vollwertig sein, so dass alle Ernährungsbilanzen ausgeglichen sind:

- Energiebilanz
- Bilanz der Makronährstoffe: Kohlenhydrate, Fette und Eiweiß
- Bilanz der Mikronährstoffe: Vitamine, Mineralstoffe und Spurenelemente
- Flüssigkeitsbilanz

Zuerst muss man wertlose Nahrungsmittel (leere Kalorienträger) ausmerzen, um Platz zu schaffen für hochwertige mit hoher Nährstoffdichte.

Energiebilanz

Der Energieverbrauch wird durch Intensität und Umfang der Belastung bestimmt. Die leistungslimitierende Größe für Höchstleistungen ist aber nicht die Nahrungsmenge, sondern die maximale Sauerstoffaufnahmefähigkeit (VO_2max); denn pro Liter Sauerstoff können ca. 5 kcal gewonnen werden.
Ein Breiten- und Gesundheitssportler, dessen VO_2max bei 3 l O_2/min liegt, verbraucht bei einer Belastungsintensität von 50% VO_2max pro Stunde ca. 450 kcal, ein Leistungs- und Hochleistungssportler mit einer VO_2max von 5–6 l O_2/min dagegen bei intensivem Training (80% VO_2max) oder im Wettkampf pro Stunde 1200–1500 kcal. Das bedeutet für ein Radrennen von 4–6 Stunden einen Energieverbrauch von 5000–8000 kcal.
Der durchschnittliche tägliche Energiebedarf liegt für Breiten- und Gesundheitssportler bei ca. 2500–3500 kcal, für Leistungs- und Hochleistungssportler bei ca. 4000–6000 kcal und darüber, z. B. bei manchen Etappen der Tour de France um 8000–10 000 kcal. Normalerweise wird die Energiebilanz durch den Appetit geregelt (siehe Grafik S. 175).
Eine ausgeglichene Energiebilanz kann man am besten durch tägliche Gewichtskontrolle erkennen. Jenes Gewicht, mit dem man die besten Leistungen erzielt, bezeichnet man als »Wettkampfgewicht«, das als Richtwert in der Wettkampfsaison dienen kann.

Makronährstoffe

In der Sporternährung gelten folgende Zufuhrempfehlungen für das Verhältnis der Hauptnährstoffe (Makronährstoffe):

- Kohlenhydrate 50–65 kcal%
- Fette 25–30 kcal%
- Eiweiß 10–20 kcal%

Die Sporternährung ist vollwertig, fettarm und kohlenhydratreich. Bei ausdauerbetontem Training eher noch kohlenhydratreicher (> 60 kcal%), bei kraft- und intensitätsbetontem Training eiweißreicher (> 15 kcal%).

Kohlenhydrate

Die wichtigsten Energielieferanten für intensive Belastungen sind Kohlenhydrate. Die körpereigenen Kohlenhydratdepots in Form von Muskel- und Leberglykogen betragen beim Untrainierten ca. 300 g, während sie beim Trainierten nach dem Prinzip der Superkompensation auf 500–750 g mehr als verdoppelt werden – entsprechend einer Kohlenhydrat-Energiereserve von 2000–3000 kcal.

1 g Glykogen bindet 0,5 mval (= 19 mg) Kalium und 2,7 g Wasser. Das bedeutet: Der Leistungs- und Hochleistungssportler verfügt in seinen Glykogenreserven zusätzlich über eine Kaliumreserve von ca. 10–15 g und eine Flüssigkeitsreserve von ca. 1,3–2 Liter.

Da die maximale Sauerstoffaufnahmefähigkeit begrenzt ist und von den 24 Atomen eines Glukosemoleküls ($C_6H_{12}O_6$) sechs Atome – also 25% – aus Sauerstoff bestehen, gewinnen Kohlenhydrate mit zunehmender Intensität der Belastung an Bedeutung und können schließlich zum leistungsbegrenzenden Faktor bei hochintensiven Ausdauerleistungen, bei Zwischen- und Endspurts, werden.

Fette

Die Rolle der Nahrungsfette und des Fettstoffwechsels muss man voneinander unterscheiden:

Die Nahrung des Sportlers sollte fettarm sein, da eine fettreiche Nahrung leistungsmindernd wirkt. Qualitativ sollten hochwertige Fette und Öle mit einem hohen Anteil an mehrfach ungesättigten Fettsäuren (MUF) bevorzugt werden, weil sie essentielle Nahrungsbestandteile und fettlösliche Vitamine (v. a. Vitamin E) liefern. Außerdem werden aus ihnen bestimmte Stoffe (Prostaglandine, Thromboxane und Leukotriene) hergestellt, die Entzündungsprozesse regulieren. Auf diese Weise wird die belastungsinduzierte Stressreaktion auch von den zugeführten Fettsäuren beeinflusst.

Für den Sportler sind vor allem Olivenöl, Rapsöl, Weizenkeimöl und Fischöle zu empfehlen. Davon zu unterscheiden ist die Bedeutung des Fettstoffwechsels bei der Energiegewinnung. Im Ausdauersport wird über die Hälfte des gesamten Trainings für das Training der Grundlagenausdauer aufgewendet, um Belastungsverträglichkeit, Regenerationsfähigkeit und die Fähigkeit zu steigern, den Fett-

Hochwertige kohlenhydratreiche Nahrungsmittel

Getreidevollkorn und Vollkornprodukte:
Vollkornbrot, Vollkornkekse (v. a. Haferkekse), Vollkornteigwaren
Getreideflocken (Hafer-, Weizen-, Hirseflocken), Müsli

Naturreis oder Parboiled Reis
Kartoffeln
Obst, Obstsäfte, Trockenfrüchte

Hülsenfrüchte:
Erbsen, Bohnen, Linsen

Zur Aufwertung minderwertiger Kohlenhydrate:
Weizenkeime, Hefeflocken

Täglicher Energieverbrauch und tägliche Energieaufnahme von Radprofis während der Tour de France: Durch den Appetit wird die Energieaufnahme auch unter extremen Bedingungen erstaunlich genau auf den Energieverbrauch abgestimmt (nach Saris).

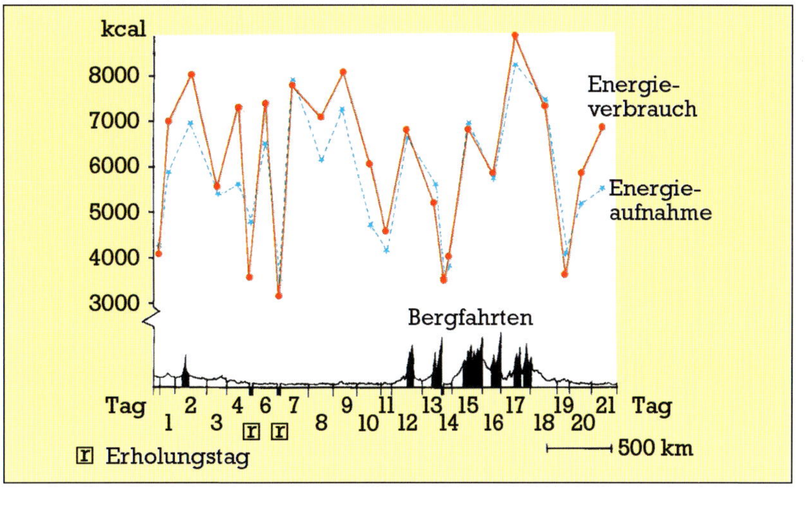

Hochwertige Fette und Öle

Olivenöl, Rapsöl
Weizenkeimöl
Fischöle in Makrelen, Lachs und Hering
Distelöl, Sonnenblumenöl, Maiskeimöl, Sojaöl

Hochwertige eiweißreiche und fettarme Eiweißspender

Fettarme Milch und fettarme Milchprodukte:
Magermilch, Joghurt, Käse, Quark, Hüttenkäse
Magerer Fisch:
Kabeljau, Flunder, Scholle, Seezunge, Forelle
Fisch mit hochwertigen Fischölen:
Makrele, Seelachs, Hering
Mageres Fleisch:
Geflügel, Kalb, Rind, Hase, Reh, anderes Wild
Eiweiß des Volleies (Eigelb ist fettreich)
Hülsenfrüchte:
Erbsen, Bohnen, Linsen
Sojabohnen

Günstige Eiweiß-Kombinationen

Getreide oder Getreideprodukte und
- Milch oder
- Eier oder
- Erbsen, Bohnen, Linsen, Soja

Kartoffeln und
- Ei oder
- Milch, Milchprodukte (z. B. Quark)

stoffwechsel bei der Energiegewinnung zu nutzen.
Erst dann ist der Sportler in der Lage, die fast unbegrenzten Fettenergiereserven (> 50 000 kcal) zu nutzen. Diese Reserven befinden sich im Unterhautfettgewebe und in trainierten Ausdauermuskelfasern: Sie enthalten 2,3-mal mehr Fett als untrainierte Muskelfasern.
Durch eine optimale Nutzung des Fettstoffwechsels können die ökonomisch wertvollen, aber relativ begrenzten KH-Reserven geschont werden, um dann im entscheidenden Moment (Zwischenspurt, Endspurt) zur Verfügung zu stehen.

Eiweiß

Eiweiß dient als Baustoff, vor allem für Muskelfasern, und als Funktionseiweiß für Enzyme, Hormone und für das Immunsystem. Daher ist der Eiweißbedarf bei allen intensiven und kraftbetonten Belastungen erhöht, auch im Ausdauersport mit hoher Intensität, bei Krafttraining und bei Training von Schnellkraft und Schnelligkeit. Sportlern wird eine tägliche Proteinzufuhr von 1,2–1,8 g/kg Körpergewicht empfohlen. Mit hoher Kalorienzufuhr steigt auch die Eiweißzufuhr: Wenn in der Tour de France von den mehr als 6000 Tageskalorien ca. 10–12% aus Eiweiß (meist Rindfleisch, Hähnchen und Fisch) stammen, sind das 160–180 g Eiweiß, also mehr als 2 g/kg Körpergewicht .
Wichtig ist es, fettarme Eiweißspender zu bevorzugen. Den Anteil tierischer Proteine sollte man auf 40–50% der Proteinzufuhr beschränken, den pflanzlicher Proteine auf 50–60% erhöhen, um die gleichzeitige Aufnahme von Fett, Cholesterin und Purinen (= Harnsäure) niedrig zu halten. Diese Forderung kann bei einem hohen Eiweißbedarf durch Eiweißkonzentrate erleichtert werden.

Mikronährstoffe

Durch die vermehrte Beanspruchung aller Organ- und Schutzsysteme, durch erhöhte Verluste in Schweiß, Stuhl und Urin und bei der Regeneration nach intensiven Belastungen ist der Bedarf an Vitaminen, Mineralstoffen und Spurenelementen bis um das 2–3-fache erhöht. Dieser erhöhte Bedarf wird nicht immer durch die Nahrung gedeckt. Durch Substitution (= Nahrungsergänzung) wird die Leistungsfähigkeit aber nur dann verbessert, wenn ein Mangel bestand.

Vitamine

Radsportler haben einen besonders hohen Bedarf an Vitaminen des B-Komplexes (B1, B2, B6) sowie an den Vitaminen C und E. Hier liegen auch die möglichen Schwachpunkte in der Vitaminversorgung.

Vitamin B1 (Thiamin)

Vitamin B1 ist wichtig im Kohlenhydratstoffwechsel. Bei B1-Mangel vermindert sich die Flussrate des Kohlenhydratstoffwechsels, wodurch die aerobe Höchstleistung sinkt. Auch im Fettstoffwechsel, bei der Verbrennung von Alkohol und im Stoffwechsel der Nervenfasern wird Vitamin B1 benötigt.
Der Bedarf an Vitamin B1 wird durch die Menge der zugeführten Kohlenhydrate bestimmt. Es wird eine Nährstoffdichte von 0,5 mg Vitamin B1 pro 1000 Kohlenhydratkalorien empfohlen. Daraus ergibt sich beim Nichtsportler eine Zufuhrempfehlung von 1,2–1,8 mg pro Tag, beim Radsportler je nach Kalorienverbrauch 2–4 mg.

Obwohl eindeutige B1-Mangelzustände im Sport nicht nachgewiesen sind, geht man doch allgemein davon aus, dass durch große Mengen von Kohlenhydratgetränken und Zwischenmahlzeiten aus Weißmehlprodukten und Süßigkeiten oft ein B1-Mangel vorliegt. Wenn ein B1-Mangel eingetreten ist, kann eine Supplementierung mit Vitamin B1 die Leistung wieder normalisieren.

Vitamin B2 (Riboflavin)

Vitamin B2 ist als Bestandteil des gelben Atmungsferments am Energiestoffwechsel in den Mitochondrien beteiligt, ist wichtig für die Aktivität von Enzymen beim Abbau des Glykogens und der Glukose, im Stoffwechsel der Aminosäuren und des neuromuskulären Systems. Nach Krankheiten, Operationen und starken körperlichen Belastungen steigt der Riboflavinbedarf an. Die empfohlene Nährstoffdichte liegt bei 0,6 mg/1000 kcal, so dass sich im Radsport ein Bedarf von 2–4 mg ergibt.

Vitamin C (Ascorbinsäure)

Vitamin C ist sehr vielfältig und mannigfaltig an verschiedensten Stoffwechselvorgängen beteiligt. Besonders angereichert ist es in den Nebennieren. Außerdem spielt es eine wichtige Rolle bei der Infektabwehr im Immunsystem und als Antioxidans, wobei es das Vitamin E vor Oxidation schützt. Auch spielt es eine wichtige Rolle bei der Bildung von Kollagen sowie bei der Synthese von Carnitin, das langkettige Fettsäuren durch die Membran der Mitochondrien transportiert. Schließlich fördert Vitamin C auch die Eisenresorption im Darm und die Biosynthese einiger Hormone.

Da Vitamin C auch im Schweiß verloren geht, ist eine Mangelversorgung im Sport denkbar. Eine Supplementierung ist bei Mangelernährung, Reduktionsdiät und Infekten sinnvoll. Eine Leistungssteigerung über das normale Maß hinaus ist nicht zu erwarten. Hinweise gibt es jedoch dafür, dass Vitamin C die Akklimatisierung an Hitze und große Höhen fördern kann, was für Hochleistungssportler bei Reisen in ferne Länder und bei Höhentraining nützlich sein könnte. Die Empfehlungen im Sport liegen bei 200–500 mg.

Vitamin E (alpha-Tocopherol)

Vitamin E ist ein wichtiges Antioxidans und kann freie Radikale neutralisieren, da es fettlöslich ist, vor allem an den Zellmembranen, die es vor einer Lipidperoxidation schützt. Vitamin E wirkt dabei zusammen mit dem wasserlöslichen Vitamin C und dem Spurenelement Selen. Wenn Vitamin E auch die Oxidation des LDL-Cholesterins zu verhindern vermag, wäre es auch präventiv bei der Verhinderung der Arteriosklerose wirksam. Frühere Studien zeigten bereits, dass Vitamin-E-Zufuhr Sauerstoffmangel leichter tolerieren lässt und für manche Gewebe, zum Beispiel für den Herzmuskel, einen sauerstoffsparenden Effekt ausübt. Diese Erfahrung entspricht auch neueren Untersuchungen über freie Radikale, die besonders bei hochintensiven Belastungen in Zusammenhang mit einem relativen Sauerstoffmangel erzeugt werden. Im Tierversuch wirkt sich ein Vitamin-E-Mangel besonders auf die Muskelfunktion sowie auf die Fortpflanzungsfähigkeit aus. Beim

Nahrungsmittel mit hohem Gehalt an Vitamin B1 und B2

Hafer, Haferflocken, Getreidevollkorn, Naturreis, Erbsen, Bohnen, Linsen, Sesam, Pinienkerne, Paranüsse, Erdnüsse, Pistazien, Cashewnüsse, Fleisch, Eigelb
Zur Nahrungsaufwertung:
Hefeflocken, Weizenkeime

Nahrungsmittel mit hohem Gehalt an Vitamin C

Acerola-Kirschen (Acerola-Taler), Hagebutten, Orangen, Zitronen, Grapefruit, Mandarinen, Kiwi, Schwarze Johannisbeeren, Sanddornbeeren, Erdbeeren
Obst und Obstsäfte:
Zitrussäfte, schwarzer Johannisbeersaft, Traubensaft, Apfelsaft
Gemüse:
Brokkoli, Grünkohl, Paprika u. a., frische Blattsalate, Kartoffeln
Petersilie, Meerrettich u. a.

Nahrungsmittel mit hohem Gehalt an Vitamin E

Pflanzliche Öle:
Weizenkeimöl, Olivenöl, Rapsöl, Maiskeimöl, Sonnenblumenöl, Safloröl, Sojaöl, Erdnussöl
Weizenkeime
Sojabohnen, Erbsen
Nüsse:
Haselnüsse, Mandeln, Sonnenblumenkerne, Erdnüsse, Walnüsse
Getreidevollkorn und Vollkornprodukte
Getreideflocken
Naturreis und Parboiled Reis

Nahrungsmittel mit hohem Gehalt an Karotionoiden, Flavonen, Flavonoiden und anderen sekundären Pflanzenstoffen

Alle dunkelgrünen und gelborangefarbenen Gemüse und Früchte:
- Karotten
- Tomaten
- Aprikosen
- Endivien, Spinat, Rote Beete
- Süßkartoffeln
- Melonen, Papaya, Mango
- Minze, Petersilie, Kresse

Alle roten und gelben Gemüse- und Fruchtsäfte:
- Karottensaft
- Tomatensaft
- Roter Traubensaft
- Rotwein u. a.

Nahrungsmittel mit hohem Gehalt an Kalium

Fleischextrakt, Tomatenmark, Kakaopulver
Trockenfrüchte:
Aprikosen, Feigen, Rosinen, Pflaumen
Kartoffeln
Obst:
Bananen, Aprikosen u. a.
Gemüse:
Tomaten, Fenchel, Spinat u. a.
Hülsenfrüchte:
Bohnen, Erbsen, Linsen
Nüsse:
Pistazien, Mandeln, Haselnüsse u. a.

Menschen sind eindeutige Ausfallerscheinungen nicht bekannt. Beim Sportler könnte Vitamin E eine bessere Sauerstoffversorgung sowie einen gewissen Schutz gegen freie Radikale und gegen eine erhöhte Verletzungsanfälligkeit des Bindegewebes bedeuten. Der normale Tagesbedarf liegt bei 12–20 mg, bei Sportlern vermutlich höher. Eine Supplementierung könnte bei Training in großer Höhe (vermehrt freie Radikale durch Sauerstoffmangel, UV-Strahlung, Ozon) sinnvoll sein. Für diese Schutzfunktion sind vermutlich höhere Vitamin-E-Dosierungen (100–800 mg) erforderlich, was nur durch Substitution (z. B. mit Vitamin-E-Kapseln oder Weizenkeimöl) möglich wäre.

Beta-Karotin, Flavone, Flavonoide, Polyphenole

Das Vitamin A und seine Vorstufe, das Beta-Karotin, ist im Sport wegen seiner antioxidativen Wirkung und als Schleimhautschutz für die Atemwege bei hohen Ozonwerten interessant. 1 mg Vitamin A (Retinol) entspricht etwa 6 mg Beta-Karotin, das zu den sekundären Pflanzenstoffen gehört, wie auch die Flavone, Flavonoide und Polyphenole, die wichtige antioxidative Eigenschaften besitzen (siehe S. 180).

Mineralstoffe

Von Mineralstoffen spricht man, wenn der tägliche Bedarf über 100 mg, von Spurenelementen, wenn er unter 100 mg beträgt. Mineralstoffe liegen meist als elektrisch geladene Teilchen – Ionen oder Elektrolyte – vor. Sie regulieren die elektrische Stabilität der Zellmembranen, dienen der elektrischen Reizleitung in den Nervenfasern, sind an wichtigen Puffersystemen im Säure-/Basenhaushalt beteiligt, aktivieren und hemmen bestimmte Enzyme, halten den osmotischen Druck der Körperflüssigkeiten aufrecht. Auch sind sie fester Bestandteil harter Gewebe, wie von Knochen und Zähnen. Ein Mangel an Mineralstoffen tritt bei zu niedriger Zufuhr oder erhöhter Ausscheidung im Schweiß sowie bei Erbrechen oder Durchfällen auf. Für den Sportler sind vor allem Natrium, Kalium und Magnesium wichtig.

Natrium

Natrium ist der wichtigste Mineralstoff in den Flüssigkeiten außerhalb der Zellen. Daher ist Kochsalz eine lebensnotwendige Speisewürze, wobei der tägliche Bedarf beim Nichtsportler etwa bei 5 g pro Tag liegt. In der Zivilisationskost werden aber 10–15 g Kochsalz pro Tag aufgenommen. Da intensiv trainierende Sportler täglich mehrere Liter Schweiß produzieren und etwa 2–3 g Kochsalz pro Liter Schweiß verlieren, wäre dadurch die Kochsalzbilanz bei Sportlern langfristig ausgeglichen. Bei höheren und langdauernden Schweißverlusten ist jedoch eine mit der Leistung zeitgleiche Kochsalzzufuhr notwendig, um einem Natriummangel vorzubeugen.

Kalium

Kalium ist der wichtigste Mineralstoff innerhalb der Zellen, wo es 40-mal höher konzentriert ist als außerhalb der Zellen. Ein normaler Gehalt an Kalium ist für die Übertragung von Nervenimpulsen, die Aufrechterhaltung des elektrischen Potentials an den Zellmembranen und für die Muskelkontraktion notwendig. Kalium wird zusammen mit Glykogen in den Muskelfasern

gespeichert. Während der Belastung wird dieses Kalium mit dem Abbau des Glykogens wieder freigesetzt, so dass dadurch eine beträchtliche Menge an Kalium in die Körperflüssigkeiten strömt.
Deswegen ist der Kaliumgehalt des Blutes während der Belastung – trotz gleichzeitiger Kaliumverluste im Schweiß – erhöht, zumindest solange Glykogen abgebaut wird. Während der sportlichen Belastung ist daher eine Kaliumzufuhr nicht unbedingt notwendig, dagegen aber nach der Belastung sehr wichtig, wenn die Glykogendepots zusammen mit der Einlagerung von Kalium wieder aufgefüllt werden. Tatsächlich kommt es unmittelbar nach der körperlichen Belastung zu einer raschen Aufnahme von Kalium in die Zellen und zu einem Absinken des Kaliumspiegels im Blut. Die empfohlene Kaliumzufuhr beträgt etwa 2–4 g pro Tag.

Magnesium

Die Gesamtmenge im Organismus beträgt ca. 20–30 g, 40% davon in den Zellen, besonders in den Muskelzellen, und ca. 60% im Skelett. In der extrazellulären Flüssigkeit ist nur 1% des gesamten Magnesiums gelöst. Magnesium ist an Aufbau und Funktion von mindestens 300 Enzymen beteiligt und besonders für den Energiestoffwechsel wichtig. Auch spielt Magnesium bei der neuromuskulären Funktion eine wichtige Rolle, besonders in der Skelettmuskulatur und im Herzmuskel.
Magnesium wird im Schweiß, Urin und im Stuhl ausgeschieden und geht besonders bei Durchfallerkrankungen verloren. Bei Ausdauersportlern sind häufig niedrige Magnesiumspiegel im Blutplasma gemessen worden. Magnesiummangel kann den Energiestoffwechsel beeinträchtigen, zu einer rascheren Ermüdung und zu Muskelkrämpfen führen. Der tägliche Bedarf liegt bei etwa 300–400 mg, kann aber durch hohe Schweißverluste auf mehr als das Doppelte ansteigen. In speziellen Situationen – z. B. bei hochintensivem Training, hohen Schweißverlusten, ungenügender Zufuhr durch die Nahrung – kann die Supplementierung mit Magnesium empfehlenswert sein.

Spurenelemente

Die Bedeutung der Spurenelemente wurde erst im letzten Jahrzehnt erforscht, wobei in näherer Zukunft noch wichtige Erkenntnisse zu erwarten sind. Die Versorgung mit Spurenelementen ist normalerweise ausreichend, allerdings gibt es Hinweise auf mögliche Mangelzustände bei Sportlern in der Versorgung mit Eisen, Zink und Selen, möglicherweise auch bei Kupfer und Mangan.

Eisen

Eisen ist wichtig für die Blutbildung und die Zellatmung. Der Körperbestand beträgt 4–5 g, davon sind etwa 2/3 (64%) im Blutfarbstoff (Hämoglobin) und im Muskelfarbstoff (Myoglobin) enthalten, 10% in der Leber gespeichert und 16% als Speichereisen (Ferritin) gebunden. Außerdem gibt es noch an Eiweiß gebundenes Transporteisen (Transferrin) und in geringer Menge auch freies Eisen.
Nach neueren Erkenntnissen sollten zwar die Eisenspeicher (Ferritin und auch Transferrin) gefüllt sein, jedoch sollte man zu viel freies Eisen vermeiden, weil freies Eisen eines der stärksten Radikalbildner ist: Bei vollen Eisendepots entstehen durch freies Eisen sehr aggressive Hydroxylradikale. Daher sollte

Nahrungsmittel mit hohem Gehalt an Magnesium

Kakaopulver, Fleischextrakt
Nüsse: Erdnüsse, Cashewnüsse, Mandeln, Marzipan
Hülsenfrüchte: Sojabohnen, Erbsen u. a.
Naturreis, Parboiled Reis
Getreidevollkorn und Vollkornprodukte:
Getreideflocken (v. a. Haferflocken)
Weizenkeime
Fisch: Seezunge, Forelle, Makrele u. a.
Fleisch: Kalb, Rind u. a.
Käse: Edamer, Gouda u. a.

Rennverpflegung: für lange Wettkampfstrecken unbedingt erforderlich

Nahrungsmittel mit hohem Gehalt an Zink

Weizenkeime
Hafer, Haferflocken
Getreidevollkorn
Bierhefe
Fleisch
Käse
Nüsse
Soja, Erbsen, Bohnen

Nahrungsmittel mit hohem Gehalt an Selen

Getreidevollkorn: Gerste, Weizen, Weizenkeime, Sesamsamen
Weizenvollkorn, Hafer
Seefische, Meeresfrüchte
Nüsse (Paranuss)
Spargel, Petersilie
Datteln
Eigelb

Die Hauptbestandteile des menschlichen Schweißes (nach Brouns)

	Durchschnitt (mg/l)	Schwankungsbereich (mg/l)
Natrium	752	413–1091
Chlorid	1.014	533–1495
Kalium	173	121–225
Kalzium	40	13–67
Magnesium	19	4–34

man in der unkontrollierten Zufuhr von freiem Eisen zurückhaltend sein (Eisentabletten, Multivitamine mit Eisen, rotes Fleisch).
Das im Fleisch enthaltene Haem-Eisen wird von allen Nahrungsmitteln am besten resorbiert.
Bei vegetarisch lebenden Sportlern kann manchmal jedoch ein Eisenmangel auftreten, vor allem bei vegetarisch lebenden Sportlerinnen, da sie durch die Menstruation zusätzlich Eisen verlieren.
Die intuitive und traditionelle Empfehlung, zu rotem Fleisch Rotwein zu trinken, findet heute eine Erklärung, weil Rotwein mit seinem Gehalt an Tanninen, Phenolen, Flavonen, Flavonoiden und Acetylsalicylsäure eine ganze Palette von Radikalfängern zur Verfügung stellt, welche die durch das freie Eisen im Fleisch erzeugten Hydroxyl-Radikale neutralisieren.

Zink

Zink ist zu 1–2 g im Körper enthalten, 90% davon in den roten Blutkörperchen. Es ist Bestandteil von mehr als 200 Enzymen und spielt auch eine wichtige Rolle im Immunsystem. Zink wird im Schweiß und im Urin ausgeschieden, wobei die erhöhte Ausscheidung im Urin bei Sportlern möglicherweise auf Schädigungen von Muskelfasern zurückgeht. Wegen seiner großen Bedeutung im Belastungsstoffwechsel und erhöhter Verluste bei Belastung sollten Sportler auf eine ausreichende Zinkzufuhr achten. Der tägliche Bedarf liegt bei 10–20 mg, im Ausdauersport möglicherweise bei 15–30 mg.

Selen

Selen ist ein wichtiger Bestandteil der antioxidativen Glutathion-Peroxidase, die zusammen mit Vitamin E Peroxide zu Wasser reduziert. Selen ist auch selbst antioxidativ wirksam und kann freie Radikale entschärfen. Mangel an Selen kann zu Schädigungen des Muskelgewebes, vor allem auch des Herzmuskels, zu Muskelbeschwerden und Muskelschwäche führen. Vielleicht kann Selen die belastungsinduzierte Peroxidation von Fetten in den Zellmembranen verhindern und dadurch Zellschädigungen vermeiden, vor allem in der Arbeitsmuskulatur und in Geweben, die infolge der Belastung weniger durchblutet sind und daher unter »oxidativem Stress« leiden, z. B. das Magen-Darm-System. Der Tagesbedarf von Selen dürfte im Sport bei 100–200 µg liegen.

Freie Radikale, »oxidativer Stress« und antioxidative Schutzsysteme

Sportler verbrauchen in Training und Wettkampf 4–8-mal mehr Sauerstoff als im Ruhezustand. Etwa 2–3 % des verbrauchten Sauerstoffs fällt in Form freier Radikale an, vor allem in den Mitochondrien. Im Zustand der Ruhe und Gesundheit werden die in den normalen Stoffwechselvorgängen entstehenden Sauerstoffradikale durch die überall im Körper vorhandenen enzymatischen und nicht-enzymatischen Schutzsysteme abgebaut.
»Oxidativer Stress« entsteht, wenn der Organismus durch übermäßige Produktion aggressiver Sauerstoffradikale geschädigt wird, weil die körpereigenen antioxidativen Schutzsysteme nicht zu ihrer Neutralisation ausreichen. Sauerstoffradikale zerstören auf diese Weise wichtige Zellstrukturen (v. a. Phospholipide der Zellmembranen), Proteine und Nukleinsäuren (DNS, Erbsubstanz) und schädigen auch

das Immunsystem. Das ist in folgenden Situationen der Fall:

- Bei Breiten- und Gesundheitssportlern, die zu intensiv trainieren, ohne dass sie vorher nach dem Prinzip der Allmählichkeit trainiert haben, um den antioxidativen Schutzystemen Zeit zu lassen, sich zu entwickeln.
- Bei Leistungs- und Hochleistungssportlern, die hochintensiv mit hohem Umfang trainieren, bei Höhentraining, starker UV-Einstrahlung oder hohen Ozonwerten.
- Im therapeutischen Sport bei Patienten mit »Free Radical Diseases« (z. B. koronare Herzkrankheit, Diabetes mellitus, chronische Bronchitis, Asthma bronchiale, rheumatoide Erkrankungen u. a.), die sich zu intensiv belasten.
- Seniorensportler mit einer altersbedingt verminderten antioxidativen Kapazität, die mit zu hoher Intensität trainieren.
- Ein Mangel an jenen Vitaminen, die als Radikalfänger wirken (Beta-Karotin, Vitamin C, Vitamin E), und an Spurenelementen, die die superoxid-vermindernden Enzyme aktivieren (Selen, Zink, Mangan).

Richtig dosierter Sport dagegen führt zu einer natürlichen Stimulation der Abwehrsysteme gegen freie Radikale. Neben den übrigen gesundheitsfördernden Anpassungen ist dies der wichtigste positive Effekt des Sports, vor allem von moderatem Ausdauertraining.

Flüssigkeit

Gehirn, Leber und Muskulatur sind die Organe mit dem höchsten Wassergehalt (70–75%) und deswegen gegen Flüssigkeitsverlust am empfindlichsten. Das Fettgewebe hat dagegen nur einen Wassergehalt von 23%. Daher können magere Personen wegen des höheren Anteils an flüssigkeitsreichen Geweben mehr Schweiß produzieren.

Die Verteilung der Flüssigkeit wird durch osmotische Kräfte gesteuert, zu denen Eiweißstoffe und Mineralstoffe (v. a. Natrium und Kalium) gehören. Bei Flüssigkeitsverlusten (Schweiß, Stuhl und Harn) gehen immer Wasser und Mineralstoffe gemeinsam verloren. Intensive körperliche Belastungen gehen mit einer hohen Wärmeproduktion einher. Die Schweißflussrate wird durch Training erhöht: So können Untrainierte etwa 0,8 l Schweiß pro Stunde produzieren, Trainierte dagegen 2–3 l pro Stunde. Die Fähigkeit, ausreichend zu schwitzen, ist die Voraussetzung dafür, dass hochintensive Leistungen über längere Zeit erbracht werden können, ohne dass die Körpertemperatur zu stark ansteigt.

Ein Flüssigkeitsverlust von 2% des Körpergewichts kann bereits die Ausdauerleistungsfähigkeit vermindern. Hochausdauertrainierte Athleten können aber durchaus Flüssigkeitsverluste bis 3% des Körpergewichts ohne Leistungseinbuße tolerieren. Flüssigkeitsverluste von 4% und mehr führen jedoch immer zu Störungen und Leistungseinbußen. Obwohl der Schweiß mit zunehmendem Trai-

Beispiel für die Zusammensetzung eines Mineralstoffgetränks (mg/1000 ml)

Natrium	600 mg
Kalium	300 mg
Magnesium	60 mg
Chlorid	360 mg
Vtamin C	100 mg
Vitamin B1	3 mg
Vitamin B2	3 mg
Maltodextrin	80 g

Ein gesundes und reichliches Frühstück schafft die Grundlage für den ganzen Tag.

Einfaches, aber bewährtes Rezept für die Trinkflasche im Radsport

Tee	500 ml
• Schwarzer Tee	
• Grüner Tee	
• Mate-Tee oder	
• Brennnessel-Tee	
Zitronensaft	1 Teelöffel
Traubenzucker und/oder Honig	40–50 g
Meersalz	2–5 g

Beispiele für Wettkampfnahrung (Rennverpflegung) im Radsport

Bananen, Apfelstücke, Trockenfrüchte (Feigen, Aprikosen), Fruchtschnitten

Müslibarren, Energieriegel, Eiweißriegel (Power-Bars u. a.)

Reiskuchen (eingewickelt in Folienpapier), hergestellt aus:
Reis, Milch, Eigelb, Zucker, Äpfel, Rosinen und Meersalz

Grieskuchen (eingewickelt in Folienpapier)

Sandwiches aus ausgehöhlten Partybrötchen, gefüllt mit:
Reiskuchen oder Grieskuchen
Marmelade und/oder Honig
Tomaten und Käse/Frischkäse
Tomaten und Schinken
gehacktem Hähnchenfleisch

Für die letzten 10–20 km vor dem Ziel oder vor einem langen Berg: Kohlenhydrat-Konzentrate (»Die Kleinen« – in kleinen »Briefchen« oder Fläschchen) als hochkonzentrierte flüssige Dextran-Lösungen oder -Gele

ningszustand »dünner« (= hypotoner) wird, weil die Schweißdrüsen durch Adaptation vermehrt Natrium in den Ausführungsgängen zurückresorbieren, ist das für Kalium und Magnesium nicht der Fall. So gehen in einem Liter Schweiß ca. 2–3 g Kochsalz, 300 mg Kalium, 40 mg Magnesium, 20–30 mg Vitamin C sowie in Spuren auch Zink, Eisen, Mangan und Kupfer verloren.

Im Sport sollte die Flüssigkeitszufuhr etwa 1 Liter pro 1000 kcal betragen. Wenn bei Radrennen, z. B. der Tour de France, etwa 6000 kcal pro Tag verbraucht werden, müssten also 6 l Flüssigkeit zugeführt werden.

Oft reichen Fruchtsäfte zum Ausgleich der Flüssigkeitsverluste aus, weil sie ausreichend Kalium und Magnesium enthalten und außerdem Kohlenhydrate in Form von Glukose und Fruktose, meistens in einer Konzentration von 100–120 g pro Liter, was einer leicht hypertonen Lösung entspricht. Daher sollten Obstsäfte wegen der besseren Verträglichkeit im Verhältnis 1:1 mit Wasser verdünnt werden.

Entgegen früheren Empfehlungen hat sich wieder die Erkenntnis durchgesetzt, dass mit dem Schweiß vor allem auch Kochsalz verloren geht, und deswegen auch in den Getränken, die zum Ausgleich hoher Schweißverluste benutzt werden, etwa 2–3 g Kochsalz pro Liter enthalten sein sollten.

Ernährungsphasen

Um die Ernährung besser in den Trainingsprozess integrieren zu können, unterscheidet man folgende Ernährungsphasen:

- Trainingsaufbauphase
- Vorwettkampfphase
- Wettkampfphase
- Nachwettkampfphase

Dabei müssen jeweils verschiedene Schwerpunkte gesetzt werden, um die Ernährung sportartspezifisch und bedarfsadaptiert zu gestalten.

Trainingsaufbauphase

In Ausdauersportarten wird in der Vorbereitungsphase vor allem Grundlagenausdauer, und damit der Fettstoffwechsel, trainiert. Der Trainingseffekt wird gesteigert, wenn man sich dabei knapp ernährt, um dadurch den Körper zu zwingen, auf den Fettstoffwechsel zur Energiegewinnung zurückzugreifen, aber auch um Gewicht abzubauen; denn dadurch erhöht sich die relative Sauerstoffaufnahme pro kg Körpergewicht und damit die maximale Ausdauerleistungsfähigkeit. Je knapper man sich aber ernährt, desto qualitativ hochwertiger muss die Nahrung sein, damit keine Mangelzustände eintreten.

Die einfachsten Ernährungsrichtlinien für eine hochwertige Basisernährung des Radsportlers sind:

- vor und nach intensiven Ausdauerbelastungen den Kohlenhydratanteil erhöhen, komplexe Kohlenhydrate bevorzugen
- vor und nach kraftbetonten Trainingsabschnitten den Eiweißanteil erhöhen, auf hohe biologische Wertigkeit und auf fettarme Eiweißspender achten
- Erst den Umfang, dann die Intensität steigern, um oxidativen Stress zu vermeiden; denn auch die antioxidativen Schutzsysteme werden nach dem Prinzip der Allmählichkeit trainert und allmählich auf ein höheres Leistungsniveau »hochreguliert«.
- auf antioxidantienreiche Nahrung achten
- Flüssigkeitsverluste bedarfsgerecht ausgleichen, z. B. durch Obst und Obstsäfte, wasser-

reiche Früchte, Trockenfrüchte kombiniert mit Flüssigkeit – aber auch das Kochsalz nicht vergessen

Vorwettkampfphase

In den letzten 3–4 Tagen vor dem Wettkampf sollen die Glykogenspeicher in Muskulatur und Leber nach dem Prinzip der Superkompensation aufgebaut werden. Dazu entleert man etwa 3–4 Tage vor dem Wettkampf durch eine Belastung von hoher Intensität und ausreichendem Umfang die Glykogenspeicher, um sie dann in den folgenden Tagen durch eine sehr kohlenhydratreiche Ernährung (> 60 kcal%) aufzufüllen. Außerdem sollte genügend Kalium (Obst, Fruchtsäfte, Trockenfrüchte) zugeführt werden, weil während dieser 3–4 Tage gleichzeitig ca. 10 g Kalium in das Glykogen eingebaut werden.

Wettkampfphase

Am Wettkampftag soll die im Training aufgebaute Leistung voll entfaltet werden. Daher sollte man an diesem Tag keine Experimente durchführen.

Vor dem Wettkampf

Je kürzer der Wettkampf, desto länger sollte die letzte Mahlzeit zurückliegen, meistens 2–3 Stunden vor dem Start. Da die Glykogenspeicher in den Vortagen aufgefüllt wurden, kann diese Mahlzeit ganz normal, sollte aber leicht verdaulich sein, z. B. ein Omelette mit Kartoffeln, ein kleines mageres Steak mit Reis, oder auch nur Spaghetti oder ein am Abend vorher in Wasser eingeweichtes Müsli mit Quark und Obst oder Sojamilch.

Während des Wettkampfes (Rennverpflegung)

Grundsätzlich sollte jeder gut trainierte Radsportler seinen Wettkampf mit möglichst wenig Nahrung bestreiten können. Ein gut trainierter Fettstoffwechsel und hoch angefüllte Kohlenhydratspeicher ermöglichen lange Ausdauerleistungen ohne Nahrungsaufnahme. Doch bei Wettkämpfen, die über 2–3 Stunden hinaus gehen, ist eine rechtzeitige (ca. 1–2 Stunden nach dem Start) und regelmäßige (alle 20–30 Minuten) Nahrungszufuhr (kohlenhydratreiche Nahrungsmittel, Getränke) empfehlenswert.
Bei heißer Witterung steht der Ausgleich des Flüssigkeitshaushalts im Vordergrund mit Getränken, die Kochsalz, Magnesium, Kalium und Kohlenhydrate enthalten.

Nachwettkampfphase

Auch nach Flüssigkeitszufuhr während der Belastung bleibt oft ein Flüssigkeitsdefizit von 2–3 Litern übrig, erkennbar am Gewichtsverlust. Den Durst nach der Belastung sollte man diszipliniert und langsam löschen und dabei zu kalte Getränke meiden. Die erste Mahlzeit sollte etwa nach $1^1/_2$–2 Stunden eingenommen werden. Sie sollte kohlenhydratreich sein, weil in den ersten 2–3 Stunden nach der Belastung die schnellste Einlagerung von Kohlenhydraten in die Muskulatur erfolgt. Fette Kost sowie Alkohol nach dem Wettkampf verzögern die Regeneration. Mit einer kohlenhydratreichen Ernährung können die Glykogenvorräte bereits in 24–36 Stunden wieder aufgefüllt werden. Wegen des Einbaus von Kalium in das Glykogen sind Obstsäfte (Apfelsaft, Orangensaft, Traubensaft) zu empfehlen.

Die »besten« Nahrungsmittel für den Radsportler

<u>Getreide und Getreideprodukte</u>
Getreide und Getreideflocken, z. B. Hafer, Weizen, Dinkel, Gerste, Hirse, Buchweizen
Vollkornprodukte z. B. Vollkornbrot, -teigwaren, Haferkekse
Naturreis, Wildreis, Parboiled Reis
<u>Obst, Früchte und Beeren</u>
Äpfel, Ananas, Bananen, Zitrusfrüchte (Orangen, Zitronen, Grapefruit, Mandarinen), Kiwi, Melonen, Papaya; Erd-, Heidel-, Johannis-, Preisel-, Sanddornbeeren, Weintrauben; Trockenfrüchte (Aprikosen, Feigen, Rosinen)
<u>Obst-, Frucht- und Beerensäfte</u>
Apfelsaft, Citrussäfte (Zitronen, Orangen, Grapefruit), Heidelbeersaft, Johannisbeersaft, Traubensaft
<u>Gemüse und Salate</u>
Artischocken, Auberginen, Brokkoli, Grünkohl, Endivien, Feldsalat, Fenchel, Erbsen, Bohnen, Linsen, Sojabohnen, Karotten, Kartoffeln, Mangold, Paprika, Petersilie, Schnittlauch, Sellerie, Spargel, Spinat, Tomaten, Zucchini u. a.
<u>Nüsse und Samen</u>
Erd-, Cashew-, Hasel-, Kokosnüsse, Mandeln, Pinienkerne, Pistazien, Walnüsse, Sonnenblumenkerne, Sesam
<u>Magere Milch und Milchprodukte</u>
Milch, Hüttenkäse, Joghurt, Kefir, Quark, Käse
<u>Eier</u>
<u>Fisch</u>
Forelle, Scholle, Seezunge, Kabeljau; Makrele, Lachs, Hering; Hummer, Austern, Krabben, Kaviar
<u>Fleisch</u>
Rind, Geflügel, Wild, Tartar
<u>Zur Nahrungsaufwertung</u>
Weizenkeime, Weizenkeimöl, Soja, Hefeflocken, Blütenpollen; Kakaopulver, Fleischextrakt

Wettkampf

Auf den Tag genau für den Wettkampf fit zu sein, erfordert gründliche Planung und Vorbereitung.

Wettkampfplanung

Wettkämpfe (Radrennen) sind im Radsport häufiger als in anderen Sportarten – und für die großen Etappenrennen (Tour de France, Giro d'Italia, Vuelta de Espana usw.) gibt es überhaupt kein Pendant in anderen Sportarten.
In manchen Ländern (z. B. Belgien) werden pro Woche 2–3 Radrennen gefahren. Die Erfahrung im Radsport lehrt, dass eine hohe Wettkampfhäufigkeit die Form nicht vermindert – im Gegenteil: Der letzte Schliff an der Höchstleistung des Radsportlers ist nur durch Wettkämpfe oder Wettkampfserien (Etappenrennen), möglich, durch die sich hochtrainierte Radrennfahrer für den Saisonhöhepunkt (nationale Meisterschaften, Weltmeisterschaft u. a.) in Form bringen.
Die Wettkampfhäufigkeit kann aber erst mit zunehmendem Trainingsalter mit der entsprechenden Belastungsverträglichkeit zunehmen. Die Wettkampfplanung ist Bestandteil des langfristigen Jahrestrainingsplanes (siehe S. 152).

Physische Wettkampfvorbereitung

Innerhalb eines Wettkampfmesozyklus (siehe S. 158), den man auch »unmittelbare Wettkampfvorbereitung« nennt, werden alle Trainingsmethoden auf das erstrebte Ziel hin koordiniert. Die Trainingsintensität nimmt auf Kosten des Trainingsumfanges zu. In den letzten Wochen vor dem Wettkampf trainiert der Radsportler die erforderliche Tempohärte und Willenskraft, indem er Serien von Kurzzeitintervallen oder Sprints und »Programme« (siehe Kapitel »Training«) trainiert, um zusätzlich zur wettkampfspezifischen Ausdauer Kraftausdauer und Schnellkraft aufzubauen. 3–4 Tage vor dem Wettkampf (z. B. am Donnerstag, wenn der Wettkampftag der Sonntag ist) wird nochmals »hart« trainiert – danach nur noch »locker«, um am Wettkampftag im Stadium der Superkompensation an den Start zu gehen.

Mentale Wettkampfvorbereitung

Alle Trainingsbelastungen trainieren gleichzeitig auch die geistigen Eigenschaften des Athleten. Zusätzlich ist eine starke leistungs-

motivierte, wettkampfbejahende Grundeinstellung, gesundes Selbstbewusstsein und Selbstvertrauen notwendig. Die geistige Einstellung auf das kommende Radrennen beeinflusst auch die körperliche Leistungsbereitschaft. Der Organismus wird insgesamt auf »Leistung« programmiert. Idem man sich zu erwartende Wettkampfsituationen vorstellt, kann man sich mental auf das bevorstehende Rennen einstellen.
Strategie und Taktik an markanten Abschnitten der Rennstrecke und bestimmte Verhaltensweisen seiner Gegner kann man sich immer wieder vor Augen führen, um dann am Wettkampftag richtig und entschlossen reagieren zu können. Positives Denken und Training der geistigen Vorstellungskraft (Imagination) sind wertvolle geistige Techniken für den Wettkampferfolg.

Verhalten am Wettkampftag

Der Wettkampftag beginnt schon am Vortag, an dem man sich noch betont kohlenhydratreich ernährt und früh zu Bett geht. Man sollte mindestens 3–4 Stunden vor dem Start aufstehen, weil der Organismus Zeit braucht, um leistungsbereit zu werden. Nach den Zeremonien der Morgentoilette, Morgengymnastik, des Trockenbürstens und der Körperpflege nimmt man sein gewohntes Müsli zu sich – oder das vor dem Wettkampf übliche Frühstück.
Es ist üblich, etwa eine Stunde vor dem Start im Startbereich zu erscheinen, um sich die Rückennummer abzuholen und diese in Ruhe am Trikot zu befestigen. Außerdem sind noch andere Vorbereitungen (Massage, Einölen der Beine, Inspektion der Rennmaschine, Überprüfung des Proviants, Füllung der Trinkflasche u. a.) notwendig. Alles das sollte in Ruhe und ohne Zeitnot geschehen.
Das eigentliche Aufwärmprogramm mit Warmfahren beginnt man etwa 30–40 Minuten vor dem Start. Je kürzer das Rennen, desto länger muss man sich warm fahren, auch bei Hitze; denn beim Warmfahren geht es nicht nur darum, die Körpertemperatur auf »Betriebstemperatur« zu erhöhen, sondern um alle Stoffwechselwege zu öffnen und zum Fließen zu bringen.
Erfahrungsgemäß besteht bei manchen Rennen, besonders in der C-Klasse und bei Seniorenrennen, etwas Nervosität und Hektik in den ersten Minuten vor und nach dem Start. Diesen Symptomen sollte man mit Ruhe und Konzentration begegnen. Je erfahrener die Fahrer sind und je besser sie sich kennen, desto ruhiger können sie ein Radrennen angehen.
Der Geist ist konzentriert, man verschleudert keine Energie durch Geschwätzigkeit und vertraut auf die Kräfte, die man in der Vorbereitung in sich aufgebaut hat und die nun »von innen heraus« wirksam werden.

Mentale Wettkampfvorbereitung sowie Konzentration am Start und im Rennen sind wesentliche Faktoren für den Erfolg im Wettkampf.

Strategie und Taktik

Aus Platzgründen ist es an dieser Stelle nicht möglich, ausführlich auf diese Thematik einzugehen. Jedoch sollen einige Grundsätze erwähnt werden.
Zunächst soll vor einem Radrennen das Streckenprofil studiert und danach die zu fahrende Übersetzung darauf abgestimmt werden. Man soll immer mit so kleinen Übersetzungen fahren wie dem Rennverlauf nach möglich, damit die Lockerheit des runden Tritts erhalten bleibt. Nur so kann man bei Tempowechsel mithalten.
Im Rennen sollte man versuchen, immer im vorderen Drittel des Fahrerfeldes zu fahren. Nur so kann man erkennen, wie sich das Rennen entwickelt und auf Angriffe besser reagieren. Außerdem ist das Tempo vorne gleichmäßiger als hinten; denn dort wird öfter gebremst und wieder beschleunigt, so dass ein »Ziehharmonika-Effekt« eintritt, der unnötig Kräfte verbraucht. Diesen unnötigen Kraftverlust kann man sich sparen und gleich vorne mitfahren.
Wenn der Wind schräg von vorne entgegenbläst und sich Windstaffeln bilden, soll man versuchen, in der ersten Staffel dabei zu sein, da man ansonsten an der »Windkante« (siehe S. 87) fahrend Kräfte verliert und vielleicht sogar zurückfällt. Wenn sich die Fahrer einer Windstaffel einig sind, können sie die hinten fahrenden Fahrer auf die »Windkante nehmen« und möglicherweise abschütteln.
Ein guter Radrennfahrer fährt immer aktiv, soweit es seine Kräfte zulassen. Wer Erfolg im Radsport haben will, muss bereit sein, anzugreifen und Angriffe mitzufahren. Ein Radrennfahrer muss auch den Mut zum Vorstoß und zum Ausreißen haben, vor allem wenn er kein Sprinter ist. Da aber sinnlose Vorstöße nichts einbringen und nur Kräfte verschleudern, muss er sich diese recht gut überlegen. Am besten fährt er dann ab, wenn die anderen Fahrer sich gerade etwas erholen wollen oder keinen Vorstoß vermuten. Man »pirscht« sich an die Spitze des Feldes, tritt bereits 10–15 m vor der Spitze des Feldes voll an, damit möglichst kein anderer Fahrer im Windschatten mitfahren kann, schaltet hoch in einen höheren Gang und fährt die ersten 1000 m mit höchster Geschwindigkeit, ohne sich umzuschauen. Erst dann blickt man kurz zurück, um zu sehen, ob der Versuch gelungen ist. Falls man vom Feld nicht eindeutig loskommt, schaltet man herunter, atmet gut durch und lässt sich langsam wieder zurückfallen. Jedoch fasst man den Entschluss, bei nächster Gelegenheit den Ausreißversuch zu wiederholen – bis er gelingt, am besten mit Hilfe einiger Gleichgesinnter.
Nach der ersten Stunde des Radrennens sollte man beginnen, regelmäßig zu essen, aber nicht kurz vor Steigungen oder wenn man sich an der Spitze des Feldes oder einer Gruppe befindet.

Zielankunft auf den Champs-Élysées in Paris – der Traum vieler Profis. Ein Sieg in Paris kann die Krönung einer Profilaufbahn sein.

Manche »Profis«, die in einer Gruppe nicht führen wollen, fangen trotzdem an zu essen; denn von einem kauenden Fahrer wird nicht unbedingt Führungsarbeit verlangt. Der Trick dabei ist: Man isst einen Müslibarren, den man normalerweise mit zwei Bissen vertilgen könnte, mit zehn Bissen und kaut entsprechend länger, um sich in dieser Zeit, von der Führungsarbeit befreit, etwas zu erholen.

Berge müssen immer mit voller Kraft und Konzentration gefahren werden, da hier die meisten Ausreißversuche gestartet werden, meistens im letzten Drittel des Berges oder erst auf der Bergkuppe. Aber: Man muss ja nicht gleich ein Bergzeitfahren veranstalten und allen zeigen, wie stark man ist. Man kann auch etwas mehr »schnaufen« als andere und den Eindruck erwecken, dass man nicht so gut in Form ist. In Wirklichkeit hyperventiliert man nur etwas, um oben vielleicht wegzufahren.

Umgekehrt: Wenn man während des Rennens erschöpft ist oder einen Tiefpunkt hat, sollte man das nicht zeigen, da sonst die Gegner diese Schwäche ausnutzen und versuchen würden, einen abzuhängen. Man sollte sich in diesem Fall darauf konzentrieren, ruhig zu atmen und einen lockeren Stil beizubehalten, bis wieder neue Kräfte kommen.

Dieses Phänomen wird im Radsport als »zweiter Wind« bezeichnet. Gemeint sind damit die neuen Kräfte, die sich nach totaler Erschöpfung unabhängig von der Nahrung einstellen können. Niemand weiß, woher sie kommen – aber viele haben es schon erlebt: Plötzlich werden die Beine leicht, treten wie von selbst, man »fliegt« dem Ziel entgegen, vorbei an den verdutzten Gegnern, die einen schon abgeschrieben hatten. »Der Sieger kommt von hinten« heißt es oft – und oft ist es der »zweite Wind«, der dies ermöglicht und dessen Herkunft niemand kennt.

Bei einer Massenankunft am Ziel muss man sich auf den Endspurt vorbereiten. Man sollte anstreben, sich bei den letzten Kilometern vor dem Ziel unter den ersten 10–15 Fahrern des Feldes aufzuhalten. Etwa 1000 m vor dem Ziel sucht man sich die günstigste Ausgangsposition für den Sprint. Man fährt im Windschatten eines Vordermannes, doch so dass seitlich genügend Platz besteht, um an ihm vorbeifahren zu können. Doch jeder Endspurt ist anders, und die Endspurttaktik wechselt je nach Endkampfsituation. Typisch am Ziel ist das Vorstoßen des Lenkers über den Zielstrich (»Tigersprung«).

Es gibt sicher noch viele weitere taktische Grundregeln und »Tricks« für den Straßenradrennfahrer. Es sollte hier nur kurz aufgezeigt werden, dass ein Radsportler im Rennen nicht nur Übersicht und Willensstärke aufbringen, sondern auch »Fuchs« sein muss, der auf seine Weise praktische Psychologie lernt und anwendet.

Massenankunft, Sprint und »Tigersprung« über die Ziellinie – die Traumkonstellation für die Sprinterkönige

Wie überall macht auch hier Übung den Meister: Man muss möglichst viele Wettkämpfe fahren, um die wettkampfspezifischen Grundregeln aus eigener Erfahrung zu erlernen.

Verhalten nach dem Wettkampf

Verlauf und Ausgang des Rennens beeinflussen das seelische und körperliche Befinden des Radrennfahrers nach dem Zieleinlauf. Sieger sind überglücklich und frisch. Verlierer und Enttäuschte sind schwach, erschöpft und gereizt – man lässt sie am besten in Ruhe, zumindest bis nach dem Duschen. Die Belastung war für alle dieselbe, für die Sieger vielleicht noch größer als für die Verlierer – und trotzdem sind die Sieger ungleich frischer als die Verlierer. Das ist eine übliche Erfahrung in allen Sportarten und ein deutlicher Beweis für den Einfluss der geistigen Einstellung auf das körperliche Befinden.

Trainer und Begleiter sollten diese Stimmungen übergehen. Der Radsportler sollte nach der Zielankunft nicht viel reden und diskutieren, sondern einfach das tun, was notwendig ist: Rückennummern zurückgeben, duschen, essen und trinken.

Vor allem beim Trinken sollte er jedoch Disziplin walten lassen und nicht zu viel und zu rasch kalte Getränke in sich hineinschütten, sondern mit kleinen Schlucken den ersten Durst stillen, um nicht das in dieser Phase besonders anfällige Magen-Darm-System zu schädigen. Eine leichte kohlenhydrat- und eiweißreiche Mahlzeit leitet in die erste Phase der Regeneration (siehe S. 169) und dann wieder in die Ernährung der Trainingsaufbauphase über. Die psychische Regeneration wird durch aktive Erholung und regenerative Trainingseinheiten, besser noch durch einen kompletten Regenerationszyklus (siehe S. 159) beschleunigt.

Bergfahren und Zeitfahren bringen oft die Entscheidung bei Etappenrennen.

Radfahren und Medizin

Radfahren ist eine ideale Alternative zum Jogging, wenn es darum geht, durch Ausdauertraining die Gesundheit zu stabilisieren, Krankheiten vorzubeugen oder eingetretene Krankheiten durch aktive Langzeittherapie und therapeutischen Sport besser in den Griff zu bekommen – oder einfach »jung« zu bleiben.

Vorsorgeuntersuchungen

Jeder, der nach dem 35. Lebensjahr – Raucher auch schon nach dem 30. Lebensjahr – wieder mit einem körperlichen Training beginnen möchte, sollte sich ärztlich untersuchen lassen. Dazu gehört neben der körperlichen Untersuchung die Untersuchung bestimmter Risikofaktoren (Blutdruck, Blutuntersuchungen, Ausschluss von Krankheiten, die körperliche Belastungen verbieten), ein Ruhe- und Belastungselektrokardiogramm. Diese Vorsorgeuntersuchungen können von jedem Hausarzt durchgeführt werden.

Radfahren bei bestehenden Erkrankungen

Die Zahl der chronischen Krankheiten nimmt immer weiter zu; denn im Gegensatz zu früher können heute akute Krankheiten meistens überwunden werden. Die Folge aber ist, dass viele Menschen am Restzustand einer nicht ganz überwundenen Krankheit leiden, also chronisch krank sind (z. B. nach Herzinfarkt, Bronchitis, Asthma). Erfahrungen im therapeutischen Sport zeigen, dass vielen von diesen Menschen durch eine aktive Langzeittherapie geholfen werden kann.

Gegenanzeigen gegen körperliche Belastungen

So viele Gegenanzeigen gegen richtig dosierte und kontrollierte Bewegungstherapie gibt es nicht. Im Wesentlichen sind es: zu hoher Blutdruck, gefährliche Herzrhythmusstörungen, zu geringe Belastbarkeit (unter 1 Watt pro kg Körpergewicht), höhergradige, durch die Grundkrankheit bedingte Schäden und vor allem akute Infektionen. Gerade Infektionen (Mandelentzündungen, Virusinfekte u. a.) dürfen nicht unterschätzt werden, weil sie manchmal mit einer Herzmuskelbeteiligung einhergehen. Dann braucht der Herzmuskel Schonung, bis der Infekt ausgeheilt ist. Am besten fragt man immer seinen Hausarzt, wenn man Zweifel an seiner Belastbarkeit hat und

Radfahren ist der ideale Gesundheitssport für die ganze Familie.

auch dann, wenn man wieder neu mit Sport beginnen möchte.

Radfahren als aktive Langzeittherapie

»Sport als Medikament« hat sich bei folgenden Krankheiten bewährt:

- Erkrankung der Herzkranzgefäße
- Wiederherstellung nach Herzinfarkt
- hoher oder niedriger Blutdruck
- Durchblutungsstörungen
- Venenleiden
- Asthma bronchiale und chronische Bronchitis
- Stoffwechselerkrankungen (Zuckerkrankheit, Gicht, Übergewicht)
- Erkrankungen des Bewegungsapparates und der Wirbelsäule (Arthrosen, rheumatische Erkrankungen u. a.)
- psychiatrisch-neurologische Krankheitsbilder (Störungen des vegetativen Nervensystems, psychosomatische Krankheiten, Neurosen, depressive Verstimmungen, Abhängigkeit von Medikamenten, Alkohol und Drogen)
- in der Geriatrie zur Besserung von Altersbeschwerden und
- in der Kinderheilkunde zur Förderung der körperlichen und geistigen Entwicklung von Kindern und Jugendlichen

Dosierung der Belastung

Die im Abschnitt über die Trainingssteuerung gegebenen Richtlinien (siehe S. 123 ff.) gelten für gesunde Menschen. Die Steuerung nach der Pulsfrequenz ist für ältere, nicht gesunde Menschen und Patienten, die Medikamente einnehmen müssen, die den Herzschlag verlangsamen (z. B. Betablocker, Digitalis u. a.), nicht geeignet. Für diese Menschen gilt die einfache Grundregel: Nur so stark belasten, dass man noch einen Satz zusammenhängend ohne Atemnot sprechen kann – oder man legt die Pulsfrequenz zur Trainingssteuerung individuell zusammen mit dem Hausarzt fest.

Beschwerden beim Radfahren

Trotz der großen gesundheitlichen, vorbeugenden und therapeutischen Bedeutung des Radfahrens können doch einige Beschwerden auftreten, die meistens auf Fehler im Trainingsprozess oder Fehlbelastungen des Organismus zurückgehen. Hierher gehören das Übertraining (Überforderungssyndrom), Beschwerden beim abrupten Aufhören der Trainingsbelastungen (Entlastungssyndrom), Sitzbeschwerden, Muskelkrämpfe, Muskelschmerzen, Rückenprobleme, Kopfschmerzen durch den Fahrtwind, Knieprobleme, Hand- und Unterarmprobleme sowie Erkältungen.

»Übertraining«

Als »Übertraining« bezeichnet man einen Zustand der Leistungsminderung während des Trainingsprozesses. Im Grunde handelt es sich um ein Überforderungssyndrom durch zu hohe Gesamtbelastungen in Sport, Familie und Beruf. Man kann sich auf zweierlei Weise überfordern: durch zu lange Strecken (zu hoher Trainingsumfang) oder durch zu hohes Tempo (zu hohe Trainingsintensität).

Im ersten Fall ist der Puls meist langsam, man ist ruhig bis phlegmatisch, sozusagen in der Ruhelage fixiert, so dass man nicht

mehr richtig auf Tempo fahren kann. Abhilfe: Ruhetage. Danach kürzere Strecken mit höherem Tempo fahren (oberer GA-Bereich oder EB-Bereich) mit nachfolgender vollständiger Erholung.
Im zweiten Fall ist der Puls meist beschleunigt, man schwitzt leicht und ist nervös (wie bei Schilddrüsenüberfunktion). Abhilfe: Ruhetage. Danach mittlere bis längere Strecken mit geringem bis mittlerem Tempo fahren (KB- oder GA-Bereich) mit nachfolgender vollständiger Erholung.
Vorbeugung: Trainingssteuerung nach Herzfrequenz (siehe S. 124), auf vollständige Regeneration im Training achten.

Entlastungssyndrom

Wenn man nach regelmäßigem und intensivem Training plötzlich aufhört, kann es bei manchen sensiblen Menschen zu Symptomen kommen: Nervosität, Schweißneigung, Herzklopfen, Herzrhythmusstörungen, Druckgefühl in der Herzgegend. Diese Symptome sind unangenehm, aber ungefährlich. Der Organismus deadaptiert sich von den im Training aufgebauten Anpassungen rasch in kurzer Zeit, so dass das vegetative Nervensystem etwas aus dem Gleichgewicht geraten kann.
Abhilfe: Leichtes Training im KB-Bereich mit niedriger Belastungsintensität.

Sitzbeschwerden

Auf dem Sattel sitzt man nicht mit dem ganzen Gesäß, sondern mit den Sitzknochen des Beckens. Am Anfang fühlt man hier Druckschmerzen, die jedoch mit regelmäßiger Übung und Anpassung verschwinden. Man muss nur wissen, dass diese Beschwerden zu Beginn ganz normal sind, ohne dass der Sattel schuld daran ist. Wer sich als Radsportler betätigt und längere Strecken zurücklegt, dessen Sitzfläche wird stärker beansprucht. Das erfordert Hygiene und Pflege. Wundsein und Furunkeln an der Sitzfläche beugt man vor, indem man eine richtige Radsporthose trägt, die innen ein weiches Leder oder einen Synthetikeinsatz aufweist. Sitzfläche, Synthetikeinsatz oder Sitzleder werden vor jeder Fahrt mit einer speziellen Sitzcreme oder einer Kamill-Glyzerin-Creme eingestrichen. Alle Radrennfahrer pflegen ihre Sitzfläche sehr sorgfältig.

Muskelkrämpfe

Sie können verschiedene Ursachen haben. Am häufigsten treten sie in der Wadenmuskulatur auf. Die Hauptursache ist meistens Mineralstoffmangel, vor allem an Kalium und Magnesium, der nach großen und wiederholten Schweißverlusten auftritt, zumal wenn man die Grundprinzipien einer gesunden

Beschwerden beim Radfahren gibt es selten – und sie gehen meistens mit zunehmender Anpassung zurück.

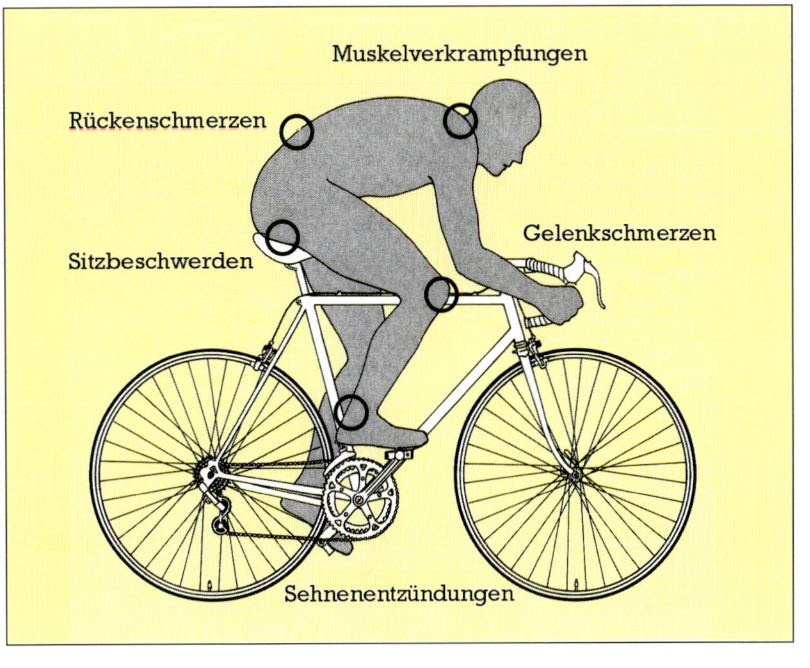

Ernährung und eines Flüssigkeitsersatzes zusammen mit Mineralstoffen nicht ausreichend beachtet hat. Weitere Ursachen können Überforderung der Muskulatur durch zu große Gänge sein. Das muss man individuell selbst herausfinden. Auch eine falsche Sitzposition kann zu Fehlbelastungen, Störungen des Bewegungsablaufs und zu Muskelkrämpfen führen.

Rückenschmerzen

Radsportler, die mit dem Rennrad trainieren, leiden manchmal unter Schmerzen im Bereich des unteren Rückens oder im Kreuzbeinbereich. Hier handelt es sich meistens um Muskelverspannungen, Verschiebungen kleiner Wirbelgelenke oder um Überbeanspruchungen der Kreuzbeingelenke. Auch Knochenhautreizungen und Unterkühlungen können Ursache von Knochen- oder Gelenkschmerzen sein. Bei der Behandlung dieser Beschwerden muss man mehrgleisig vorgehen. An der Spitze steht eine regelmäßige Wirbelsäulengymnastik (siehe S. 144). Empfehlenswert sind auch Yoga- oder Stretchingübungen.
Auf dem Rennrad sollte man seine Sitzposition überprüfen, betont locker fahren, die obere Lenkergriffhaltung bevorzugen und jede Möglichkeit nutzen, im Stehen oder Wiegetritt zu fahren. Bei Beschwerden, die auf Unterkühlung zurückgehen, können örtliche Wärmeanwendungen (Moorpackungen, Einreibungen, Überwärmungsbäder) Abhilfe schaffen. Während des Trainings kann man im Bereich der Beschwerden ein Rheumapflaster (z. B. ABC-Pflaster) tragen.
Auch die Ernährung sollte überprüft, zu einseitige Fleischkost vermieden und der Schwerpunkt mehr auf lakto-vegetarische Ernährung gelegt werden.

Nackenschmerzen

Die Nackenmuskulatur muss sich beim Rennradfahren zunächst daran gewöhnen, den Kopf aktiv hochzuhalten. Aber auch durch eine falsche, verkrampfte Haltung auf dem Rennrad kann es zur Verspannung der Nackenmuskulatur kommen. Die Sitzposition muss stimmen. Die Lenkerhöhe sollte nicht wesentlich unter Sattelhöhe sein.
Der Fahrstil sollte betont locker sein, die obere Lenkergriffhaltung bevorzugt werden. Wer es kann, sollte sich während der Fahrt öfter aufrichten und freihändig fahren, die Arme ausschütteln sowie den Schultergürtel und die Nackengegend lockern. Zur Vorbeugung und Verbesserung der Beschwerden sollte unbedingt jeden Morgen eine regelmäßige Wirbelsäulengymnastik (siehe S. 144) durchgeführt werden.

Kopfschmerzen

Kopfschmerzen können durch eine verspannte Nackenmuskulatur hervorgerufen werden oder durch Unterkühlung der Kopfhaut durch den Fahrtwind. Vor allem wenn man nach einer längeren Bergauffahrt schweißdurchnässt mit nassen Haaren auf dem Gipfel ankommt, führt der Luftzug bei dem hohen Tempo des Bergabfahrens in Zusammenhang mit dem Verdunsten des Schweißes von der Kopfhaut zu derartigen Unterkühlungen, dass es tatsächlich zu starken Kopfschmerzen kommen kann. Daher sollten Radsportler sich durch eine Radsportmütze oder besser durch einen Helm davor schützen.

Knieprobleme

Radsport ist eine sehr gelenkschonende Sportart. Trotzdem gibt es manchmal Knieprobleme, die aber nichts mit dem Kniegelenk zu tun haben müssen. Meistens sind es Überlastungsbeschwerden an der Kniescheibe, am Sehnenansatz unterhalb der Kniescheibe sowie am vorderen Schleimbeutel des Kniegelenks. Diese Überlastungsbeschwerden werden verursacht durch zu hohe Kraftbelastungen infolge zu hoher Gänge, gefördert gleichzeitig, vor allem im Frühjahr, durch den kalten Fahrtwind. Es ist notwendig, dass sich auch diese Strukturen allmählich der Trainingsbelastung anpassen können. Wenn derartige Beschwerden bereits aufgetreten sind, sollte man mit betont kleinen Gängen fahren und somit die Hebelwirkung auf die Kniescheibe und Sehnen vermindern und öfter im Stehen fahren, um die Belastungsschwerpunkte zu verlagern. Um die Knochenhaut vor kaltem Fahrtwind zu schützen, sollte man bei Kälte eine lange Radhose tragen und ein entsprechend zugeschnittenes Rheumapflaster auf die Knie kleben.

Auch eine veränderte Sitzposition kann die Ursache von Kniebeschwerden sein, wie es manchmal bei Radrennfahrern der Fall ist, die während Etappenrennen zwischendurch Zeitfahrmaschinen benutzen, deren Sitzposition nicht ihrer gewohnten Rennmaschine entspricht.

Hand- und Unterarmprobleme

Durch das Halten des Lenkers wird die Unterarmmuskulatur zum Teil stark beansprucht. Daher sollte man die Griffhaltung am Lenker möglichst oft bewusst lockern und verändern, damit die Unterarmmuskulatur nicht verkrampft wird. Ansonsten kann es auch bei Radsportlern zu einem »Tennisarm« kommen, und zwar beidseits, wenn nämlich der Zug der Unterarmsehnen am Ellenbogengelenk ständig zu stark ist. Häufig gibt es auch Druckläsionen von Nerven im Handgelenkbereich, wenn man sich am Lenker aufstützt. Einzelne pelzige und gefühllose Finger weisen auf diese Druckschäden hin. Daher sollte man sich nicht zu stark an einzelnen Stellen des Handgelenks am Lenker abstützen und auch aus diesem Grund die Griffhaltung öfter wechseln. Auch sollte man während der Fahrt öfter abwechselnd die Hände vom Lenker nehmen und locker ausschütteln.

Erkältungen

Radsportler sind Wind und Wetter stärker ausgesetzt als andere Sportler, da der Fahrtwind diese Einflüsse verstärkt. Besonders im Frühjahr werden Radsportler unterwegs oft durch kaltes und regnerisches Wetter überrascht, teilweise ist sogar mit Hagel und Schneefällen zu rechnen. Gegen diese Klimareize muss rechtzeitig vorgebeugt werden, da sie sonst so stark wirken, dass der Körper an Erkältungen erkrankt. In erster Linie ist es wichtig, eine disziplinierte, sportgerechte Lebensweise einzuhalten, damit der Körper immer gut erholt ist. Radsportler sollten sich das ganze Jahr über abhärten, mit allen Methoden, die es gibt. So sollte man sich morgens kalt abwaschen oder duschen oder eine Wechseldusche nehmen, die mit einem kalten Guss endet. Auch die Dusche nach dem Training sollte immer mit einem kalten Guss beendet werden. Dadurch werden

die Blutgefäße der Haut trainiert. Auch durch die Sauna mit Kaltwasseranwendungen kann man die Abhärtung fördern.
Ein wesentlicher Vorbeugungsfaktor ist auch eine witterungsangepasste Kleidung. Vor allem Nässe und Wind können den Radsportler rasch unterkühlen. Wichtig ist daher eine gut imprägnierte Regen- oder Thermobekleidung. Im Winter sollte immer eine warme Wollmütze getragen werden. Von großer Bedeutung für die Widerstandskraft des Organismus ist auch die ausreichende Versorgung mit Vitaminen, also eine gesunde, vollwertige und abwechslungsreiche Kost mit viel Obst und Gemüse.
Schließlich stabilisieren im Laufe der Zeit die Radsportbelastungen selbst einschließlich der mit ihnen verbundenen Klimareize das gesamte Immunsystem, bis man gegen Erkältungen immun wird.

»Soft-Cycling«, das genussvolle, langsame Radfahren, der ideale Gesundheitssport, der Spaß und Freude bereitet

Radfahren als Gesundheits- und Freizeitsport

Bewegungsmangel gehört zu den gefährlichsten Risikofaktoren der Zivilisationskrankheiten. Über Nutzen und Notwendigkeit eines gewissen Maßes an sportlicher Betätigung bestehen keine Zweifel. Die bewegungsarme, sitzende Lebensweise des heutigen Menschen ist unbiologisch. Um den Folgen des Bewegungsmangels vorzubeugen, sind einige Mindestbelastungen notwendig, um Qualität und Quantität der Organe und Organsysteme aufrechtzuerhalten. Von besonderem Nutzen sind Sportformen, die geeignet sind, Ausdauerqualitäten zu entwickeln. Radfahren nimmt dabei eine Sonderstellung ein, weil das Körpergewicht durch den Sattel getragen wird. Dadurch ist es möglich, ohne zu starke Beanspruchung des Bewegungsapparates eine ausreichende Herz-Kreislauf- und Stoffwechselanpassung zu erzielen. Das Radfahren ist, richtig dosiert, für jedes Lebensalter geeignet. Es hat den Vorteil, dass es, an frischer Luft ausgeübt, die »Abhärtung« fördern und das Immunsystem stabilisieren kann.
Das Radfahren als Freizeit- und Erholungssport beseitigt nervöse Spannungen und kann dem heutigen Menschen als Hilfsmittel dienen, Risikofaktoren ohne Gebote und Verbote abzubauen. Für alle, die aus verschiedenen Motiven Freude am Radfahren gewonnen haben, ist es möglich, dieses Hobby weiter auszubauen. Es gibt die Möglichkeit, an Volksradfahrten, Radwanderfahrten und an der Radtouristik teilzunehmen. Durch Bildung von Gruppen und Betreuung in Vereinen und Verbänden kann man viele schöne Seiten dieser Sportart erschließen.

Schlusswort

Durch dieses Buch sollte deutlich werden, dass jeder Radsport betreiben kann, ob Mann oder Frau, ob jung oder alt, ob mit geringer oder hoher Leistungsfähigkeit. Wer den Radsport regelmäßig, richtig und konsequent ausübt, hat eine Möglichkeit gefunden, sich körperlich und geistig zu entwickeln und das zu fördern, was man »Selbstverwirklichung« nennt. Deswegen ist das Fahrrad ein ideales Sportgerät, das dem Menschen Aufgaben stellt, an denen er sich entfalten und vervollkommnen kann. Wer schließlich tiefer in die Geheimnisse des Radsports eindringt, die Höhen und Tiefen eines Radsportlebens erfahren hat, wird vom Radsport fasziniert sein und davon nicht mehr loskommen. Er wird immer wieder zu seinem Fahrrad greifen und in die Natur hinausfahren. So wird er gesund, leistungsfähig und geistig frisch bleiben – bis ins hohe Alter!

Der Radsport bringt Sonne in Herz und Speichen – und den Menschen in Harmonie mit der Natur.

ARD
Radio&TV
Team
Deutsche
Telekom
SIGMA
3T

Register